国家社会科学基金青年项目
"积极心理学视域下大学生宽恕心理及多层次培养路径研究"(14CSH073)

积极心理学视域下大学生宽恕心理研究

◎朱婷婷 著

东南大学出版社
SOUTHEAST UNIVERSITY PRESS
·南京·

图书在版编目(CIP)数据

积极心理学视域下大学生宽恕心理研究 / 朱婷婷著.
— 南京：东南大学出版社，2020.12
　ISBN 978-7-5641-9242-6

Ⅰ. ①积… Ⅱ. ①朱… Ⅲ. ①大学生-心理健康-健康教育-研究　Ⅳ. ①G444

中国版本图书馆 CIP 数据核字(2020)第 238864 号

积极心理学视域下大学生宽恕心理研究

著　　者	朱婷婷
责任编辑	陈　淑
编辑邮箱	535407650@qq.com
出版发行	东南大学出版社
出 版 人	江建中
社　　址	南京市四牌楼 2 号(邮编:210096)
网　　址	http://www.seupress.com
电子邮箱	press@seupress.com
印　　刷	江苏凤凰数码印务有限公司
开　　本	787mm×1 092mm　1/16
印　　张	12.5
字　　数	280 千字
版 印 次	2020 年 12 月第 1 版　2020 年 12 月第 1 次印刷
书　　号	ISBN 978-7-5641-9242-6
定　　价	59.00 元
经　　销	全国各地新华书店
发行热线	025-83790519　83791830

(本社图书若有印装质量问题,请直接与营销部联系,电话:025-83791830)

序

应朱婷婷老师的邀约,为其新近的大作作序,荣幸之余,也有些忐忑。近些年来,因为比较多地参与中小学生心理健康教育相关工作,加之一些行政事务缠身,精力了了,无以应对,其实已经疏于关注宽恕相关学术研究。拜读朱老师的大作,发现对其中很多新近的研究成果都已不甚熟悉。虽然答应了为之作序,不过感觉也只能以一个学习者的姿态借此机会谈些心得感想罢了。

先说说对于这本书的基本立意的理解吧。其实从标题所呈现的几个关键词就可以窥见其主题和思路了,如果把这本书的关键词概括为:"积极心理学""大学生""宽恕",据此可以解读为这是一部基于大学生的视角来探讨一种积极心理学现象,即宽恕心理的著作。其实理解宽恕与积极心理学的关系不是什么难事儿,所谓"受益惟谦,有容乃大",透过中国文化中的宽恕思想窥视其积极心理的内涵,虽然稍显内敛,但是其蕴意与现代积极心理学并无二致。那么,作者为什么会选择大学生人群探讨这个宽恕心理学呢?除了研究便利性的考虑,还有没有其他值得提及的地方呢?关于这个问题,我倒是想借此机会说点想法,就教于各位读者。按照常规的理解,许多身处大学的研究者们选择大学生人群作为被试样本,既方便也比较经济,而且也满足了大部分研究需要以成人为研究对象的目的,可谓一举多得。事实上,这也已经成为大部分研究采样的通用方法。不过,我体会朱老师的这项研究,除了上述考虑之外,是不是还有一点潜在的意义:那就是能够透过大学生人群管窥宽恕心理在当代社会传承的情况。大学生是现代社会中理解力最好并且最具有时代性特征的人群,透过他们可以最大限度地看出一个社会发展的基本态势。特别是像积极心理这样的研究主题,通过了解大学生群体的态度,其结果或许可以更具代表性。当然由于并未与作者就此做过探讨,或许这只是巧合,或者只是我个人一厢情愿的理解,各位读者姑且听之。

接下来,我想借助对于本书可读性和学术见地方面的理解,谈一点个人感受。作为一部学术论著,其可读性除了行文优美流畅,另外一个重要之处在于其表达的研究内容对读者是否具有启发性。虽然学术研究论文的写作套路难免会令读者乏味,不过我个人体会,如果坚持读完本书,你会发现,还是很有耐人寻味之处,很多地方甚至难以忘却:你会发现,这本书透过一些巧妙的研究设计,提出了一种颇具心思的针对中国文化下的人们宽恕心理见解。按照作者的说法,就是中国人在人际宽恕、自我宽恕和寻求宽恕的表达上,会受到我们独特的思维方式与交往方式的影响，表现出一些中国人自己的特点。其实，关于宽恕这个主题的心理学研究已经有了几十年时间，但是大部分成果都是来自西方文化，即便一些出自国内学者之手的研究成果，通常也只是比较片段和局部的验证研究，能够把学术观点通过系统梳理整理成书的并不多，把宽恕这样的专业话题融合到自己的文化中，进行深入探讨的学术著作目前还几近空白，我个人以为这也是本书最值得称道之处。首先从对于宽恕的定位上，本书保留了大多数文献中常用的观点，把宽恕看作是一种具有积极倾向性的人格品质。关于这一点，我在过去的文章中曾经谈过，这个提法符合大部分学者的理解，即所谓宽恕特质（forgiving personality, McCullough, 2001）。但是，因为宽恕（forgiveness）最早来源于西方宗教文化，这种提法看重的其实是个体通过长期修炼，最终达成的一种比较稳定的看待社会生活的态度。不过当面对国人的宽恕心理时，由于文化差异的原因，特别是在中国长期的封建社会中形成了一些比较特殊的人际关系生态环境，譬如强调等级差异和人际距离的儒家文化（《论语·颜渊》中"君君臣臣，父父子子"，《孟子·离娄》中"男女授受不亲"等）。在这种文化背景下的人际宽恕往往是有条件的：下与上、卑与尊、女与男，往往由于难以绝对融合的问题，在"面子""人情"等因素驱动下，造成了一些比较特殊的可能是表面宽恕的文化特点（我在以往的文章中把这种宽恕称为"策略性宽恕"而区别于"特质性宽恕"）。按照这种宽恕特点（如果还能够被称之为宽恕的话），传统意义上的中国人相互之间的宽恕可能是为了维护人际关系和谐的需要，而不一定是出于个人初衷（譬如迫于社会舆论的压力而表现出"尊敬"长辈/权威的行为，这种行为可能与内心意愿并不一定完全一致），因此也很难被称作宽恕特质。当然，这种行为对于维持一定的社会秩序经常是必要的，在中国文化内部可以被定义为"和谐"。而从跨文化研究的视角看，这也可以被称之为是一种所谓的集体主义文化（collectivistic cultures），或者叫做相互依存文化的特点。这种特点是区别于某些西方国家中的个人主义文化（individualistic cultures），也叫做独立文化的。且不论这种绝对对立的两种文化的描述方式是否合理，重点在于透过本书我们看到了一种非常有意思的文化特点：我们在理解中国人的宽恕品质时，可以用更加深入一层的方式去加以品味。本书作者通过对比大学生在"人际宽恕""自我宽恕"和"寻求宽恕"，及其与心理健康之间的相互关系，提出了宽恕的"知""行"互补性，以及自我宽恕和寻求宽恕"群己辩证"思维的内在联系，拓展了我们对于看待国人宽恕心理问题上的理解。

其实要想理解这个问题，除了需要反思中国文化传统留下的影响之外，还需要理解社会发展变化给现代年轻人留下了一种什么样的烙印。中国社会在改革开放的40多年历史中，在经济发展的同时，还让现代社会中的年轻一代有更多机会融入世界多元文化之中，加之生活日渐富裕和家庭少子女等多重因素的综合影响，现代人的心态可能已经远远超出了那些深受传统文化影响的"过来人们"的预期。现实派心理学家W. Glasser 曾经在其《认同社会》(The Identity Society)一书中讲到过，生活在贫穷社会中的年轻人，因为生活所迫，对于生活的理解更多是目的取向的，即不在乎过程如何，只要能达成目标就好；而富裕后的年轻

人则可以因为境遇的不同,变得更多地看重过程,而不太计较目的。好比这两个人同时去担任教师职务,前一个人可能因为贫穷的原因,他可以不在意自己是否喜欢这份工作,只要能有稳定和可靠的收入就行了,为此他可以兢兢业业恪尽职守,但却缺乏创造性;与之相反,后者可能只是因为喜欢而选择这项工作,正因为如此,他能更加放开手脚,大胆和有创意地去做事情。这种变化是与其生活处境的变化相关联的,而不完全是文化传承的结果。基于这样一种理解,我们不难预期,这些新生代的价值观改变,很可能也会造成他们在人际宽恕上发生改变。当然,这种变化与传统文化的相互作用永远是并行不悖和相互渗透的。正因为如此,这项研究才呈现出了它的科学价值。这不仅仅是一项针对现代人的宽恕心理的研究,也是透视中国人宽恕文化变迁的窗口。从研究结果看出,一方面,传统文化的一些元素,如孝,在人际宽恕中的影响依然明显(其实这是好事情);另一方面,宽恕品质在对同辈人群相互接纳和对心理健康的影响上也在随之增加,呈现"知""行"趋于一致的态势。

  在我们社会发展的今天,随着物质文明日趋丰富,精神文明也开始变得更加重要。重视那些积极的、具有建设性的社会心理研究,可以为社会和谐提供更多正能量,让积极心理真正融入我们的寻常生活中。

傅　宏
2020 年盛夏之际于建邺

前　言

人际交往中有宽容、合作、利他，但是也难免发生冲突、造成伤害、积累怨恨，从而引发更多更大的冲突，有时人际伤害给人的感觉就如同法国存在主义哲学家萨特在他的名剧《禁闭》中生动描写的那样："他人即地狱。"因此，面对冲突如何适应、经历伤害如何复原、沉浸怨恨如何化解，是个体重要的成长议题，宽恕应该是最重要的答案。宽恕了结过去，宽恕修复未来。

何谓"宽恕"？在当代心理学研究语境中，一般认为"宽恕"是英文"forgiveness"最公认的译文。20世纪后期，西方心理学研究者开始将"forgiveness"这一具有道德意义的心理现象从宗教中剥离开来，进行系统的研究。近二十年来，在积极心理学发展的背景下，宽恕作为重要的积极心理学主题，其相关研究越来越受到关注。虽然，对宽恕心理的研究源自西方，但"宽恕"本身具有丰富的中国文化内涵，中国人的宽恕心理有其自身的特点，如更加重视宽恕作为优秀特质（美德）的价值，强调宽恕含有的积极人际策略的意味等。总之，宽恕作为具有丰富社会和文化内涵的心理构念，在全球各种信念系统中都占有一席之地，不论个体是否持有某种宗教或信仰，宽恕都具有潜在的适用性。

在当下多元和复杂的社会、文化背景下，大学生难免面对各种人际冲突，成为人际冲突中的受害者和冒犯者。在个体层面，可能引发愤怒、抑郁等身心健康问题，甚至会引发更严重的心理危机如自杀等；在群体层面，则可能升级为校园暴力，甚至更加恶性的伤害事件如投毒等；此外，一些特定专业的大学生毕业工作后，还会面临当前社会医疗、教育、公共管理等领域人际矛盾突出、伤害事件频发的现状。传统的大学心理健康教育、专业教育和学校管理途径难以有针对性地、有效地解决这些问题，而宽恕或将成为一个不错的切入点。

宽恕始于人类面对人际冲突和与之相关的愤怒情绪和复仇动机时的思考，因此研究宽恕需要考察人际冲突的基本情况。在本研究中，人际冲突在大学生日常生活中十分常见，一方面，97.10%的大学生能回忆起自己作为受害者经历的人际冲突事件，这些事件平均会带来中等程度的主观受害感（6.49±2.53，满分10分，分数越高，感受到受伤害程度越高）；另一方面，97.88%的大学生能回忆起自己作为冒犯者的人际冲突事件，在事件中他们能感受到对方受到来自自己的伤害，但评估对方可能的伤害程度时分数略低（5.87±2.43，满分10分，分数越高，感受到他人受伤害程度越高）。换句话说，大学生在自己受到伤害的冲突事件中往往对自己受到的人际伤害更敏感,而在自己伤害他人的事件中感知到他人被自己伤害的程度较轻。这种主观差异,使大学生在人际交往中可能更多地抱有受害者心态,不利于健康的人际交往和身心健康。因此在宽恕干预和教育方案中,需统合受害者和冒犯者视角,同时将人际宽恕、自我宽恕和寻求宽恕提升为干预和教育目标,这样能更好地促进大学生换位思考的动机和认知重建的能力,促进大学生宽恕心理内在的多方互补、辩证均衡,发展出更融合的人际冲突内、外应对能力和更高的心理健康水平。

大学生最重要的人际冲突对象是好朋友、恋人和父母,最突出的伤害形式是口头伤害,大学生人际冲突和宽恕心理存在一些性别和年级差异,比如女生更多感知到与父母和好朋友的冲突,男生更多感知到与异性和恋人的冲突,一年级新生的宽恕水平相对其他年级更高、道歉比例更高,四年级学生持续的、固定对象的冲突相对其他年级更多,背后伤害和网络伤害比例更高,宽恕水平相对较低、道歉行为更少。这些特点和差异提示教育者总体上需要关注大学生在稳定的、长期的人际关系中的言语暴力,并侧重女生的亲子和朋友关系,以及男生的恋爱关系。在时间维度上,一方面需把握好一年级的预防关键期,做好预防性宽恕心理教育,营造有利于维持一年级高宽恕水平的人际和心理氛围;另一方面需关注四年级的干预关键期,重视四年级大学生已有学业、就业压力上叠加的更复杂人际冲突情境产生的人际压力,提供更多有针对性的宽恕心理干预和辅导。

大学生的宽恕心理与心理健康相关,宽恕水平越高,焦虑、抑郁水平越低,积极情绪、生活满意度和幸福感越高,这与国内外的相关研究结果一致。在个体和群体层面都存在显著的影响大学生宽恕心理的因素。在个体层面,性别、年级等人口统计学变量和人格变量影响较小,冒犯事件发生时的主客观变量和冒犯事件发生后可发生改变的变量对宽恕心理的影响较大,其中事件发生时的关系亲密度、愤怒和内疚水平,事件发生后的关系改变和愤怒、内疚情绪的改变以及共情的同情关心维度是重要的预测变量。因此,在宽恕干预和教育方案中,促进大学生的宽恕水平提高主要需从改善消极情绪、促进人际交往和培养共情能力三方面入手,帮助人际关系中双方合理宣泄愤怒和内疚等负面情绪,创造各种人际交往机会,培养换位思考、认知重评的共情能力。在群体层面,宿舍和班级层面都可能存在影响个体内在宽恕水平的因素,虽然具体变量还未探明,但影响是确定的,因此在宿舍和班级层面采用团体教育和辅导模式进行宽恕导向的人际关系、冲突管理教育和讨论,使群体成员共同学习人际冲突和宽恕心理的相关知识,有利于产生用宽恕积极应对人际冲突的共识,由此降低群体中的个体宽恕的阻力。

目 录

1 引 言

    1.1 选题缘由 ·· 1
    1.2 核心概念和基本思路 ·· 2
    1.3 研究内容 ·· 2
    1.4 研究设计与方法 ·· 3
    1.5 创新之处与存在的问题 ·· 3

2 积极心理学视域下的宽恕

    2.1 积极心理学与宽恕 ·· 5
        2.1.1 宽恕 ·· 5
        2.1.2 积极心理学 ·· 8
        2.1.3 积极心理学视野下的宽恕 ································· 13
    2.2 宽恕定义与测量 ··· 16
        2.2.1 人际宽恕及其测量 ··· 16
        2.2.2 自我宽恕及其测量 ··· 21
        2.2.3 寻求宽恕及其测量 ··· 22
    2.3 宽恕与健康 ··· 23
        2.3.1 宽恕与身体健康 ··· 23
        2.3.2 宽恕与心理健康 ··· 24
        2.3.3 宽恕与积极人际关系 ··· 25
    2.4 宽恕相关影响因素 ··· 26
        2.4.1 宽恕与人口统计学变量 ····································· 26
        2.4.2 冒犯事件相关变量 ··· 27

  2.4.3　社会认知与情绪相关变量 …… 28
  2.4.4　人格相关变量 …… 28
  2.4.5　文化相关变量 …… 29
 2.5　宽恕干预 …… 30
  2.5.1　人际宽恕干预 …… 30
  2.5.2　自我宽恕干预 …… 33
  2.5.3　寻求宽恕干预 …… 35

3　大学生人际冲突现状

 3.1　研究目的、内容及假设 …… 38
 3.2　研究对象、程序及工具 …… 39
  3.2.1　研究对象 …… 39
  3.2.2　研究方法 …… 39
 3.3　结果统计及分析 …… 41
  3.3.1　受冒犯者角度 …… 42
  3.3.2　冒犯者角度 …… 55
  3.3.3　小结 …… 69
 3.4　大学生人际冲突现状讨论 …… 72

4　大学生宽恕心理现状

 4.1　研究目的、内容及假设 …… 75
  4.2　研究对象、程序及工具 …… 78
   4.2.1　研究对象 …… 78
   4.2.2　研究方法 …… 78
  4.3　结果统计及分析 …… 80
   4.3.1　受冒犯者角度 …… 80
   4.3.2　冒犯者角度 …… 85
   4.3.3　个体宽恕态度和特质与人口统计学、专业变量 …… 93
   4.3.4　小结 …… 94
  4.4　大学生人际冲突和宽恕心理特点讨论 …… 101
   4.4.1　性别差异 …… 101
   4.4.2　年级差异 …… 102

    4.4.3　家庭排行与专业差异 ……………………………………… 102

    4.4.4　人际视角差异与宽恕 ……………………………………… 103

    4.4.5　文本分析 …………………………………………………… 103

5　大学生宽恕心理与心理健康

  5.1　研究目的、内容及假设 ………………………………………… 105

  5.2　研究对象、程序及工具 ………………………………………… 106

    5.2.1　研究对象 …………………………………………………… 106

    5.2.2　研究方法 …………………………………………………… 106

  5.3　结果统计及分析 ………………………………………………… 107

    5.3.1　宽恕心理与心理健康的相关性 …………………………… 107

    5.3.2　人际宽恕"知行合一"状况与心理健康的相关性 ………… 108

    5.3.3　人际/自我宽恕"内外和谐"状况与心理健康的相关性 … 110

    5.3.4　自我/寻求宽恕"群己辩证"状况与心理健康的相关性 … 112

    5.3.5　小结 ………………………………………………………… 115

  5.4　结论和建议 ……………………………………………………… 117

    5.4.1　宽恕与心理健康普遍相关 ………………………………… 117

    5.4.2　宽恕与心理健康关系的中国文化特性 …………………… 118

    5.4.3　与宽恕教育和干预相关的讨论和建议 …………………… 119

6　大学生宽恕心理影响因素

  6.1　研究目的及假设 ………………………………………………… 121

    6.1.1　大学生人际宽恕心理个体层面影响因素 ………………… 121

    6.1.2　大学生自我宽恕心理个体层面影响因素 ………………… 122

    6.1.3　大学生寻求宽恕心理个体层面影响因素 ………………… 123

    6.1.4　大学生宽恕心理影响因素的群体层面差异 ……………… 123

  6.2　研究对象、程序及工具 ………………………………………… 124

    6.2.1　个体层面 …………………………………………………… 124

    6.2.2　群体层面 …………………………………………………… 125

    6.2.3　数据处理 …………………………………………………… 125

  6.3　结果统计及分析 ………………………………………………… 126

    6.3.1　人际宽恕的个体层面影响因素 …………………………… 126

  6.3.2 自我宽恕的个体层面影响因素 ………………………………… 135
  6.3.3 寻求宽恕的个体层面影响因素 ………………………………… 137
  6.3.4 宽恕影响因素的群体层面差异 ………………………………… 140
 6.4 结论和建议 …………………………………………………………… 148
  6.4.1 人口统计学变量与宽恕 ………………………………………… 149
  6.4.2 人格特质与宽恕 ………………………………………………… 149
  6.4.3 具体冲突事件相关变量与宽恕 ………………………………… 150
  6.4.4 可改变变量与宽恕 ……………………………………………… 152
  6.4.5 群体层面差异与宽恕 …………………………………………… 153
  6.4.6 与宽恕教育和干预相关的讨论和建议 ………………………… 154

7 总结与展望

 7.1 结论 …………………………………………………………………… 155
 7.2 研究创新与不足 ……………………………………………………… 157
  7.2.1 研究创新 ………………………………………………………… 157
  7.2.2 研究不足 ………………………………………………………… 158
 7.3 研究展望 ……………………………………………………………… 158

参考文献 ………………………………………………………………………… 159
附录　本研究所用量表(项目举例) ………………………………………… 180

1 引 言

> 子贡问曰:"有一言而可以终身行之者乎?"子曰:"其恕乎!己所不欲,勿施于人。"——《论语·卫灵公》
>
> 没有宽恕就没有未来——德斯蒙德·图图

1.1 选题缘由

20世纪末积极心理学兴起,人们越来越注重探索和研究人固有的积极潜力,并尝试通过培养或发掘人的积极力量使之能够真正健康并幸福地生活。宽恕(forgiveness)领域的研究正是顺应了这种发展方向,日益受到研究者的关注。20世纪后期,西方心理学研究者开始将宽恕这一具有道德意义的心理现象从宗教中剥离开来,其心理机制和应用价值已经得到了比较深入的研究,与其相关的培养、干预和治疗方法也在教育和临床等领域获得了一定程度的推广。但是,要便捷、有效地应用于当代大学生的教育实践中,研究者还有很多事要做。

国内外研究者多关注个体层面的宽恕心理影响因素。狭义的宽恕特指人际宽恕(interpersonal forgiveness)或称宽恕他人,指个体(被冒犯者)在受到伤害后,自愿地降低对冒犯者的报复和回避动机以及提高善意动机的改变过程(McCullough, 2001)。国内外研究发现,宽恕与人的身心健康相关变量存在千丝万缕的联系,例如与健康习惯、主观幸福感、自尊等呈正相关,与不良习惯、沉思、抑郁、愤怒等呈负相关。影响宽恕过程的因素很多,元研究发现最具影响力的因素是受害者的共情、感知到的冒犯严重程度、状态愤怒、宜人性以及冒犯者的道歉(Fehr, Gelfand, & Nag, 2010; Riek & Mania, 2012)。但是,群体层面的因素(如群体的宽恕氛围、群体组织者的宽恕水平等)对个体宽恕心理的影响还鲜有研究。

近年来,宽恕研究已经不局限于从受害者的角度探索宽恕他人的心理状态,从冒犯者角度出发的自我宽恕和寻求宽恕也被纳入了研究范畴。自我宽恕(self-forgiveness)是产生过失的个体对待自己的动机由报复转向善待的过程(Hall & Fincham, 2008)。研究发现自我宽恕与身心健康存在显著的正相关,甚至发现与宽恕他人相比,自我宽恕与健康的关系更加显著(Macaskill,2012)。寻求宽恕(forgiveness-seeking)是指冒犯者主动寻求受害者宽恕自己的过程,包括道歉、非言语保证、解释和赔偿(Kelley & Waldron,2005)。有研究显示,真诚的悔恨和寻求宽恕是真正自我宽恕达到内心和谐的必经之路(Witvliet, Hinman, Exline, & Brandt,2011b)。寻求宽恕将冒犯者和受害者连接起来,促进了人际伤害后双方内在的宽恕和健康,为达成人际和解和社会和谐提供了可能的操作路径。

以往国内外的宽恕研究,大多只从人际冲突某方视角出发,缺乏人际互动的整合思路。本研究从整体、辩证视角出发,提出整合视角的宽恕,即同时从受害者和冒犯者视角审视人际冲突和伤害,将宽恕定义为伤害事件双方在心理和行为上由消极向积极转变的过程,这种整合式的定义更加有助于在重视人和关系的中国文化中理解人际过程中的伤害和宽恕。在此基础上,研究通过实证确认了个体层面影响大学生宽恕心理的多层次关键影响因素,即具体冒犯事件相关变量和事后可改变变量;采用多层线性模型确认了宿舍、班级这两个群体层面都可能存在影响大学生内在宽恕水平的因素。本研究还关注宽恕心理在当下中国文化背景和社会实际中的影响因素和应用前景,研究结果有较好的文化适应性和指导性。

1.2 核心概念和基本思路

本研究基于国内外对人际宽恕、自我宽恕和寻求宽恕的研究,采取整合的人际互动视角,将宽恕的研究范畴规定为伤害事件双方在动机、认知、情感和行为上逐渐由消极向积极转变的过程,包括人际宽恕、自我宽恕和寻求宽恕。相对于狭义的宽恕定义,如此定义更加有助于在中国文化中理解宽恕作为积极心理学中的重要概念和实现路径,在人们面对社会冲突情景和人际伤害中能够起到积极的作用。在本书中,用"宽恕"指代以上所定义的整合意义上的宽恕,将不再用宽恕指代狭义上的宽恕即人际宽恕。

本研究认为,调节人际关系的准则除了公正,还有关爱和宽恕。大学生在人际交往以及未来的职业生涯中,会遇到各种人际伤害,不论是作为受害者还是冒犯者,他们的身心健康都可能受到影响,而宽恕心理状态是以积极的认知方式和情感体验有效解决人际冲突和调节身心健康的关键环节。大学生的宽恕心理受到个体和群体两个层面的因素影响。本研究将调查当代大学生人际冲突及伤害情况,系统考察其宽恕心理特点、影响因素及与心理健康的关系,构建多层次宽恕心理影响因素模型,并探索背后的文化特点。

1.3 研究内容

本研究从现状和影响因素两方面考察大学生的宽恕心理。现状方面,考察大学生人际冲突和宽恕心理状况及其与心理健康的关系。第一,了解大学生日常人际冲突伤害事件现状及特点,分别从被冒犯者和冒犯者两个角度,考察大学生知觉回忆到的日常人际冲突伤害发生过程中的具体特点;第二,了解大学生日常人际冲突伤害事件中分别作为受冒犯者和冒犯者的主观感受、心理、情绪状况和随事件发展的变化,以及宽恕心理与冒犯事件相关主客观变量的关系;第三,调查大学生在具体伤害事件中分别作为受冒犯者和冒犯者的宽恕心理状况与相关心理健康指标之间的关系,探索中国文化特色的思维方式和人际关系处理方式有关宽恕心理特点与心理健康之间的关系。

影响因素方面,考察大学生宽恕心理个体和群体层面相关影响因素。采用分层回归和多层线性模型,探索宽恕多层次影响因素模型。个体层面:确定个体四个层面的变量与宽恕(情境性的人际、自我和寻求宽恕)的关系,为设计宽恕干预和教育方案提供设计和操作依据。首先将个体层面的变量分成不可以或难以通过干预和教育改变的变量,包括人口统计学变量、人格变量、具体冲突事件相关变量,以及可以通过干预改变的变量,包括人际宽恕态度、情绪变化水平、人际关系变化水平、共情水平。通过建构多层回归模型,探索其中关键的影响因素,为干预和教育提供依据。群体层面:探索宿舍和班级这两个群体层面是否有可能对大学生宽恕心理有影响,为多层面培育大学生宽恕心理提供理论依据。

1.4 研究设计与方法

本研究包括四个相互联系的部分,即大学生人际冲突现状和特点,人际冲突中宽恕心理状况,宽恕心理与心理健康的关系,以及影响宽恕心理个体和群体层面的相关因素。除了文献研究工作外,研究主体部分采用量化的研究方法。前两部分为描述研究,第三部分为关系研究,第四部分旨在尝试解释。研究对象为南京市9所不同类型的高校一至四年级学生,涉及文科、理科、工科、农科、公安、医科、管理、师范等多种专业。整个研究采取横断面抽样调查研究设计,具体的研究设计和方法将在第3—6章中分别报告。

研究主要采用问卷调查法,通过相关问卷调查大学生人际冲突和伤害现状、宽恕心理特点、影响因素和相关身心健康变量。同时辅之以文献分析法(例如,运用文献分析软件厘清已有文献的结构和特点)、数学建模法(例如,使用多层线性回归、多层线性模型技术,建立宽恕与多层次影响因素之间的模型,使之关系更清晰)、文本分析法(例如,对问卷调查和干预过程中的主观描述性文本进行文本分析)等方法。

1.5 创新之处与存在的问题

本研究从内容和方法上都有较强的创新性,内容上的创新主要体现在以下三个方面:(1)创新性地提出了整合视角下的宽恕,即同时从受害者和冒犯者视角将宽恕定义为伤害事件双方在动机、认知、情感和行为上逐渐由消极向积极转变的过程,包括人际宽恕、自我宽恕和寻求宽恕。这种整合式的定义更加有助于在重视人和关系的中国文化中理解宽恕,并将宽恕作为重要的理论和实践资源应用在个体面对社会冲突情景和人际伤害的解决方案中。(2)创新性地在整合视角下调查了当代大学生的宽恕心理状况,发现人际冲突是大学生日常生活中十分常见的现象,而且大部分大学生都同时有受害者和冒犯者经历,好朋友、恋人和父母是大学生最重要的人际冲突对象,口头伤害是最突出的人际冲突形式,大学生对父母的宽恕心理不同于其他冲突对象,这体现了中国文化的影响。(3)创新性地探索了与中国文化特色的思维方式和人际关系处理方式有关的宽恕心理特点与心理健康之间的关系,发现人际宽恕的"知""行"在心理健康上的互补性,宽恕特质上的"宽以待人、严于律己"与抑郁有关,自我宽恕和寻求宽恕"群己辩证"思维在心理健康上的重要性。

研究方法上的创新主要体现在以下三个方面:(1)采用分层回归确认了个体层面影响大学生宽恕心理的多层次关键影响因素,即具体冒犯事件相关变量和事后可改变变量,特别是情绪水平和关系亲密度的改变。(2)采用多层线性模型确认了宿舍、班级这两个群体层面都可能存在影响大学生内在宽恕水平的因素。(3)创新性地采用中文自然语言文本分析的方法,处理并依据词频可视化研究中产生的文本信息,改善了以往类似研究对文本信息人工处理效率较低的状况。

本研究也存在两方面的不足。在方法上,主要是采用自我报告法研究宽恕,有研究者提出在自我报告中一些被试可能对印象进行控制管理(Hoyt & McCullough, 2005),一些被试可能缺乏准确的自省能力(Schmukle & Egloff, 2005)。虽然本研究对情境性人际宽恕的测量采用了Hoyt等人提出的通过增加测量的数据源来改进宽恕的测量方式(Hoyt & McCullough, 2005),但是对情境性自我宽恕和寻求宽恕主要采用了单项目测量的方法。在内容上,虽然采用多层线性模型确认了宿舍、班级这两个群体层面都可能存在影响大学生内在宽恕水平的因素,但是并未探明具体有哪些影响因素及影响方式。此外,虽然本研究考察了与中国文化特色的思维方式和人际关系处理方式有关的宽恕心理特点与心理健康之间的关系,但是未采用"和谐性""集体主义倾向"等普遍使用的中国文化心理变量的测量工具,对在中国文化背景下个体宽恕心理的影响研究存在局限性。

2 积极心理学视域下的宽恕

2.1 积极心理学与宽恕

积极心理学思潮的产生是心理学的"价值中立"或"价值内隐"到"价值关涉"的转向。积极心理学强调研究心理现象的积极方面,但是积极和消极通常是紧密相连的,对积极现象的理解离不开对与其相对的消极现象的理解。积极和消极还常常互为因果互相转化,而强调"积极"的积极心理学在大众甚至学界常常面对直觉的质疑就来自对积极和消极不能割裂的基本看法。而宽恕提供了起于消极情况但转向积极结果的视角,因此宽恕成为积极心理学思潮背景下必不可少的重要议题。

2.1.1 宽恕

虽然很多人都知道诺贝尔奖得主德斯蒙德·图图的名言——"没有宽恕就没有未来",但宽恕作为一个和公正同等重要的人类主题,在很长时间里并未受到应有的重视。人们提到宽恕,好像总是蒙在宗教的面纱下,缺乏明晰的学术立场和概念辨识度,这与其重要意义和价值难以相称。

但是,在近二十年来积极心理学发展的背景下,关于宽恕的研究逐渐受到研究者的关注。心理学研究者将宽恕这一具有道德意义的心理现象从宗教中剥离开来,其心理机制和应用价值已经得到了比较深入的研究,与其相关的培养、干预和治疗方法也在教育和临床等领域获得了一定程度的推广。

2.1.1.1 宽恕的定义及整合视角

狭义的宽恕特指人际宽恕(interpersonal forgiveness)或称宽恕他人,指个体(被冒犯者)在受到伤害后,自愿地降低对冒犯者的报复和回避动机以及提高善意动机的改变过程(McCullough, 2001)。Enright 还给出了具有较强操作性的定义,即受害者在受到不公正的伤害之后,其对冒犯者的消极、负面的认知、情感和行为反应逐渐消失,并出现正面、积极的认知、情感和行为反应的过程(Enright, 1991)。

近年来，宽恕研究已经不局限于从受害者的角度探索宽恕他人的心理状态，从冒犯者角度出发的自我宽恕和寻求宽恕也被纳入了研究范畴。有学者从动机改变的角度将自我宽恕（self-forgiveness）定义为产生过失的个体对待自己的动机由报复转向善待的过程（Hall & Fincham, 2008），该过程中个体减少回避与冒犯事件有关的刺激，减少报复自己的动机（包括惩罚自己、参与自我破坏行为等），增加仁慈对待自己的动机（Hall & Fincham, 2005）。Eright 等人则将自我宽恕定义为愿意放弃自我怨恨，面对自己，承认自己的客观错误，同时培养对自己的同情、宽容和爱（Enright & Group, 1996）。但是有研究者认为，这两种定义过于关注冒犯者自己，自我宽恕应该是冒犯者关注自己的同时也关注被冒犯者的过程。比如：Cornish 和 Wade 将自我宽恕定义为 4Rs 的过程，即个体承担做错事的责任（Responsibility），减少羞愧的同时表达忏悔（Remorse），从事修复（Restoration）关系的行为从而达到更新（Renewal）自我概念、自我同情和自我接纳（Cornish & Wade, 2015）。在 Worthtington 等人开发的"负责任的自我宽恕"（responsible self-forgiveness）干预方案中，也明确了自我宽恕是确认侵犯事实和情绪修复的双重过程（dual-process model）。

和自我宽恕一样，寻求宽恕（forgiveness-seeking）也是从冒犯者视角研究宽恕，Sandage 等人将寻求宽恕定义为一种动机，是个体在进行了应受道德处罚的人际伤害后承认道德上的责任并且尝试人际弥补的动机（Sandage, Worthington, Hight, & Berry, 2000）。他们认为寻求宽恕是多维的，包括社会认知观点采摘或共情，对象是受到自己行为影响的受害者；非防御性的道德情感，包括适合的内疚或建设性的悲伤；弥补行为，包括道歉，有策略的忏悔（而不是借口、辩护或推诿）以及赔偿（合适的）。Kelly 等人的定义则更强调行为维度，认为寻求宽恕是冒犯者主动寻求受害者宽恕自己的过程，包括道歉、非言语保证、解释和赔偿（Kelley & Waldron, 2005）。寻求宽恕的方式中道歉是被研究最多的，道歉可能会引起受害者对冒犯者的共情（McCullough, et al., 1998），在引起受害者的宽恕上经常是有效的（Bachman & Guerrero, 2006），其中真诚是道歉是否有效的关键因素（Zechmeister, Garcia, Romero, & Vas, 2004）。

本研究采取整合的人际互动视角，认为宽恕应包括人际伤害发生以后，被冒犯者在动机、认知、情感和行为上逐渐由消极向积极转变达到宽恕他人的过程，以及冒犯者在动机、认知、情感和行为上逐渐寻求宽恕达到自我宽恕的过程。虽然已经有学者提到过类似的看法，如 Toussaint 和 Webb 将宽恕分为七种类型：宽恕自己、宽恕他人、宽恕上帝、感觉他人的宽恕、感觉上帝的宽恕、寻求他人的宽恕和寻求上帝的宽恕（Toussaint & Webb, 2005），但是这存在一些文化适应性的问题。

本研究将针对整合意义上的宽恕加以研究，即将宽恕的研究范畴规定为伤害事件双方在动机、认知、情感和行为上逐渐由消极向积极转变的过程，包括人际宽恕、自我宽恕和寻求宽恕。相对于狭义的宽恕定义，如此定义更加有助于在中国文化中理解宽恕作为积极心理学中的重要概念和实现路径，在人们面对社会冲突情景和人际伤害中能够起到积极的作用。

在本研究中，将不再用宽恕指代狭义上的宽恕即人际宽恕，而是分别采用人际宽恕、自我宽恕和寻求宽恕。后面将进一步澄清相关概念的误区。

2.1.1.2 宽恕概念的误区

人们不认同宽恕及相关观念可能是因为从表面上看宽恕存在一些风险：对于被冒犯者，宽恕他人可能意味着继续被伤害的可能性增加（Williamson, Gonzales, Fernandez, & Williams, 2013），对于冒犯者寻求宽恕则可能带来更多的赔偿和对自尊的威胁（Okimoto, Wenzel, & Hedrick, 2013），并且冒犯者的自我宽恕还有可能变成自我开脱，并不利于其有害行为的改善。这些风险，只有在进一步对宽恕概念的澄清的基础上，才能得到解决。

第一，人际宽恕并不是和解（reconciliation）。虽然一些学者倾向于混淆两者之间的关系，认为人际宽恕的最后阶段就是重建已经破碎的人际关系也就是和解，这种观点事实上反映了传统神学思想中把调和看作宽恕的基本理由和最终目标的影响（傅宏，2004）。但是，无论从受害者的心理健康还是避免其进一步受到冒犯者伤害的角度来看，和解都不应该是人际宽恕的最终目的，这一点已经得到了大部分心理学家的共识。人际宽恕也不等同于个体放弃追求公正的价值观和软弱，而是对公正的超越（郭本禹，倪伟，2000）。

第二，自我宽恕和自我开脱最大的区别在于承担责任。虽然有研究发现，自我宽恕与自恋以及自我中心呈正相关，与道德情感如内疚、羞愧呈负相关，这似乎证明了对自我宽恕的一些疑虑（Tangney, Boone, & Dearing, 2005a）。但是，这主要是因为自我宽恕的测量方法是自我报告法，而这很难从技术上区分真正的自我宽恕和自我欺骗、自我合理化、自我开脱，因此有这样的研究结果并不出乎人的意料（Hall & Fincham, 2005）。真正的自我宽恕是建立在承认错误和承担责任基础上的，并且只有这样才能真正达到内心和谐（Witvliet, DeYoung, Hofelich, & De Young, 2011a）。从这个角度来看，自我宽恕和寻求宽恕整合才是真正的自我宽恕。

第三，寻求宽恕并不意味着自我价值否定。虽然一些研究者证实，短期来讲，拒绝道歉确实存在一些心理收益，比如拒绝道歉比道歉会导致更强大的自尊，而且以自尊作为中介变量，力量感和控制感以及自我价值的完整性都会增加（Okimoto, et al., 2013）。但研究显示，真诚的悔恨和寻求宽恕才是真正自我宽恕达到内心和谐的必经之路（Witvliet, et al., 2011a）。因此，应该将寻求宽恕与顺从、自我否定以及过度负责等概念相区分，这些虽然短期内有助于人际关系的改善，但是危害关系的健康发展。

总之，宽恕是伤害事件双方各自的疗伤过程，既包括受害者的人际宽恕，也包括冒犯者的自我宽恕和寻求宽恕。宽恕并不是以关系和解为最终目标，虽然关系和解在社会层面看非常有价值，但是在宽恕过程中双方的身心健康朝积极方向转变，是宽恕最重要的价值所在。当然，时间是最好的疗伤工具，也有很多研究发现时间是宽恕的重要影响因素，特别是严重伤害事件的受害者需要时间减轻情感上的痛苦、困惑和愤怒，从经历中获得意义

(Williamson & Gonzales, 2007)。

2.1.1.3 宽恕干预和教育

著名积极心理学家 Alan Carr 认为"积极心理学既是一个科研领域,又是一个临床领域"(Carr, 2018)。借用这个说法,宽恕心理也同样既是一个科研领域,又是一个临床领域,而且不仅可应用于临床,还可以应用于教育、管理、健康照护等领域。从宽恕心理研究的先驱 Robert Enright 开始研究人际宽恕心理伊始,其重要目标就是以人际宽恕作为干预手段,治愈在人际伤害中受伤的个体,帮助他们恢复内心的和谐和宁静,获得幸福和快乐。他和他的团队还在教育领域探索宽恕教育的应用方式和价值(Almabuk, Enright, & Cardis, 1995; Enright, Rhody, Litts, & Klatt, 2014; Gassin, Enright, & Knutson, 2005; Lin, Enright, & Klatt, 2011)。

宽恕研究领域的另一位有影响力的学者 Everett Worthington 也致力于其开发的 REACH 宽恕干预模式(包括宽恕他人和宽恕自己)的研究和推广(Lin, et al., 2014; Nation, Wertheim, & Worthington, 2018; Wade, 2002; Worthington, Lin, & Ho, 2012; Worthington, Mazzeo, & Canter, 2005)。REACH 人际宽恕干预模式是一个6小时5模块单次团体辅导,在很多研究中被证明是有效的(Sandage & Worthington, 2010; Wade, et al., 2014)。在跨文化研究中,REACH 人际宽恕干预也被证明是有效的(Lin, et al., 2014);在一项在线人际宽恕干预研究中,自我指导的 REACH 人际宽恕干预方法对社区成年参与者也是有效的,被试参与了7小时的在线自助式干预,共包括6个模块,结果发现自助式在线宽恕干预在提高总体和情绪宽恕水平上是有效的,并且效果可以持续3个月(Nation, et al., 2018)。REACH 自我宽恕干预模式的有效性同样也有实证验证(Griffin, et al., 2015)。

2.1.2 积极心理学

积极心理学(Positive Psychology)作为一种思潮,近二十年来在国内外学术界和大众视野中受到了广泛的关注,其倡导的积极取向即心理学需更加关注人的健康幸福,需要聚焦对人的积极情绪、积极力量和积极心理品质的研究,获得了广泛的支持,同时也引起了不少的误解和争议。积极心理学鲜明的积极取向有其深刻的历史背景,在整个20世纪,心理学家的注意力主要集中于消极心理学研究,局限于对人类心理问题、心理疾病的诊断与治疗,以美国心理学家塞利格曼(Martin E. P. Seligman)为代表的一批心理学家认为,这种以消极取向为主导性模式的心理学,限制了心理学的发展与应用。因此,他们在心理学界旗帜鲜明地倡导采用积极取向研究心理,关注人类积极的心理品质,强调人的价值与人文关怀,以一种全新的姿态诠释心理学(苗元江,余嘉元,2003)。

积极心理学研究的主题很广泛并且包含从微观到宏观,从基础到应用,从个体、组织到文化的各个层面。在个体主观水平上涉及各种积极情绪,如幸福感、满意度、希望等,在个体水平上涉及积极的人格特质和品质,如爱、美德、宽恕、创造性、智慧、心理弹性等,在组织和群体水平上涉及积极的社会组织系统,如健康的家庭、良好的社区、有效能的学校教育、积极的工作环境等。不过积极心理学并没有严格的内涵和外延,一些学者将其定义为"致力于研究人的发展潜力和美德等积极品质的一门学科"(Sheldon & King,2001),它更像是一种思潮、一种运动、一种视角,它使心理学不再是一个冷冰冰的技术领域,从而回归了"以人为中心"关照人的发展和推动人文关怀的初心。从这个角度来看,积极心理学是值得各个与"人"有关的学科包括教育学、社会学、管理学甚至医学、建筑学等借鉴的。

2.1.2.1 积极情绪

积极心理学领域中最重要的研究主题就是积极情绪,在大众心中就是幸福和快乐。对于个体的发展来说,积极情绪和消极情绪都有其重要的进化意义,前者驱使我们趋利,后者驱使我们避害,在这两驾马车的驱动下,人才能生存下来。在积极心理学取向倡导之前,人们对消极情绪研究得很多,消极情绪往往与多种心理障碍有关,其中抑郁情绪、焦虑情绪是经常被关注的消极情绪。在积极心理学的推动下,学者们越来越多地研究积极情绪。美国学者 Barara Fredickson 等人针对积极情绪提出了"扩展和建构理论"(Broaden-and-Build Theory)(Fredrickson & Losada,2005),该理论很好地解释了积极情绪对个体成长和发展的正向影响环路,即积极情绪可以扩展即时思维—行动范畴,进而更加有机会构建持久的个人资源,这将进一步有利于个人的成长和发展,个人的成长和发展还会进一步促进个体产生积极情绪,这样一个良性循环就产生了。

积极心理学者们习惯将积极情绪分成面向过去、面向当下和面向未来三种类型。(1)面向过去的积极情绪:满意、充实、骄傲、成就感、知足等;(2)面向未来的积极情绪:乐观、希望、信任、信心、信仰等;(3)面向当下的积极情绪:幸福、放松、快感、欣慰等。其中,主观幸福感、生活满意度、乐观、希望、信心等都是重要的研究主题。

2.1.2.2 积极特质

关注优势和美德是积极心理学与传统心理学的最大不同之处,强调用欣赏、开放和动态的眼光看待每个人身上所具有的积极特质,并且提出培养不同的积极性格是确保个体能获得良好品德的重要途径(任俊,2006)。以 Peterson 和 Seligman 为代表的积极心理学家致力于找到这些与美好生活相关的人格特质(Peterson & Seligman,2004),并创立了 Values in Action Classification of Character Strengths and Virtues,简称 VIA 优势和美德分类体系(Carr,2018;Peterson & Park,2009)。其中,六大美德包括:智慧、勇气、仁爱、正义、节制和卓越,24 种积极优势和特质的定义和对应的积极优势和特质如下:

1)智慧(Wisdom and Knowledge):知识的获得和运用,涉及认知优势。

(1)创造力(creativity):想出新颖且富有成效的方式做事

(2) 好奇心(curiosity)：对所有新事物都感兴趣

(3) 思维开阔(open-mindedness)：多方位、多角度考虑问题

(4) 热爱学习(love of learning)：掌握新技能、新话题和新知识

(5) 洞察力(perspective)：能够给他人提供明智的建议

2) 勇气(Courage)：面临内在和外在压力完成目标的意志。

(6) 正直(authenticity)：说实话，真实地展现自己

(7) 勇敢(bravery)：在威胁、挑战、困难和痛苦面前不退缩

(8) 坚持(perseverance)：一旦开始就坚持到底

(9) 热忱(zest)：用热情和活力拥抱生活

3) 仁爱(Humanity)：人与人交往间的积极力量，涉及关心和帮助他人的人际优势。

(10) 善良(kindness)：给他人帮助，为他人做好事，照顾他人

(11) 爱(love)：重视亲密关系，特别是那些互相分享和关怀的关系

(12) 社交智慧(social intelligence)：对他人和自己的动机和感受保持清醒的认识

4) 正义(Justice)：构成健康社区生活基础的公民优势。

(13) 公平(fairness)：按照公平、公正原则对待所有人

(14) 领导力(leadership)：组织群体生活，确保活动顺利完成

(15) 团队合作(teamwork)：作为团队的一员，高效地工作

5) 节制(Temperance)：做事不过分避免过度的积极力量。

(16) 宽恕(forgiveness)：原谅做错事的人

(17) 谦虚(modesty)：用成绩说话

(18) 审慎(prudence)：谨言慎行，对自己的选择小心谨慎；不说不做可能会后悔的话和事

(19) 自我调节(self-regulation)：调节自己的情绪和行为，自律

6) 卓越(Transcendence)：使自己和全人类相联系，提供意义的积极力量。

(20) 对美丽和卓越的欣赏(appreciation of beauty and excellence)：留意和欣赏生命中所有的美好、卓越和精彩(

(21) 感恩(gratitude)：意识到生活中发生的好事，并心怀感恩

(22) 希望(hope)：对未来抱有最好的期望并努力达成愿望

(23) 幽默感(humor)：喜欢逗乐搞笑，娱乐自己，娱乐他人

(24) 精神感悟(religiousness)：有信仰，有追求

2.1.2.3 积极关系

积极心理学关注亲密关系，并提出丰盛的关系(flourishing relationship)概念，即由于伴侣双方的协同努力从而持续变得更好的一种关系(斯奈德，洛佩斯，2013)，发展丰盛关系的关键是采用"目的性积极关系行为"。建立专注的情感联结(Harvey & Omarzu, 1997)，关

系中的人相互了解,不断持续地产生彼此关联的思想、情感和行为,包括对对方行为做出有利于关系的归因、相互接纳和尊重等待;在关系中创造相互欣赏的氛围(Gottman, Driver, & Tabares, 2002),认识到指责、轻蔑、狡辩和阻止沟通的破坏性,有目的地积极采用诉说、感激、承担问题的责任和自我安抚代替;利用日常生活中的积极事件(Gable, Reis, Impett, & Asher, 2004),重温和讲述积极事件,对伴侣经历的生活事件主动做出建设性的反馈和回应。这些"目的性积极关系行为"的有效性大部分来自对伴侣的研究,对维持各种人际关系包括友情、爱情、亲情等都有借鉴意义。

2.1.2.4 积极教育

学校教育是积极心理学重要的应用场域之一,积极学校教育(positive schooling)是以达到关怀、信任和尊重多样性为基础的教育(斯奈德,洛佩斯,2013)。积极心理教学法强调设定教师和学生一致认同的教学目标(Locke & Latham, 2002),教师需要仔细计划教学过程,对教学内容充满热情,并激发学生的动机。在目标、计划和动机的应用下,学生形成探索和不断进取的精神,更重要的是产生相信离开学校后可以继续学习的希望感,以及充满希望的思考方式。积极心理学把学校教育中的学生作为社会一员看待,教导学生积极思考、分享见解、传承学习的益处,为社会贡献力量,成为他人的"老师"(Singh, 2018)。

鉴于世界范围内青少年群体的抑郁的高发和生活满意度的上升乏力,积极心理学的创始人 Martin Seligman 等尝试更广义地在教育中运用积极心理学的成果,他们将积极教育(positive education)定义为同时教授传统技能和幸福技能的教育,将在实证研究中证明可以增加复原力、积极情绪、投入和意义感的技能教给学生(Seligman, Ernst, Gillham, Reivich, & Linkins, 2009)。积极教育的方式有三种:(1) 实施经实证有效的基于积极心理学理念的健康干预计划;(2) 在校园实施积极策略,传播科学的精神和心理健康知识,促进幸福和健康;(3) 实施基于积极优势和特质以及价值观的品德教育课程(White, 2016),可简言为健康干预、健康促进和品德教育。

2.1.2.5 积极组织和文化

在积极心理学的影响下,对组织中个体、群体和组织行为的研究也纳入了积极的视角。一方面,个体层面的积极的心理状态和个性特征受到关注,包括自我效能、希望、乐观、主观幸福感、情绪智力、心理资本等。另一方面,组织中人际、群体、组织和文化的多水平多层次分析框架成为积极心理学研究的重要拓展(尼尔森,2011)。将积极心理学取向应用于组织领域产生了两个既平行又互补的运动,即积极组织学术(positive organizational scholarship, POS) 和积极组织行为学(positive organizational behavior, POB)(Luthans, Youssef-Morgan, & Avolio, 2018)。前者更关注以积极视角从宏观的组织层面挖掘组织的力量和效率,后者则主要从微观的个体出发,关注积极导向的、可测量、可开发、能有效管理有助于提高工作绩效的心理能力(余璇,田喜洲,2018)。

个体层面,心理资本(psychological capital,PsyCap)是组织领域积极心理学研究的重要构念,其包括希望(hope)、效能(efficacy)、韧性(resilience)和乐观(optimism),它们都满足心理资本的积极性标准、基于理论和研究的标准、有效测量标准、状态类可开发标准以及绩效影响标准,这四项积极心理资源组合的整体(心理资本)大于部分(希望、效能、韧性和乐观)之和,是协同相互作用的高阶核心构念,是"在动机性努力和毅力的基础上对环境和成功可能性的积极评价"(Luthans, et al., 2018, p. 33)。

人际互动层面,高质量联结(high quality connections,HQC)是组织领域积极心理学研究的代表性概念,指在组织内个体间的偶然(例如,走廊上的偶遇)、暂时(例如,一次道歉或感谢)或短期(例如,会议上的问答)的积极互动关系,它能使交往双方体验到活力、积极关照与相互交融,具有高情感承载力、关系张力与联结力(余璇,田喜洲,2018)。

在组织和文化层面,组织需要健康情绪氛围(health emotional climate),即组织中创造并维持的积极情绪(Ashkanasy & Dorris,2017),情绪氛围是组织中的成员对同事和管理者的集体情绪。组织中的情绪氛围有很多类型,比如安全氛围(climate of security)、信任氛围(climate of confidence)等。不安全氛围会对员工的情感工作态度产生负面影响,积极情绪氛围则与群体创造力相关(Kim, Choi, & Lee, 2016)。

2.1.2.6 积极心理干预和教育

积极心理取向的干预和教育是以增加积极情绪、培养积极特质、改善积极关系、营造积极学校、组织和文化为目标的。采用积极取向的治疗方案和干预模块很多,Michael Fordyce是其中的先驱,其在积极心理学运动兴起之前就已经开发了一个"14要点幸福项目",包括14个干预模块,主要采用心理教育模式,干预对象是大学生,其效果被证明可以延续一年(Fordyce, 1977, 1983)。之后,随着积极心理学运动的兴起,越来越多的积极心理学取向的干预策略被提出和被实证研究验证,比如 Tayyab Rashid 和 Martin Seligman 开发的积极心理治疗,Fava 的幸福治疗,Frisch 的生活质量治疗,Collie 和 Jamne Conley 开发的积极家庭治疗,Rober Cloninger 开发的"幸福之旅"等(Carr, 2018)。

关于积极心理干预的有效性,已经有些元研究。Sin 和 Lyubomirsky 是其中最早的元分析(Sin & Lyubomirsky, 2009),他们在分析了 51 个干预以后确认了积极心理干预的确能显著提高幸福感,特别是对于采用个体干预的方式,来访者是抑郁、年长者、高改变动机更加有效。研究者还建议促进来访者更多地投入积极策略、采用更多元的积极策略会收到较好的效果;此外,对于集体主义文化下的个体,更加亲社会、关注他人的积极活动策略,比如与善行有关的活动(Otake, Shimai, Tanaka-Matsumi, Otsui, & Fredrickson, 2006)、写一封感恩信等会更加有效。2013 年的一项包括 39 个研究(2009—2013 年)的元分析发现,对于主观幸福感、心理幸福感和抑郁,积极心理干预有显著的效果(Bolier, et al., 2013)。最近的一项针对临床精神疾病患者的 30 个研究的元分析发现,采用积极心理干预策略治疗除了能提升幸福感,还能缓解包括焦虑和抑郁在内的心理症状(Chakhssi, Kraiss, Sommers-Spijkerman, & Bohlmeijer, 2018)。在线形式的积极心理学干预在最近10年迅速发展,其有效性已得到证明,特别是对于已经处于痛苦中的参与者,其参与后在抑郁情绪和生活满意度上的改善更加明显。研究者建议由于在线积极心理干预的成本效益较高,可以将在线积极心理干预作为抵御心理障碍发展的第一道防线(Sergeant & Mongrain, 2015)。

各种积极心理取向的干预和教育方案的共同模块有宽恕、感恩、回忆积极经历(Carr, 2018),具体的练习包括写感谢信、感恩日记,放下怨恨,写原谅信,对好消息给予主动—建设性回应,乐观写作,逆境后成长,分享或写下过去生活中发生的积极事件,设置目标,寻找解决方案等。

2.1.3 积极心理学视野下的宽恕

人类在群体生活中,人与人之间在接触时,难以避免时有出现的伤害和不幸,用"以牙还牙,以眼还眼"的攻击阻止和威慑攻击的方式是有利于个体生存的,但也可能引起"攻击—愤怒—攻击"的循环,产生反馈性放大的回路,导致更大范围的攻击、伤害甚至战争。因此,从群体和社会的角度来看,宽恕和攻击一样,同样具有进化优势的适应性过程。一方面,宽恕可以终止攻击循环,停止攻击双方的冤冤相报,阻断群体和社会中更多个体卷入烈度更高的攻击循环,提升大群体的生存概率;另一方面,未卷入攻击的其他个体,在看到攻击者做出宽恕行为时,会产生积极的感受(Kanekar & Merchant, 1982),有利于稳定群体和社会秩序。

宽恕是一个具有内在变革性的观念,真正的宽恕是态度乃至生活方式的改变(Jennifer, 2017)。从积极心理的个体、关系、组织到文化的各个层面来看宽恕,可以更加全面地审视宽恕的价值。

2.1.3.1 促进积极情绪产生的宽恕

从积极心理学关照的个体情绪层面看,宽恕的过程是一个消极情绪逐渐降低积极情绪产生的过程。研究发现,特别是在亲密关系(包括好友、父母、恋人)中,宽恕过程可以降低消极情绪(例如,怨恨、痛苦、敌意、仇恨、愤怒和恐惧),增加积极情绪(例如,共情、同情、悲悯)(Worthington, 2006)。近期的一项元研究发现,人际宽恕干预可以降低抑郁、愤怒、敌意和压力,促进积极情绪(Akhtar & Barlow, 2018)。元研究同样证实了自我宽恕与自我报告的身体健康、心理健康、生活满意度以及焦虑、抑郁、愤怒、羞愧、内疚之间的中等相关关系(Davis, et al., 2015)。宽恕是各种变量影响主观幸福感的重要中介变量,人际宽恕和自我宽恕是自尊与主观幸福感之间的中介变量(Yao, Chen, Yu, & Sang, 2017)。宽恕特质是儿茶酚-O-甲基转移酶(catechol-O-methyltransferase, COMT) VAL158Met 基因的多态性与主观幸福感和抑郁之间的中介变量(Liu, Gong, Gao, & Zhou, 2017),也是生命意义与主观幸福感之间的中介变量(Yalcin & Malkoc, 2015)。人际宽恕特质是愤怒沉思与主观幸福感之间的中介变量(Elemo, Satici, & Saricali, 2018)。离婚后对伴侣的宽恕是积极情绪与生活满意度之间的中介变量(Yarnoz-Yaben, Garmendia, & Comino, 2016)。

2.1.3.2 作为积极的人格特质和品德的宽恕

从个体层面的人格特质和品德的角度看,宽恕是不可或缺的积极特质。在积极心理学的 VIA 优势和美德分类体系中,宽恕是与美德"节制"相关联的积极特质,其具体定义为原谅做错事的人(Peterson & Park, 2009)。节制是避免个体过度的美德,宽恕保护个体免于过度仇恨,但高水平的宽恕并不代表不保护自己免于伤害。宽恕满足作为积极特质 10 个指标中的 9 个(不满足 H)(Peterson & Seligman, 2004):

A. 充实性(Fulfilling):宽恕对于个体来说是充实的,虽然做到宽恕是困难的且不一定有趣,也不会带来立竿见影的快感,但满足感来自于个体知道自己做了正确的事。

B. 道德价值(Morally Valued):宽恕是一种可以消除仇恨的人格和道德力量。

C. 不贬低他人(Does Not Diminish Others):宽恕是一种社会力量,会让目睹、感受宽恕的人得到提升。

D. 存在不适当的对立面(Nonfelicitous Opposite):与宽恕对立的特质包括恶意、报复、不仁、敌对、无情等,这些都是消极特质。

E. 特质样(Traitlike):宽恕可以作为一种普遍和稳定的特质看待,并且可用具有良好信效度的量表测量。

F. 独特性(Distinctiveness):宽恕具有独特性,不能归为 VIA 中其他几类美德和优势。

G. 模范性(Paragons):人类历史上存在具有宽恕特质的典范和楷模,比如曼德拉当选南非总统后并没有报复判自己入狱 9 年的仇人,李世民宽恕并重用了建议刺杀自己的魏征等。

H. 存在具有相关特质的神童(Prodigies):宽恕需要一定程度的认知和情感复杂性,能够从冒犯者角度理解并共情,儿童比成年人更难做到,因此很难说存在宽恕特质上的早慧者。

I. 存在不具备相关特质的人(Selective Absence):随处可见无法做到宽恕的人,也很容易找到缺乏宽恕充满敌意和仇怨的地方。

J. 典章与仪式(Institutions and Rituals):社会为宽恕提供了有关的典章和仪式,比如孩子们常常被教导在发生了冲突后握手言和。

2.1.3.3 作为心理资本的宽恕

在个体层面,还可将宽恕作为心理资本看待。参考积极组织行为学创始人 Luthans 对心理资本的建构方式(Luthans, et al., 2018),宽恕也可建构成多种构念。一方面,宽恕可以被建构成靠近"纯粹特质"端的宽恕特质(trait-forgiveness)构念;另一方面,宽恕还可被建构成靠近"纯粹状态"端的宽恕状态(state-forgiveness)构念;此外,宽恕还可以被定义为介乎于两者之间的"状态类"构念,成为一个类似心理资本的可改变和开发的循证连续体(图2-1)。将宽恕作为心理资本看待的最重要的价值在于肯定了它的可开发性。虽然Luthans等人近期将人际宽恕看作潜在的心理资本,因为人际宽恕基本满足其所设定的心理资本需要积极性、基于理论和研究、有效测量、状态类可开发以及绩效影响的标准的前四项标准(Luthans, et al., 2018),但本研究认为,不仅人际宽恕,自我宽恕和寻求宽恕同样可以考虑作为潜在的心理资本。

积极状态	"状态类"	"特质类"	积极特质
我们瞬时的宽恕状态(易于得到持续、改变和开发)	我们作为心理资本和应对策略的宽恕认知、态度等(可以改变和开发)	我们的宽恕特质(成年后难以改变和开发)	我们的"与生俱来"的宽恕水平(非常难以改变和开发)

图2-1 宽恕作为可改变和开发的循证连续体

2.1.3.4 作为积极关系发展策略的宽恕

在人际和群体层面,宽恕是解决人际冲突,发展积极的、丰盛的人际关系的重要人际策略。人际冲突是难免的,修复人际冲突也是不可避免的。在进化过程中,个体对于亲朋好友在三分之二时间里,采用的都是无条件的宽恕策略,因为这有助于发展出直接互惠的社会环境(McCullough, 2008)。宽恕可以降低亲密关系(包括好友、父母、恋人)中的消极情绪(例如,怨恨、痛苦、敌意、仇恨、愤怒和恐惧),增加积极情绪(例如,共情、同情、悲悯)(Worthington, 2006)。宽恕还是关系面对负性事件的保护性因素,比如夫妻间的宽恕减少了退伍军人的创伤后压力症状对子女的影响,并可以缓解创伤后压力症状的代际传递(Zhou, Levin, Stein, Zerach, & Solomon, 2017)。

2.1.3.5 作为积极组织氛围的宽恕

在组织和文化层面,涉及积极的社会组织系统,如良好的社区、有效能的学校教育、积极的工作环境等。在Fehr和Gelfand的论述中,宽恕被建构为一种类似于氛围的组织构念,即宽恕氛围(forgiveness climate)(Fehr & Gelfand, 2012)。之后国内外从组织层面对宽恕进行实证的研究开始出现(Adams, Zou, Inesi, & Pillutla, 2015;Zhang, Long, & Yi, 2017a;Zhang, Zhang, & Liu, 2017b),相关研究还拓展到医院(Guchait, Lanza-Abbott, Madera, & Dawson, 2016)等特殊组织。宽恕与绩效的关系也在研究中初步得到证明,研究者发现宽恕可以作为一种应对策略缓冲心理契约违背造成的心理压力对健康(情绪耗竭)和绩效(角色内绩效、组织公民行为)的影响,宽恕氛围可以给组织和组织成员带来益处(Costa & Neves, 2017;张军伟,龙立荣,2016)。

2.1.3.6 作为积极心理教育主题的宽恕

宽恕是积极心理学在学校实施的重要教育主题,宽恕可以促进学生从痛苦转向积极视角、协调他们的态度、解决冲突、克服不公正,宽恕教育项目可以有效提升宽恕态度和心理健康水平(Gambaro, Enright, Baskin, & Klatt, 2008; Hui & Chau, 2009)。更重要的是,研究者和教育家们认为当个体在儿童和青少年时期学习宽恕的意义并实践宽恕,那么当他们成年后也将践行宽恕(Klatt & Enright, 2009),特别是在遇到功能不良的甚至持续很久的群际冲突的背景下,宽恕教育具有潜在的重要价值(Bright & Exline, 2012)。宽恕作为积极心理教育在中国文化情境下的有效性,已经获得证实(Ji, Tao, & Zhu, 2016)。

宽恕对积极教育的健康干预、健康促进和品德教育三种方式(White, 2016)都能提供对应的模式和实证依据:(1) 健康干预:对于高风险的儿童和青少年,以宽恕为目的的干预可以降低焦虑和抑郁,提高宽恕和希望(Freedman, 2018)。(2) 健康促进:宽恕教育对不公正、暴力、贫困带来的愤怒对青少年的不利影响有保护作用(Gassin, et al., 2005),而且得到了跨文化研究的支持(Taysi & Vural, 2016),宽恕教育可以提高缺乏安全依恋女大学生的心理健康水平(Kim, 2005)。(3) 品德教育:宽恕作为儿童和青少年的品德教育主题不仅在理论上得到充分的讨论(Lin, et al., 2011),在实践上也获得了实证支持,宽恕教育被运用于中小学提升儿童和青少年的情绪健康和共情品质,进而有助于预防校园欺凌(Skaar, Freedman, Carlon, & Watson, 2016; van Rensburg & Raubenheimer, 2015)。宽恕教育还被应用于肯尼亚、挪威等国的幼儿园作为价值和品德教育的重要主题(Gunnestad, Morreaunet, & Onyango, 2015)。在大学,宽恕教育还被用于提升大学生的宽恕品质和领导力(Worthington, Gartner, Jennings II, & Davis, 2013)。

2.2 宽恕定义与测量

学者们对宽恕的定义和研究大体分两个传统(Peterson & Seligman, 2004):一个传统是把宽恕作为针对个体对某个特定的冒犯情境的状态性的(state)、情境性(situational)的宽恕,另一个传统则是将宽恕视为个体较稳定的特质(trait)、品质或倾向性(dispositional)。无论是人际宽恕、自我宽恕还是寻求宽恕都有类似二分的定义、测量和研究的路径。

基于不同的研究目的,研究者选择不同的方式定义宽恕。基于具体情境,状态性定义宽恕有助于探索作为改变过程的宽恕是如何发生、发展,以及相关的影响因素和内在机制,并且有助于评估宽恕教育、辅导、干预、治疗的有效性和效果。基于个体稳定特质或倾向定义宽恕则有助于更好地预测个体的行为(Walker & Gorsuch, 2002)。

2.2.1 人际宽恕及其测量

由于有关人际宽恕的研究最多,其相关量表也是最多的。人际宽恕的测量大体分为两大类:状态性人际宽恕和个性倾向性人际宽恕。后者从广义上还包括人际宽恕态度量表。

2.2.1.1 状态性/情境性人际宽恕及其测量

基于对宽恕的关注源于其在辅导和治疗上的应用价值,针对具体冒犯情境状态性地定义人际宽恕是很有必要的。研究人际宽恕的先驱 Enright 给出的就是具有较强操作性的定义,即受害者在受到不公正的伤害之后,其对冒犯者的消极、负面的认知、情感和行为反应逐渐消失,并出现正面、积极的认知、情感和行为反应的过程(Enright,1991)。其后,McCullough 将人际宽恕视为动机改变过程,即宽恕是个体(被冒犯者)在受到伤害后,自愿地降低对冒犯者的报复和回避动机以及提高善意动机的改变过程(McCullough, 2001)。

测量状态性人际宽恕的测验和问卷,通常测量受害者对某个人的某次侵犯的宽恕,其指导语大都为"我们想请您回忆一个人,这个人(他/她)在过去的某个时候伤害过你。可能你不止受过一个人的伤害。但在回答下面的问题时,请您只考虑其中的一个人。请你设法回忆他/她和你之间所发生的这件事情"。代表性的量表有:《Wades 宽恕量表》(Wades Forgiveness Scale,WFS)、《人际侵犯动机量表》(Transgression-Related Interpersonal Motivations Scale-12-Item Form,TRIM-12)、《Enright 宽恕量表》(Enright Forgiveness Inventory,EFI)和《宽恕量表》(Forgiveness Scale,FS)。

(1)《Wades 宽恕量表》(Wades Forgiveness Scale,WFS)和《人际侵犯动机量表》(Transgression-Related Interpersonal Motivations Scale-12-Item Form,TRIM-12)

《Wades 宽恕量表》由 Wade 编制(Wade,1989)。共包含 83 个题项,9 个维度(报复、解脱、肯定、受伤、情感、回避、求神、和解、怀恨)。该量表用来区分宽恕和不宽恕。后来,McCullough 等提出,人际侵犯主要引发两种动机成分:① 由于受到伤害而引发回避接触的动机,即回避分量表所测量的内容;② 由于义愤而引发希望伤害或报复对方的动机,即 REV 分量表所测量的内容。这两个成分共同构成宽恕的核心。因此,McCullough 等人选取 WFS 的报复和回避分量表,组成测量宽恕的简明量表——《人际侵犯动机量表》(TRIM-12) (McCullough, et al.,1998)。TRIM-12 包括 5 个报复条目,7 个回避条目。其由于简明而获得广泛应用。

我国学者陈祉妍等测试了这两个量表在我国的适用性(陈祉妍,朱宁宁,刘海燕,2006)。研究者通过网络测试了 1 015 名 18—60 岁的被试,结果显示,WFS 的各分量表的 Cronbach's α 系数为 .58—.90,TRIM-12 的 Cronbach's α 系数为 0.87。对 TRIM-12 进行因素分析,得到两个因子:报复(REV)、回避(AVO);TRIM-12 与原 WFS 总分相关系数为 0.84,表明 TRIM-12 与 WFS 内涵一致。该量表采用 5 点计分,1 为"非常不符合",5 为"非常符合",每个因子分别计算总分,还可以求 12 个项目的总分,分数越高,情境性宽恕水平越低。

(2)《Enright 宽恕量表》(Enright Forgiveness Inventory,EFI)

随着对宽恕研究的深入,研究者对宽恕的理解出现了分歧,对宽恕的测量也有了各自的侧重点。许多学者认为宽恕不仅是对侵犯者消极反应的消失,还有对侵犯者怀有积极的反应。Enright 等人以此为指导思想编制了 Enright Forgiveness Inventory(EFI)(Subkoviak, et al.,1995),该量表测量被测者对曾伤害过他的人宽恕的程度,包括 3 个分量表(认知、情感、行为),有 60 个项目,外加 5 个项目测量"虚假宽恕"分量表,共 65 个题项,6 点计分。目前已有多种语言版本,中文版是台湾修订版(Huang,1990)。其在香港和台湾地区的研究中被多次采用,并作为宽恕干预的效果指标。研究表明该量表具有良好的信效度。该量表对 14 岁以上的人群都适用。

Enright 宽恕问卷(儿童版,EFI-C)是根据 EFI 修订的,包括 35 个条目(包括 5 个条目测量假宽恕分数),采用 4 点计分,需要单个询问,由被试口头回答、测试者填写,测量被试的宽恕得分,同样包括 3 个分量表(认知、情感、行为),各 10 个条目。但目前尚未见中文版的儿童宽恕量表。该儿童版本适用于 14 岁以下的儿童。

(3)《宽恕量表》(Forgiveness Scale,FS)

Rye 等人为了解决宽恕测量中要么题量太多、要么维度单一的矛盾,编制了包含 15 个题项,两个维度(消极反应的消失、怀有积极的反应)的宽恕量表(Forgiveness Scale)(Rye, et al.,2001)。量表采用 5 点计分,5 为"非常符合",1 为"完全不符合"。各题项在因子上的负荷量在 0.50—0.87,总量表和两个分量表的 Cronbach's α 的值分别为 0.87,0.86 和 0.85。两个分量表消极反应的消失和积极反应的出现(Dornelas, Ferrand, Stepnowski, Barbagallo,& McCullough)和 EFI 的相关分别为 0.52 和 0.75(p<.001)。目前在中国该量表使用还不多见。

陆丽青对该量表进行了修订(陆丽青,2006)。和原量表相比,修订后的中文版情景宽恕量表保留了 13 个项目,分为三个因素。其中"消极反应的消失"分量表包含 3 个项目,"积极反应"分量表包含 3 个项目,"自我关注的消失"分量表包含 7 个项目。各题项在因子上的负荷量在 0.57—0.89,总量表和三个分量表的 Cronbach's α 的值分别为 0.87,0.90 和 0.82。同原量表一样采用 5 点计分,第 2、6、7、14 题为反向计分题,得分越高,表示情景宽恕越高。

(4) 单个项目测量"宽恕他人"

在一些研究中,会采用单个项目测量对具体个体或情境的人际宽恕水平(Krause, 2016)。比如,用"我已经原谅了他/她对我做过的事"(I have forgiven him/her for what he/she did to me)(Barcaccia, Pallini, Baiocco, Saliani,& Schneider,2018),"现在我会原谅这个人"(At this point in time, I would forgive this person)(Mok & De Cremer,2015)来测量针对具体人(事)的宽恕水平,分数越高,宽恕他人的水平越高。

2.2.1.2 倾向性/特质性人际宽恕及其测量

个性倾向性的人际宽恕是个体对宽恕行为或过程持久性的倾向,体现个体在跨情境和时间下宽恕或者不宽恕他人的一致性,一个人际宽恕倾向水平高的个体比低的个体在同等情况下更可能宽恕冒犯者(Berry,Worthington,Parrott,O'Conner,& Wade,2001;Brown,2003)。

测量个性倾向性人际宽恕的测验和问卷,通常测量受害者想象自己受到假想情况中的伤害后的宽恕,其指导语大都为"想象下面的场景发生在你身上,根据每个场景所提供的信息,考虑你将宽恕侵犯过你的这个人的可能性"。代表性量表有:《宽恕可能性量表》(Forgiveness Likelihood Scale)、《Mullet 宽恕问卷》(Mullet Forgiveness Questionnaire,MFQ;中文修订版简称 CMFQ)、《Heartland 宽恕量表》(Heartland Forgiveness Scale)、《宽恕性特质量表》(Trait Forgivingness Scale,TFS)、《宽恕倾向问卷》(Tendency to Forgive,TTF)。此外还有测量宽恕态度的问卷,如《宽恕态度问卷》(Attitudes Toward Forgiveness,ATF)。

(1)《宽恕可能性量表》(Forgiveness Likelihood Scale)

该量表由 Rye 等人编制(Rye, et al., 2001)。包括 10 个项目,分别是 10 个冒犯情境,这些情境是大学生可能会碰到的并提供有意义的判断的。他们让被试想象自己身处这些情境中,然后考虑自己宽恕冒犯者的可能性。量表采用 5 点计分,1 为"根本不可能",5 为"非常有可能"。例如,"你的一个朋友在你的背后造谣,说你坏话。结果人们不再像以前那样对你好了。你可能原谅他(她)吗?"。量表的 Cronbach's α 的值为 0.85。虽然该问卷最初是为大学生设计的,但是研究者相信这些情境也同样适用于其他人群。目前在中国该量表使用亦不多见。

陆丽青也对该量表进行了修订(陆丽青,2006)。和原量表相比,修订后的中文版宽恕可能性量表保留了 9 个项目。经过因素分析,将原英文量表的单因素分为两个因素。其中"重度伤害事件的宽恕倾向"包含 4 个项目,而"轻度伤害事件的宽恕倾向"包含 5 个项目。各题项在因子上的负荷量在 0.44—0.79,总量表和两个分量表的 Cronbach's α 的值分别为 0.77,0.65 和 0.71。得分越高,表示宽恕倾向的水平越高。

(2)《Mullet 宽恕问卷》(Mullet Forgiveness Questionnaire,MFQ;中文修订版简称 CMFQ)

该问卷由 Mullet 等人编制(Mullet, Houdbine, Laumonier, & Girard, 1998)。该问卷最初包括 38 个项目,问卷采用 17 点计分,1 为"完全不同意",17 为"完全同意"。因素分析得到 4 个维度,分别为"复仇与宽恕""个人与社会环境""宽恕障碍"(与冒犯者有关的环境因素)、"宽恕困难"(被冒犯者的内在因素)。Azar 等人还将该问卷使用在跨文化研究中,发现其中的"复仇与宽恕"和"个人与社会环境"两个分量表在欧洲和非洲文化中都有较好的信效度。如:Cronbach's α 的值,以刚果人为被试分别为 0.90 和 0.69,以法国人为被试分别为 0.91 和 0.70(Azar & Mullet,2001,2002)。在其后的研究中,Mullet 等人合并后两个因素,将四因素精简为三因素,因素名称调整为"忍耐怨恨""对环境的敏感"和"宽恕意愿",项目减少为 18 个(Mullet, Barros, Frongia, Usaï, & Shafighi, 2003)。最近几年,又有研究者对该问卷进行了调整,加入与报复有关的项目,将三因素拓展为四因素,第四个因素命名为"报复意愿",并且证明了该结构在不同年龄段人群中的适用性(Chiaramello, Mesnil, Teresa, & Mullet, 2008; Chiaramello, Sastre, & Mullet, 2008; Muñoz Sastre, Vinsonneau, Chabrol, & Mullet, 2005)。

我国学者傅宏检验了该问卷在跨文化研究中信效度较好的两个分量表在中国样本中的适合性及其信效度,并做了相应修订。经修订后确立的量表工具称为"中国— Mullet 宽恕问卷(简称 CMFQ)"(傅宏,2006)。在前期的访谈和问卷研究的基础上,增加、删除和修改了多个项目,然后通过因素分析抽取了两个因素,但综合因素分析和前期研究结果,将原有的两个因子中的"个人与社会环境因子"删除,整个量表最终确定为单因子,共 16 个项目。

Paz 等人为了研究中国的基督徒与佛教徒在宽恕上的相同和差异,修订了 Mullet 宽恕问卷的三因素版本(Paz, Neto, & Mullet, 2007)。他们认为傅宏等人并未在中国人中验证 Mullet 问卷的的两因素(Fu, Watkins, & Hui, 2004),可能是由于被试是持有无神论的中国人,这与 Mullet 问卷在国外样本中通常包括有宗教信仰的被试不同。Paz 等人以在澳门生活的中国人为样本,这些被试都来自于有宗教信仰的家庭,包括信奉佛教、基督教或者兼信两种教义。探索和验证性因素分析的结果验证了三因素版本的适用性。

(3)《Heartland 宽恕量表》(Heartland Forgiveness Scale,HFS)

该量表由 Thompson 等人编制(Thompson, et al., 2005),分为宽恕他人、宽恕自己和宽恕处境三个维度,由 18 个项目组成,每个维度 6 题,7 级计分,1 为"对于我来说完全不符合",7 为"对于我来说完全符合",得分越高,越容易宽恕。总量表和各分量表的 Cronbach's α 的值都在 0.70 以上。

(4)《宽恕性特质量表》(Trait Forgivingness Scale,TFS)

该量表是 Berry 和 Worthington 等在原有的 15 个项目的宽恕性特质量表(Berry & Worthington,2001)的基础上开发的简式量表(Berry, Worthington, O'Connor, Parrott, & Wade, 2005)。该量表共包含 10 个项目,5 级计分,1 为"完全不同意",5 为"完全符合"。被试在所有项目上得分的总和即为该被试的宽恕性分数,得分越高,越容易宽恕。张登浩和罗琴将该量表中文版使用在大学生样本中,Cronbach's α 的值为 0.83,探索性因素分析结果显示中文版表与原量表的结构完全一致(张登浩,罗琴,2011)。

(5)《宽恕倾向问卷》(Tendency to Forgive,TTF)

该问卷由 Brown 编制(Brown,2003),用来考察倾向性宽恕的个体差异。该量表要求被试回答在以往的被冒犯经历中的典型反应。该问卷包含 4 个项目,7 级计分,1 为"非常不同意",7为"非常同意"。被试在所有项目上得分的总和即为该被试宽恕倾向性的分数,得分越高,倾向性越强。该问卷暂无中文修订版,在已有的外文文献中其Cronbach's α的值都在0.70以上。

(6)《宽恕态度问卷》(Attitudes Toward Forgiveness,ATF)

该问卷也是由Brown编制(Brown,2003),用来测量被试将宽恕视为一种美德或者优良品质的程度,同时并不考虑其事实上是否践行宽恕。该问卷包含6个项目,7级计分,1为"非常不同意",7为"非常同意"。被试在所有项目上得分的总和即为该被试对宽恕的态度分数,得分越高,被试对宽恕越持肯定态度。该问卷暂无中文修订版,在已有的外文文献中其Cronbach's α的值都在0.70以上。

2.2.2 自我宽恕及其测量

2.2.2.1 状态性/情境性自我宽恕及其测量

状态性的自我宽恕是在自我认识到已犯下错误之后,对自我的感受、行为和信念产生的积极态度转变(Wohl,Wahkinney,& DeShea,2008),既包括减少回避和报复自我的动机(即避免受害者或与罪行相关的事情或惩罚自己),也增加了对自我的仁慈动机(Hall & Fincham,2005)。

(1)《状态自我宽恕量表》(State Self-Forgiveness Scale,SSFS)

该量表由Wohl等人编制的《状态自我宽恕量表》英文版(Wohl,et al.,2008)修订而来,修订后的量表有两个维度(汤舒俊,喻峰,2009),为自我宽恕感觉和行动(Self-Forgiveness Feeling and Actions,SFFA)(包含四个项目)与自我宽恕信念(Self-Forgiveness Beliefs,SFB)(包含四个项目)。验证性因素分析结果显示,SSFS的两因素结构拟合较好。SSFS的内部一致性信度为0.750,重测信度为0.623。

(2)《Enright状态自我宽恕量表(EFI-SF)》

该量表由Enright Forgiveness Inventory(EFI)改编而来,共40个项目,分为感觉(EFI-Feel)和思考(EFI-Think)两个维度,每个维度20个项目,6点李克特量表,分数越高,对特定事件的自我宽恕水平越高。EFI-SF总量表和分量表内部一致性信度都在0.90以上(Watson,et al.,2012)。

(3)单个项目测量"宽恕自己"

在一些研究中,会采用单个项目测量状态性的自我宽恕水平(Carpenter,Carlisle,& Tsang,2014;Davis,et al.,2015;Griffin,et al.,2015;Krause & Hayward,2013)。比如,用"我已经原谅了我自己"(I have forgiven myself)(Woodyatt,Wenzel,& Ferber,2017),"对于这次冒犯,你多大程度上原谅了自己?"(To what extent have you forgiven yourself for the offense?)(Carpenter,et al.,2014)来测量自我宽恕水平,分数越高,宽恕自

己的水平越高。

2.2.2.2 倾向性/特质性自我宽恕及其测量

个体倾向性的自我宽恕是"在面对自己公认的客观错误时放弃自我怨恨,同时培养同情、慷慨和对自己的爱的能力"(Enright & Group,1996)。自我宽恕特质水平高的个体是倾向于通过自我仁慈而不是自我惩罚来回应个人的过失、错误或缺点(Carpenter,Tignor,Tsang,& Willett,2016)。

(1)《Heartland 宽恕量表》(Heartland Forgiveness Scale,HFS)

该量表由 Thompson 等人编制(Thompson,et al.,2005),分为宽恕他人、宽恕自己和宽恕处境三个维度,由 18 个项目组成,每个维度 6 题,7 级计分,1 为"对于我来说完全不符合",7 为"对于我来说完全符合",得分越高,越容易宽恕。总量表和各分量表的 Cronbach's α 的值都在 0.70 以上。其中的"宽恕自己"维度常用作测量特质性自我宽恕。

(2)《Mauger 宽恕表》(Mauger Forgiveness Scale,MFS)

该量表的宽恕自己分量表由 15 个项目构成,要求被试回答在以往的冒犯经历中的典型反应,题目与过去的内疚感和对自我的负面评价有关。比如,"做了错事后我比其他人看起来更后悔"等,分数范围为 15—30 分。量表的内部一致性信度为 0.80(Mauger,Perry,Freeman,& Grove,1992)。

2.2.3 寻求宽恕及其测量

2.2.3.1 状态性/情境性寻求宽恕及其测量

在寻求宽恕的概念厘定方面,Sandage 等人认为冒犯是一个互动的过程,包括相互寻求、赋予、接受宽恕,寻求宽恕是发生在人际关系中懊悔、赔偿和对自己生活的重建。寻求宽恕不应该与顺从、非自我肯定、过度负责相混淆,个体对于自己并非真正有罪或负责的事情道歉或寻求宽恕会危害人际关系的健康。通过以上解析,Sandage 等人将寻求宽恕定义为一种动机,是个体在进行了应受道德处罚的人际伤害后承认道德上的责任并且尝试人际弥补的动机(Sandage,et al.,2000)。寻求宽恕是多维的,包括:(1)社会认知观点采摘或共情,对象是受到自己行为影响的受害者;(2)非防御性的道德情感,包括适合的内疚或建设性的悲伤;(3)弥补行为,包括道歉,有策略的忏悔(而不是借口、辩护或推诿)以及赔偿(合适的)。

基于这种情境化的定义,Sandage 等人开发了寻求宽恕问卷(Seeking Forgiveness Scale,SFS)。该量表让被试列出自己在一个特定的人际关系中带来过烦恼的冒犯经历,指出其中最严重的冒犯事件,并且在 5 点李克特量表上评估冒犯的严重程度。然后通过 54 个题目的 5 点量表,分想法、行为和感觉三个维度,测量在那段关系中被试寻求宽恕的水平,量表的内部一致性系数为 0.95(Sandage,et al.,2000)。

2.2.3.2 倾向性/特质性寻求宽恕及其测量

Chiaramello 等人认为寻求宽恕特质(disposition to seek forgiveness)与 Mullet 等人研究发现的宽恕特质是相对应的,即都有持久怨恨(lasting resentment)、环境敏感性(sensitivity to circumstances)以及宽恕意愿(the willingness to forgive)三个因素(Chiaramello, et al., 2008)。因此,他们改编了 Mullet 等人的宽恕特质量表(forgivingness scale)(Mullet, et al., 2003),形成了《寻求宽恕量表》(Seeking Forgiveness Questionnaire)。道歉是寻求宽恕中最重要的弥补行为(Sandage, et al., 2000),因此也有研究采用道歉倾向性作为寻求宽恕的主要倾向性(Howell, Dopko, Turowski, & Buro, 2011; Ruckstaetter, Sells, Newmeyer, & Zink, 2017)。

(1)《寻求宽恕量表》(Seeking Forgiveness Questionnaire)。该量表由 15 个项目构成,19 点李克特问卷,分为无法寻求宽恕(inability in seeking forgiveness)、环境敏感性(sensitivity to circumstances)以及无条件寻求宽恕(unconditional seeking of forgiveness)三个维度,每个维度 5 个项目。各分量表的 Cronbach's α 的值都在 0.61—0.84(Chiaramello, et al., 2008)。有研究发现该量表具有一定的跨文化稳定性(Neto, et al., 2013)。

(2) Toussaint 等人在研究中采用了三个项目的《寻求宽恕问卷》(Toussaint, Williams, Musick, & Everson-Rose, 2008),询问被试做出以下行为的频率:①当受访者伤害某人时,请求上帝的宽恕;②当受访者伤害某人时要求对方的宽恕;③为伤害受访者的人祈祷。对每个陈述的回应采用 5 点计分。虽然项目简单,但是存在很大的文化不适应性,所以不适用于中国。

(3)《道歉倾向问卷》(Proclivity to Apologize Measure)。该问卷由 Howell 等人编制(Howell, et al., 2011),由 8 个项目组成,7 级计分,1 为"完全不同意",7 为"完全同意",得分越高,道歉倾向越高。道歉倾向问卷的 Cronbach's α 系数为 0.83。该问卷已完成中文版的翻译和修订,内部一致性系数为 0.86,分半信度为 0.83(赵瑞雪,朱婷婷,郑爱明,2018)。

2.3 宽恕与健康

宽恕与健康之间存在紧密的联系,其中最重要的观点是宽恕与人际压力事件(主要包括背叛和不公正)有关的生理反应之间有密切的关联,这种联结又是通过"不宽恕"建立的,即宽恕使人际压力事件产生的"不宽恕"导致的健康问题包括身体和心理两方面得到缓解(Toussaint, Worthington, & Williams, 2015)。

2.3.1 宽恕与身体健康

人际压力事件经常导致不宽恕,包括对自己、对他人的不宽恕,这种状况经常带来长期对压力事件的沉思(runination),各种对负性人际交往事件的沉思会引发心血管和交感神经系统的压力反应(Witvliet, et al., 2001),以及损害副交感神经系统的反应(例如,心率变异性降低等)(Witvliet, Knoll, Hinman, & DeYoung, 2010),对自己作为冒犯者事件的沉思同样会使副交感神经活动明显(Witvliet, et al., 2011a)。而从受害者角度来看,人际宽恕则有助于减轻这些生理应激反应,宽恕可以通过减少敌意和心血管紧张,缓冲免疫系统(例如,在细胞水平、神经内分泌水平释放抗体)和改善中枢神经系统功能(例如,通过杏仁核、下丘脑和迷走神经)(Worthington & Scherer, 2004)。从冒犯者角度来看,对犯下的错误进行反复思考可能会增加副交感神经退缩和引发负面情绪,从而带来心脏和情感上的代价,寻求宽恕(承担责任、悔恨和关系修复)有助于改善消极结果(da Silva, et al., 2017)。

  宽恕与自我评估的总体健康状况的关系的研究结果不太一致。Toussaint 及其同事评估了宽恕他人和不宽恕自我与健康的关系,发现宽恕他人的倾向与老年人(65 岁及以上)自我评估的较好的身体健康有关,不宽恕自我的倾向与年轻人(18—44 岁)和中年人(45—64 岁)的自我评估的较好的身体健康状况有关(Toussaint, David, Marc, & Susan, 2001)。但也有研究发现,宽恕他人的倾向并没有显著预测感知到的身体健康,而宽恕自我的则可以显著预测(Krause, Neal & Hayward, 2013; Wilson, Milosevic, Carroll, Hart, & Hibbard, 2008)。宽恕倾向包括人际和自我宽恕,都与自我报告的身体健康之间没有显著关系(Green, DeCourville, & Sadava, 2012)。但是宽恕与身体疾病有关的症状的关系的研究结果是相对一致的,研究发现人际宽恕和自我宽恕与身体症状之间显著相关(Davis, et al., 2015; Lawler-Row, 2010; Lawler-Row, Karremans, Scott, Edlis-Matityahou, & Edwards, 2008)。

2.3.2 宽恕与心理健康

  宽恕对心理健康的直接影响是减少由于不宽恕带来的负面心理应激反应,特别是诸如怨恨、恐惧和愤怒等负面情绪(Toussaint & Webb, 2005; Worthington, et al., 2007)。不宽恕他人还通过沉思(ruminate)使各种消极情绪(包括怨恨、愁苦、憎恶、敌意、愤怒和恐惧等)不断侵蚀健康,而宽恕同样有助于减少不宽恕的这些消极影响(Webb, et al., 2012)。宽恕已经被证明与较少的心理困扰相关,且宽恕的增加与压力相关的障碍的减少有关(Toussaint, Shields, Dorn, & Slavich, 2016)。宽恕他人的状态和特质都与较低的抑郁水平、焦虑水平和压力水平显著相关(Messay, Dixon, & Rye, 2012)。宽恕自我和宽恕他人不同,愤怒是宽恕他人的唯一重要预测因素,而焦虑、羞耻和愤怒都与宽恕自我有关(Macaskill, 2012)。自我宽恕与较少的抑郁情绪(Toussaint, et al., 2008; Wohl, et al., 2008)和焦虑情绪(Maltby, Macaskill, & Day, 2001)以及增强的自尊心(Woodyatt & Wenzel, 2013)有关。

  宽恕还可能通过与幸福感和其他健康心理功能的联系增进心理健康。宽恕他人使人们愿意启用一些积极的中介因素(包括社会支持、人际互动以及健康行为等)增进健康(Webb, et al.，2013）。宽恕他人与社交网络的规模和对社会支持的满意度有关（Green，et al.，2012）。研究发现，人际宽恕和自我宽恕都可以在培养情绪能力以及减少抑郁症状方面发挥重要作用（Webb，et al.，2012；Wohl，et al.，2008）。宽恕作为一种积极资源和力量，使人在面对冒犯者、消极事件和自我的时候，减少负面情绪，增加积极感受、认知和行为（Webb，et al.，2012）。

寻求宽恕也存在积极心理效应，Witvliet等人（Witvliet，et al.，2002）发现冒犯者想象寻求宽恕在自我报告的情绪上产生了很多有益的效果，感受更少的悲伤、愤怒、内疚和羞愧。Exline等人同样采取实验法研究，发现不道歉和道歉相比会有更多的遗憾（Exline，et al.，2007）。但是相比宽恕他人的显著的生理心理效应（Witvliet，et al.，2001），寻求宽恕带来的个体心理层面的益处相对较少。道歉是寻求宽恕的重要形式，研究发现道歉倾向与幸福感呈正相关（Howell，et al.，2011）。

国内外的元研究都提供了人际宽恕和自我宽恕与心理健康的相关关系的支持依据。付伟对国内宽恕研究进行的元研究发现，宽恕与积极心理健康指标存在正相关，与消极心理健康指标呈负相关（付伟，等，2016）。Fehr等发现人际宽恕与抑郁呈负相关（Fehr，et al.，2010）。Davis等对自我宽恕与心理健康的多个指标进行了元分析，证实了自我宽恕与自我报告的身体和心理健康之间的稳健关系（Davis，et al.，2015）。

2.3.3 宽恕与积极人际关系

虽然一些学者倾向于混淆宽恕与和解（reconciliation）之间的关系，认为人际宽恕的最后阶段就是重建已经破碎的人际关系也就是和解，但是大部分研究宽恕的心理学者都强调，无论从受害者的心理健康还是避免其进一步受到冒犯者伤害的角度来看，和解都不应该是人际宽恕的最终目的（傅宏，2004）。特别是从应用和干预的角度来看，澄清宽恕与和解的差异有助于来访者接纳宽恕的概念，提高来访者采纳宽恕作为克服人际压力事件带来的消极生理和心理状态（包括失眠、沉思、愤怒、内疚、焦虑、抑郁等）的应对策略的可能。

但是当个体实践宽恕，即自愿地降低对冒犯者（包括个体冒犯他人后的自己）的消极、负面的认知、情感和行为反应，并出现正面、积极的认知、情感和行为反应的过程后，常常导致和善地对待冒犯者或寻求修复人际关系的结果，包括接纳冒犯者的道歉、寻求受害者的原谅、向受害者提供赔偿等。宽恕使个体对修复积极关系的可能性产生了更开放的态度，有学者甚至提出从进化心理的角度看，和解是宽恕的核心，因为宽恕的适应性功能在于帮助个体维持有价值的关系（McCullough，2008）。

实证研究证明宽恕与积极人际关系的相关性。研究发现，人际宽恕能增进受害者与冒犯者之间的关系满意度、承诺和信任（Gordon，Hughes，Tomcik，Dixon，& Litzinger，2009），元研究也证实人际宽恕与关系亲密度、关系承诺和关系满意度存在显著关系（Fehr，et al.，2010）。自我宽恕与积极的人际关系结果存在切实的关系，包括感知到的社会支持、感知到被他人宽恕的程度等(Davis, et al., 2015)。寻求宽恕在减少继发性人际冲突方面的作用显著。研究发现,道歉可以避免受害者对冒犯者的攻击行为,特别是伤害越严重,越需要道歉来降低受害者的愤怒和攻击性(Frederickson, 2010；Ohbuchi, et al., 1989)。

2.4 宽恕相关影响因素

2.4.1 宽恕与人口统计学变量

2.4.1.1 宽恕与性别

关于人际宽恕的性别差异,很多研究发现女性的宽恕水平更高,女性在回避动机上低于男性,而男性在报复动机上高于女性(Rey & Extremera, 2016)。2008年的一项元研究确认了性别差异的存在,而且没有发现方法学上的变量在性别和宽恕水平上存在调节作用(Miller, Worthington, & McDaniel, 2008),但也有元研究并未发现性别差异(Fehr, et al., 2010)。在我国,一些研究也确认性别差异的存在,男生的逃避动机显著高于女生,男生的宽恕行为反应显著低于女生(王琴琴, 2012)。但也有相反的研究结果出现,比如对高职生的研究发现,女生的人际宽恕水平显著低于男生(袁殷红, 2013)。关于自我宽恕的性别差异的研究比较少,结论也不统一。女性比男性有更高的宽恕自己的倾向(Miller, et al., 2008；Toussaint, et al., 2008)。但也有研究发现,大学生自我宽恕不存在显著的性别差异(马旭颖, 2013；王琼, 2014)。对医学生的研究发现,男生的自我宽恕水平显著高于女生(胡雯,甘小荣,郭栋梁, 2018)。因此,关于性别与宽恕之间的复杂和不确定关系,性别可能不存在单独的主效应(Riek & Mania, 2012),而是存在很多中介和调节变量,比如年龄、共情水平等(Swickert, Robertson, & Baird, 2016)。

2.4.1.2 宽恕与年龄

从发展的角度看,随着年龄的增长,人们对宽恕概念的认识和宽恕的条件会发生改变(Enright, 1991)。年幼(4年级)的孩子倾向于将宽恕视为一种交换,但是年长的孩子和大学生更倾向于将宽恕视为与维持社会关系有关(Enright, et al., 1989)。因此,对宽恕理解的发展与童年期的认知和道德发展有关(Enright, et al., 1989),儿童在每个年龄段都会宽恕,但是他们对宽恕的理解和他们宽恕的动机发生了改变。成年以后,总体上来说,随着年龄的增长,人们越来越愿意宽恕(Toussaint, et al., 2015),但也有研究发现这种差异并不显著(Fehr, et al., 2010)。在我国,大四学生宽恕他人的水平显著低于大一、大二学生,逃避动机水平显著高于大一、大二和大三学生(王琴琴, 2012)。对高职学生的调查中也有这种低年级宽恕水平更高的情况,大一的宽恕水平高于大二(袁殷红, 2013)。关于自我宽恕的年龄差异的研究比较少,结论也不统一,有研究发现自我宽恕水平与年龄呈正相关(Griffin, et al.，2016)。在我国,有研究发现自我宽恕存在显著的年级差异,大四学生显著高于其他三个年级的学生(马旭颖,2013),但也有研究发现大一学生显著高于高年级学生(王琼,2014)。对医学生的研究发现,自我宽恕不存在显著的年级差异(胡雯,甘小荣,郭栋梁,2018)。

2.4.1.3 宽恕与其他变量

关于独生子女宽恕水平的差异研究主要在国内,结论不太一致,非独生子女宽恕行为反应倾向显著高于独生子女,逃避动机显著低于独生子女(王琴琴,2012)。对高职学生的研究发现,非独生子女的人际宽恕水平得分显著低于独生子女(袁殷红,2013)。对医学生的研究发现,自我宽恕水平不存在是否是独生子女方面的差异(胡雯,等,2018)。大学生自我宽恕不存在显著的是否是独生子女的差异(马旭颖,2013)。

关于宽恕的专业差异研究也主要在国内,结论不太一致,理科生的人际宽恕水平显著高于文科生(王佳波,2013)。对高职学生的研究中,工科生的人际宽恕水平显著高于文科生,文科生显著高于理科生(袁殷红,2013)。自我宽恕方面,工科学生得分显著高于文科类学生(马旭颖,2013),也有研究认为自我宽恕不存在显著的专业差异(王琼,2014)。

为何独生子女和专业差异存在各种不一致的情况,很可能是由于存在各种中介、调节变量以及交互效应,比如性别、年龄,但是相关研究比较少。文科大学生宽恕水平存在显著的性别、年级差异;工科大学生的宽恕水平受到性别、年级、是否为独生子女的交互影响(李湘晖,2011)。

2.4.2 冒犯事件相关变量

与人口统计学变量不同,冒犯事件相关变量与宽恕的关系的研究结果相对一致。首先,冒犯的严重程度能够显著影响宽恕,伤害得越严重宽恕越困难(Riek & Mania, 2012),无论是主观还是客观严重程度都与宽恕有关,并且主观感受到的严重程度是客观严重程度与宽恕的中介变量(Fincham, Jackson, & Beach, 2005)。侵犯的严重性对逃避动机有显著的预测作用(Fehr, et al., 2010;王琴琴,2012)。自我宽恕与事件严重程度也呈显著的相关性,冒犯他人事件越严重,个体越内疚、越尝试宽恕自己(Griffin, et al., 2016)。冒犯者知觉到的冒犯严重程度以及感觉应该承担责任的程度会通过增加感知到的内疚影响寻求宽恕(Riek, et al., 2014)。

冒犯者与被冒犯者的关系亲密度也与宽恕密切相关。很多研究发现冒犯事件发生前,冒犯者与被冒犯者关系的高亲密度促进了宽恕的发生(McCullough, et al., 1998; McCullough, Worthington, & Rachal, 1997; Tsang, McCullough, & Fincham, 2006),在青少年中也存在对好朋友的宽恕水平高于一般朋友的情况(彭丽华,2004)。关系亲密度对报复和回避动机有显著的预测作用(王琴琴,2012)。

真诚的道歉可能会增加受害者宽恕冒犯者的可能性(Bachman & Guerrero, 2006; Bassett, et al., 2006; Pansera & La Guardia, 2012)。元研究发现道歉是宽恕的重要影响因素(Fehr, et al., 2010)。和解姿态(寻求宽恕的一种形式)增加了对冒犯者的宜人性的认知,而这又与受害者宽恕的增加有关(Riek & DeWit, 2018; Tabak, McCullough, Luna, Bono, & Berry, 2012)。对于冒犯者来说,道歉比没有道歉遗憾更少,这提示道歉能为冒犯者带来一些情绪上的放松,这可能是寻求宽恕的促进因素(Exline, et al., 2007)。想象寻求宽恕与副交感神经激活的增加有关(da Silva, et al., 2017)。

2.4.3 社会认知与情绪相关变量

大量的社会认知变量与宽恕相关,包括对冒犯者和冒犯事件的沉思(rumination)、归因(attibutions),对责任的判断以及责备,其中最重要的一个社会认知变量就是共情(empathy)(Riek & Mania, 2012)。研究发现,共情能增加帮助他人减轻痛苦的愿望(Batson, Ahmad, & Tsang, 2002),人们如果能对他们的冒犯者产生共情,那么他们更可能宽恕对方(Berry, et al., 2005; Eaton & Struthers, 2006; McCullough, et al., 1998; McCullough, et al., 1997; Zechmeister & Romero, 2002)。元研究发现,共情是比其他非社会认知变量都重要的变量(Fehr, et al., 2010; Riek & Mania, 2012)。对于自我宽恕来说,沉思可能是更加重要的社会认知变量(Ascioglu Onal & Yalcin, 2017)。

与宽恕密切相关的情绪主要是愤怒和内疚(guilt)。两项元研究发现愤怒是影响宽恕的重要因素之一(Fehr, et al., 2010; Riek & Mania, 2012)。有研究发现,内疚正向预测自我惩罚,羞愧负向预测自我宽恕、正向预测给自我找借口(自欺欺人)(Griffin, et al., 2016)。内疚是寻求宽恕的动机,虽然内疚是一种消极情绪,但是对于保持和修复人际关系非常重要(Baumeister, et al., 1994)。内疚与寻求宽恕动机(Riek, 2010)和寻求宽恕的行为(Riek, et al., 2014)都有关,研究还发现在时间点1的内疚能显著预测时间点2的寻求宽恕行为(Riek, et al., 2014)。与内疚不同,羞愧(shame)关注的焦点全部在自己,个体感到无价值(卑微)和无力,想要逃跑或躲避,因为整个自我感觉到暴露(无遮无拦),明确地怀疑他人的不喜欢。而内疚关注的焦点是特定的行为(不是整个自我)。因此,行为可能被认定是应该谴责的,但是个体的价值仍然完整存在。相比逃避和躲藏,冒犯者有动机去修复——无论伤害是否造成。因此,羞愧对于社交和心理功能是有害的。理论上,相比感到内疚的人,感到羞愧的人更难向受害者寻求宽恕以及宽恕自己(Tangney, Mashek, & Stuewig, 2005b)。那些体验到内疚的冒犯者会把冒犯看得更加有限和狭窄并且对于冒犯具有更少的防御。

2.4.4 人格相关变量

人际宽恕与人格变量的关系的研究主要集中于大五人格(开放性 openness,外向性

extraversion，尽责性 conscientiousness，宜人性 agreeableness，神经质性 neuroticism)的关系。特质性和状态性人际宽恕都与宜人性、外向性呈正相关，与神经质性呈负相关(Brose, Rye, Lutz-Zois, & Ross, 2005)。元研究发现,宜人性是人际宽恕的重要影响因素(Fehr, et al., 2010; Riek & Mania, 2012)。近期对青年大学生群体的研究发现,人际宽恕的回避动机维度与宜人性和神经质性,报复动机维度与宜人性、神经质性和尽责性显著相关(Rey & Extremera, 2016)。研究发现,人际宽恕与开放性之间的关系较弱(Mullet, Neto, & Riviere, 2005; Rey & Extremera, 2016),但也有对大学生的研究发现两者间存在正相关关系(Abid, Shafiq, Naz, & Riaz, 2015)。有研究者提出,对于人际宽恕受害者感知到冒犯者的人格特点比受害者自己的人格特点更重要,对大学女生的追踪研究发现,冒犯者宜人性的感知与高水平的宽恕和低水平的皮质醇相关(Tabak & McCullough, 2011)。有学者提出,人际宽恕与人格之间的关系存在文化差异,西方个人主义文化中宽恕与情绪稳定性、宜人性、自尊等有关(McCullough, Bellah, Kilpatrick, & Johnson, 2001),而在集体主义文化中可能与人际和谐(harmony)和关系导向(relationship orientation)等人格结构更加相关(Fu, et al., 2004)。

有研究者发现,自我宽恕与大五人格的关系不大,只与宜人性有关,但研究结果并不一致。有研究发现自我宽恕与宜人性呈负相关(Tangney, et al., 2005a),也有研究发现呈正相关(Strelan, 2007),还有研究者发现自我宽恕与情绪稳定性和尽责性(Ross, Kendall, Matters, Wrobel, & Rye, 2004)以及认知灵活性(Thompson, et al., 2005)有关。有研究认为自我宽恕与其他人格结构有关,比如特质性内疚、特质性羞愧(Carpenter, et al., 2016)、特质性共情(Rangganadhan & Todorov, 2010)、自恋、自尊(Strelan, 2007)等。

寻求宽恕与自恋(narcissism)和自我监控(self-monitoring)呈负相关(Sandage, et al., 2000),寻求宽恕特质与受教育程度、愤怒、玩世不恭、偏执倾向、开放性、宜人性、时空定向、自我惩罚存在相关性(Chiaramello, et al., 2008)。道歉作为寻求宽恕最重要的形式,道歉倾向与寻求宽恕存在显著正相关,道歉倾向还与自尊、神经质、尽责性正相关,与自恋负相关(Howell, et al., 2011)。基于 HEXACO 人格模型(honesty-humility 诚实—谦卑，emotionality 情绪性，extraversion 外向性，agreeableness 宜人性，conscientiousness 尽责性，openness 开放性)的研究发现,道歉倾向中的自评和他评的诚实—谦卑有强相关,与自评的尽责性、特质性内疚和特质性羞愧相关(Dunlop, Lee, Ashton, Butcher, & Dykstra, 2015)。

2.4.5 文化相关变量

关于宽恕的研究大部分都是在西方文化中进行的,只有少数研究者考察了非西方文化的宽恕(Fu, et al., 2004; Hook, et al., 2013; Karremans, et al., 2011; Zhang, Ting-Toomey, Oetzel, & Zhang, 2015)。虽然宽恕是跨文化的有关人际关系的人类共同体验,但是不同的文化价值和期望可能塑造不同的宽恕心理特点,不同文化中的人可能会在为什么宽恕、什么时候宽恕以及如何宽恕方面有不同的表现（Hook，et al.，2013；Karremans，et al.，2011；Merolla，Zhang，& Sun，2013）。一些研究者认为，在以关系相互依赖和社会和谐为特征的集体主义文化中，宽恕主要被感知为与个体外部的和人际有关的，并且宽恕与否受到关系修复、重建和和解的愿望驱动，因此宽恕更像是一种文化责任而不是一种个体的决策；而在强调个人主义的文化中，宽恕主要被感知为个体内部的，受到个体内在减少痛苦、获得平静和自我超越愿望驱动的，因此宽恕更多的是个体决策而不是文化义务（Hook，et al.，2013；Hook，et al.，2009；Paz，Neto，& Mullet，2008）。

基于集体主义和个人主义的文化差异框架，中国文化常常被认为是集体主义的代表，因此研究中国文化下的人际宽恕常常涉及关系、和谐（Fu，et al.，2004；Merolla，et al.，2013）、面子（facethreat）（Zhang，et al.，2015）等变量。其中，和谐被证明是中国文化下有效地预测人际宽恕的因素，而美国文化中无此效应（Merolla，et al.，2013），而面子与人际宽恕的关系对于中美两种文化中的个体有类似影响路径（Zhang，et al.，2015）。关于自我宽恕的文化差异，一些研究者认为可以关注个体控制感（perceived control），并认为在个人主义文化中的个体重视内在控制感，在冒犯他人后自我宽恕有助于维持内在控制感降低自我谴责和批评，而集体主义文化中个体更在意他人的谴责和批评，因此自我宽恕相对个人主义文化中的个体更重要，对心理健康产生更多的影响（Dat & Okimoto，2018）。

2.5 宽恕干预

2.5.1 人际宽恕干预

宽恕干预和辅导的模式基本分为两大类：一是"基于情感的"宽恕干预，以 Enright 模式为代表；二是"基于决定的"宽恕干预，以 Worthington 模式为代表。虽然这两类干预模式的侧重点有所不同，但是有研究者发现，两组宽恕干预模式有六大共同的关键部分：（1）界定宽恕；（2）回忆伤害事件；（3）产生共情；（4）知觉到对他人的伤害；（5）承诺宽恕；（6）克服"不宽恕"（Wade & Worthington，2005）。这些干预环节被认为是促进宽恕的重要因素。元分析发现，宽恕干预可以有效提高宽恕他人的水平、增加积极情绪、提高自尊，并且效果能够持续（Lundahl，Taylor，Stevenson，& Roberts，2008）。这两种方式的共同点在于鼓励来访者考虑将宽恕作为生活中的积极角色，从而增加来访者的弹性和社会资源。

2.5.1.1 Enright 等建立的宽恕干预模式

美国威斯康星大学麦迪逊分校教授 Enright 及其团队"人类发展研究小组"在前人研究的基础上，基于一些可控的宽恕影响因素（如愤怒处理、共情、认知等），设计出了一项宽恕干预模式（Enright，2002；Knutson，et al.，2008），该模式经过不断扩展，最终发展成为今天被广泛应用的宽恕干预模式,目前共有 4 个阶段,包括 20 个单元(表 2-1)。该模型细致地描述了宽恕一个人可能会经历的心理过程。Enright 指出,不是每个人都以相同的方式和相同的速度经历这些过程,这个模型中的步骤是灵活可变的。也就是说,这个模型中每个步骤的前后顺序并不是刻板固定的,而且有的个体可能经历所有的步骤,也可能只经历其中的一些步骤。

表 2-1　Enright 宽恕干预模式

1. 体验伤害的阶段(Uncovering Phase)

(1) 检验心理防御,承认自己受到了伤害
(2) 意识到自己的愤怒,而面对愤怒,关键是释放,不是隐藏
(3) 意识到冒犯事件给自己心理上带来的痛苦(如:羞耻感、遭受不公正的痛苦、在脑子里一遍又一遍地重放冒犯事件等)
(4) 觉察到对伤害事件的过度关注,意识到怨恨让自己筋疲力尽
(5) 觉察到对伤害事件的反复回想
(6) 意识到将自己的不幸与冒犯者的"幸运"做比较
(7) 意识到伤害事件对自己造成了永久的伤害
(8) 觉察到"公正世界"的信念应有所改变,世间不存在绝对公平

2. 决定宽恕的阶段(Decision Phase)

(9) 意识到现有的应对策略对当前的情境不起作用
(10) 愿意考虑将宽恕作为一种选择
(11) 承诺宽恕冒犯者

3. 实施宽恕的阶段(Work Phase)

(12) 通过观点采择,将冒犯者置于当时的情境中,对其过错进行重新认知
(13) 对冒犯者产生共情
(14) 觉察到自己对冒犯者产生的同情
(15) 承受痛苦,而不将这些痛苦传递给别人

4. 收获成果/深化的阶段(Outcome/Deepening Phase)

(16) 在痛苦和宽恕的过程中为自己和他人寻找意义
(17) 意识到自己过去也曾需要被别人宽恕
(18) 意识到自己并不孤独(一般化、支持)
(19) 意识到自己会因此而树立新的生活目标
(20) 意识到对冒犯者的消极情绪逐渐减少,也许还增加了积极情感,意识到内心的释然

Enright 宽恕干预模式得到了实证研究的验证(Knutson, et al., 2008; Lin, Mack, Enright, Krahn, & Baskin, 2004),应用范围广泛。Enright 宽恕干预模式的重要干预目标是处理愤怒和憎恨情绪,所以特别适用于一些特殊人群,如被应用于治疗成年和青少年因

犯,用来降低愤怒,提升心理健康(Enright, et al., 2016),用于治疗在婚姻中受到情绪虐待(包括批评、讽刺、嫉妒控制、故意忽视、抛弃威胁、伤害威胁等)的女性(Reed & Enright, 2006),用于治疗美国有冠状动脉硬化问题的退伍军人的愤怒回忆压力(anger-recall stress)(Waltman, et al., 2009)。基于 Enright 宽恕干预模式的宽恕教育模式也广泛应用于儿童和青少年的道德和品德教育中(Klatt & Enright, 2009; Lin, et al., 2011),在预防高危环境中青少年的心理问题上也有有效应用。如:对暴露于高暴力、非公正待遇和社会问题环境中的儿童,用以预防其心理和反社会行为问题(Gassin, et al., 2005);对离异家庭中的儿童进行宽恕教育,提升他们的幸福感和社会关系(Graham, Enright, & Klatt, 2012)。Enright 宽恕干预模式在非西方文化情境中的效果也同样得到了验证。如:对韩国受到校园暴力伤害的女中学生的干预降低了愤怒和敌意,提高了共情和学业水平(Park, Enright, Essex, Zahn-Waxler, & Klatt, 2013);对巴基斯坦在青少年早期受到虐待的儿童的干预提升了宽恕和希望水平,降低了愤怒(Rahman, Iftikhar, Kim, & Enright, 2018);对我国儿童的干预也是有效的(Hui & Chau, 2009; Lin, 1998; 陶琳瑾, 2011)。

2.5.1.2 Worthington 等建立的 REACH 宽恕干预模式

该模式是由 McCullough 和 Worthington 提出的一种短期宽恕心理干预模型发展而来(McCullough & Worthington, 1995),共由 5 个环节构成(Wade & Worthington, 2005)。REACH 的五个字母分别代表了宽恕干预的某一环节(表 2-2)。REACH 干预模式被应用于很多方面,在有基督信仰的被试(Worthington, et al., 2011)、大学生群体(Wade & Worthington, 2003)、集体主义文化被试(Worthington, et al., 2010a)、情侣(Worthington, Jennings II, & Diblasio, 2010b)、家长(Kiefer, et al., 2010)身上其有效性都得到了证明,在元研究中这种有效性得到进一步确认(Wade, et al., 2014)。该方案在我国的大中学生群体里的有效性也有研究验证(龙翔, 2016; 许珊珊, 王黎明, 梁执群, 2014)。

REACH 的简短和可嵌套的特点也让它更加容易被应用和推广。如:在一项多元文化背景下对女大学生的干预研究中,一天 6 小时的 REACH 宽恕团体干预也被证明了有效性(Lin, et al., 2014)。针对门诊病人的研究发现,在对边缘型人格障碍的门诊病人采用团体辩证行为疗法(DBT)的同时,嵌入了依据 REACH 模式调整的 8 小时宽恕教育干预模块,该模块采用团体的方式分 4 次实施,每次 2 小时,结果发现在宽恕模块期间,参与者表现出宽恕水平的提高和不安全依恋以及精神症状的减少,效果维持 6 周(Sandage, et al., 2015)。近年,REACH 的良好结构性和可操作性的优势还使其在自助式的心理干预领域得到了有效的发展,相关的自助手册(Harper, et al., 2014)和在线自助式干预(Nation, et al., 2018)的有效性也获得了初步验证。

表 2-2 REACH 宽恕干预模式

1. Recall(回忆)
回忆与伤害有关的想法、感受和行为,探索伤害事件带来的不良影响
2. Empathy(共情)
站在冒犯者的角度,体会冒犯者的想法和感受,思考导致侵犯发生的情境性因素,促进对冒犯者共情
3. Altruistic behavior(利他行为)
回忆被别人宽恕的经历,体会被他人宽恕的感受。唤起对宽恕者的感激之情,认识到谁都可能犯错,试着做一些利他行为
4. Commitment(承诺)
对宽恕行为做口头或书面的承诺。承诺的方式可以是讲给一位亲密的、值得信任的朋友听,也可以只对自己承诺。尽管这种承诺方式是较为私密的,但在某种程度上仍被认为具有一定的"公开"意义
5. Hold(保持)
保持宽恕,维持宽恕带给自己的改变

有研究者认为,REACH 模式与 Enright 模式的主要区别在于"做出宽恕承诺"这一环节。Enright 等人主张对宽恕意愿做出承诺,其目的是引导来访者树立宽恕意识,鼓励来访者做出宽恕的决定,因而实施于干预早期。而 Worthington 等人则鼓励来访者对宽恕行为做出承诺,因而应用于干预晚期。除此之外,在其他程序上,两个模式大致相同。相比较而言,Enright 模式更细致,有助于咨询师对来访者内部心理过程的把握;Worthington 模式则更简洁,操作起来更方便(宗培,白晋荣,2009)。

2.5.2 自我宽恕干预

自我宽恕成型的干预模式主要是 Worthington 及其团队依据人际宽恕干预的 REACH 开发的"负责任的自我宽恕"(responsible self-forgiveness)干预模式。Worthington 和他的研究团队把自我宽恕定义为一种应对方式,是一种适应性的压力—应对模式(Griffin, et al., 2015)。根据这种自我宽恕的压力—应对模式,如果冒犯者将冒犯事件及其后果评估为充分威胁,冒犯者将会经历由负面情绪组成的压力反应,包括羞耻、内疚、愤怒、后悔和失望,这被称为自我谴责(self-condemnation)。自我谴责如果能激发和解行为比如道歉,那么就是适应性的,在此过程中个体还有可能改善内在品质(Riek, 2010)。然而,现实生活中,这个过程经常出错,有时候人们为了回避内疚感,采取不承担责任或不修复受损关系的方式,走捷径去修复情绪困扰和自我形象。还有的人则是陷入另一个极端,过于沉溺于羞耻、内疚等负面情绪,这样自我谴责就可能产生适应不良的后果(Fisher & Exline, 2010)。因此,自我宽恕是一个冒犯者应对自我谴责的过程,在这个过程中冒犯者重新确认自己侵犯了他人的事实,并且重建积极自我认知。自我宽恕不同于其他应对自我谴责的方法,包括给自己找借口或惩罚自己以弥补过错,前者是一种保守的策略,通过否认过错以确保冒犯行为发生前的自我概念不受到影响,后者则是否认自己的内在价值(Woodyatt & Wenzel, 2013)。因此,自我宽恕是一条中间道路,不因为犯错就否认自己的价值,也不为自己找借口逃避责任。

基于自我宽恕是对自我谴责的压力—应对模式的定义,Worthtington 等人开发了自我宽恕干预的双重过程模式(dual-process model),即"负责任的自我宽恕"(responsible self-forgiveness),过程一为决定再次确认自己侵犯了他人的事实,过程二为体验基于积极自我认知的情绪修复(Worthington, 2013)。该干预模型一共包含 6 个步骤,其中步骤 1、2、6 属于过程一,步骤 3、4、5 属于过程二(表 2-3)。该干预模式的有效性得到了一些研究的验证(Davis, et al., 2015; Nation, et al., 2018)。

表 2-3 Worthington"负责任的自我宽恕"干预模式

过程一:再次确认侵犯事实	过程二:积极自我认知修复
第一步:回忆冒犯事件(Recall an Offense) 回忆一个希望聚焦解决的冒犯他人的事件,这件事最好是具体的,何时何地对何人做了什么伤害他/她的事	第三步:反思"沉思"(Rethink Relationships) 认识沉思带来的危害,处理不理性的完美主义期待
第二步:修复关系(Repair Relationships) 努力修复与受害者之间的不公正裂痕(injustice gap),体会受害者的需要	第四步:REACH 情绪自我宽恕(REACH Emotional Self-forgiveness) 辨析决定性和情绪性自我宽恕,做一个原谅自己的决定,用自我宽恕的情绪取代自我谴责的情绪
第六步:决心善良地生活(Resolve to Live Virtuously) 澄清自我价值,用发展的眼光看到自己的过失,决心过有价值和有目标的生活,而不是简单地被过去的经验决定当下的行为和选择	第五步:重建自我接纳(Rebuild Self-acceptance) 接纳自己是一个有缺陷但是有价值的人

此外,Cornish 和 Wade 基于自我宽恕的 4Rs 定义,即个体承担做错事的责任(Responsibility),减少羞愧的同时表达忏悔(Remorse),从事修复(Restoration)关系的行为从而达到更新(Renewal)自我概念、自我同情和自我接纳(Cornish & Wade, 2015),提出了自我宽恕的干预策略(表 2-4)。但是该策略的有效性还未在实证层面得到应用和验证。

表 2-4 4Rs 的自我宽恕干预策略

成分	描述
责任(Responsibility)	为了实现真正的自我宽恕,冒犯者需要对一个人的行为和这些行为的影响负责。责备转移最小化
忏悔(Remorse)	由于承担责任,冒犯者可能会经历各种各样的情绪。基于羞耻的反应(泛化的)需要处理和减少,留下更适当的基于悔意的反应(针对具体冒犯事件的),例如内疚和遗憾
修复(Restoration)	以行动为导向,包括承担责任和忏悔。在真正的自我宽恕中,冒犯者尝试在可能的范围内修复关系。解决导致冒犯的行为模式
更新(Renewal)	最终,冒犯者获得自我宽恕的情绪状态,包括重新获得对自己同情,接受和尊重自己。努力实现自我宽恕的过程促进道德的成长

2.5.3 寻求宽恕干预

寻求宽恕与人际和自我宽恕都不同,是一个高度依赖伤害事件双方人际互动的过程,和事件、情境本身的特点,互动双方的个体特点都关系很大。一方面,寻求宽恕积极心理效应受到受害者的影响很大,其中包含复杂的人际互动过程和情绪过程;另一方面,关于如何(包括何时、何地、采用何种方法等)有效寻求宽恕以达到让受害者宽恕的方法也存在争议,因此寻求宽恕干预还是一个相对空白的领域,现有研究主要从原则上强调如真诚(Zechmeister, et al.,2004)、高代价(Ohtsubo, et al.,2018)等是寻求宽恕特别是道歉和赔偿有效的关键因素。道歉过程中冒犯者的"道德情绪"包括羞愧、内疚、懊悔和共情等对被冒犯者是否选择宽恕起到了重要作用(Mutter,2012),言语上不明确请求宽恕比请求宽恕更能获得受害者的宽恕(Szablowinski,2012),没有道歉的赔偿会带来更多的宽恕行为,没有赔偿的道歉则会带来更多的自我报告的宽恕(Carlisle, et al.,2012)。因此,要达到促进受害者心理上的宽恕又促进关系和解的寻求宽恕方式需要多方法结合。总的来说,寻求宽恕干预目标多元而复杂,既澄清冒犯者寻求宽恕的动机,帮助冒犯者获得有效寻求宽恕的社交技能,同时冒犯者也需要能从互动中获得积极心理效应,最终达到促进冒犯者自我宽恕、受害者人际宽恕,促进双方关系和解的目的。

Worthington 等人的负责任的自我宽恕干预模式的第二步修复关系是相对接近以上寻求宽恕干预目标的干预方式,一共包括 7 个步骤的练习(Worthington & Griffin,2015)。从这部分练习中可以看出干预方案制定者在达成修复关系、寻求宽恕这个干预目标上把握平衡的难度(表 2-5)。

表 2-5 Worthington 自我宽恕干预中的"寻求宽恕"部分

成分	描述
评估损害 (assessing the damage)	在同心圆(自己在圆心)图中画出由于我们自己的过错受到影响的人
不公正裂痕 (injustice gap)	写下被伤害的某个人的名字,想象他/她经历的痛苦,感受自己的内疚和羞愧,评估你伤害的对象内心感受的裂痕有多大。写下一些你觉得做了有助于抚平裂痕的事情
评估痛苦 (assessing the hurts)	想想曾经你受到伤害的事情,回忆当时你自己的感受,想想你当时的感受和现在你伤害的人的感受有哪些是一样的
一个好的忏悔的要素 (elements of a good confession)	好的忏悔包括:(1) 承认错误;(2) 向受影响的人全面道歉;(3) 共情对方的痛苦并承认它们的重要性;(4) 要比你预计的做更多的事情修补关系(通常受害方感受到的伤害比你估计的严重);(5) 下决心做出牺牲,并保持沉默(抱怨会减小牺牲的作用);(6) 向对方明确提出宽恕请求

续表 2-5

成分	描述
共情椅子 (the empty chair exercise)	找两把空椅子面对面放着,坐在其中一把上,想象你伤害的人在你面前,向他们忏悔。想象你的忏悔会得到怎样的情绪回应,如果有人这样向你忏悔你会有什么反应
处理压力 (dealing with distress)	正确面对自责情绪,接受我们的行为需要承担的责任,为我们的行为表达遗憾和忏悔,培养自己内在的谦逊,缺乏弹性的过度自责不利于身心健康
获取灵性资源 (taking a spiritual inventory)	写下你认为最神圣的东西,如信仰、自然、家族或者你无法用言语描述的事物等,你的自我谴责是否导致你与神圣的联系或亲密关系的整体削弱,你可以做些什么修复这种灵性

美国的道歉学家艾伦·拉扎尔(Aaron Lazare)将道歉定义为在双方相对的情况下,做错的一方向受害一方承认自己的过失,为对方的不满负责,并且表达悔恨或自责之情(艾伦·拉扎尔,2017),并强调最基本的是"承认错误"和"表示自责"。他认为道歉的过程可以分成四个部分:(1)认错(acknowledging the offense);(2)提出解释;(3)表现出自责(remorse)、羞耻、谦卑、真诚等行为与态度;(4)进行补偿。各个部分的重要性或必要性根据每次道歉情境的不同而有所差异(艾伦·拉扎尔,2017)。此外,他还强调道歉是一种协商(negotiating apologies),不是一方(冒犯者)对另一方(被冒犯者)做了或提供了什么,而是双方通过"给予和接受"来达成一致,进而解决最初的问题的过程(艾伦·拉扎尔,2017)。因此,从某种意义上说,道歉是一种需要学习和练习的社交技能。

艾伦·拉扎尔认为在道歉中应该满足受害者一项或数项心理需求:(1)恢复自尊与尊严;(2)确认双方遵循相同的价值观;(3)确认错不在自己;(4)确信人际关系中的安全感,确认自己不再受到伤害;(5)看见冒犯的一方受到惩罚;(6)冒犯的一方对伤害给予补偿;(7)与冒犯的一方进行坦诚的对话,使受害者有机会表达因为对方的冒犯而遭受的痛苦以及其他感受。而从冒犯者角度,道歉的原因主要有两种:(1)因为冒犯他人而感到羞耻、内疚,对给他人造成的伤害感同身受;(2)试图修复彼此的关系,害怕遭到遗弃、报复或其他处罚,使关系进一步恶化(艾伦·拉扎尔,2017)。如果双方对对方的需求知觉不良,则很难有良好的道歉结果产生。

虽然艾伦·拉扎尔并未对该如何进行具体道歉做出结构化的方案,但是他提出的一些注意事项还是非常实用的。他将未能适当认错的道歉称为伪道歉,伪道歉不仅无法修复关系,还可能对被冒犯者造成更深的伤害,这也是为什么很多道歉会让人感到失望、困扰、折辱的原因。伪道歉的八种类型分别为:(1)含糊不清或不完全的认错,例如,"我为自己做过的任何事表示道歉";(2)使用被动语态,例如,"对不起,事情已经发生了";(3)认错时附加条件,例如,"如果我说的伤害到了你,我道歉";(4)质疑受害者是否真的遭受到伤害,例如,"我不是那个意思,但是如果你觉得特别不舒服,我道歉";(5)尽可能地轻描淡写,例如,"我只是不小心打伤了你,对不起";(6)语带同情地说"对不起",例如,"对不起,害得你拿不到毕业证";(7)向错误的对象道歉,例如,应该向主要受害者道歉,但是只给其他受到影响的人道歉;(8)挑拣容易的部分责任道歉,而略过需要承担的主要责任(艾伦·拉扎尔,2017)。

3 大学生人际冲突现状

3.1 研究目的、内容及假设

了解大学生日常人际冲突伤害事件现状及特点,分别从被冒犯者和冒犯者两个角度,考察大学生知觉回忆到的日常人际冲突伤害发生过程中的具体特点,包括冲突伤害事件发生时双方的关系类型(包括父母、亲戚、恋人、好朋友、普通朋友、老师、陌生人等)、冲突事件对方的性别、冲突事件发生的时间、冲突事件当下是否还在继续发生、冲突事件的类型(当面口头伤害、当面行为伤害、背地伤害、网络伤害等)、冲突事件过程中第三方调解情况、道歉情况、原谅情况等,以及这些人际冲突特征的性别、年级、专业差异。相关研究假设如下:

H1:关系类型越亲密,如父母、恋人、好友,越容易发生人际冲突和感受到伤害,道歉行为越多。

H2:与非独生子女相比,独生子女与父母的关系更紧密,更容易与父母发生人际冲突,非独生子女与兄弟姐妹发生的人际冲突相对更多。

H3:发生时间越近的冒犯事件越容易被被试回忆。

H4:在冒犯类型上存在性别差异,男生更容易发生行为冲突,女生更容易发生口头冲突。

H5:在冒犯类型上随着年级的升高,越少产生直接面对面的冲突,越多产生间接冲突,如背后伤害、网络伤害。

H6:在冒犯类型上与人际更相关的学科,如文科、管理、医科、公安等专业,该类专业的学生更多采用口头和背后伤害。

H7:在有第三方调解的情况下,冒犯者道歉比例更高。

H8:随着年级的升高,更愿意采用道歉的方式解决冲突。

H9:女生比男生更愿意采用道歉的方式解决冲突。

H10:独生子女更不愿意采用道歉的方式解决冲突。

H11:与人际更相关的学科,如文科、管理、医科、公安等专业,该类专业的学生更愿意采用道歉的方式主动解决冲突。

3.2 研究对象、程序及工具

3.2.1 研究对象

本研究采用随机分层抽样与方便抽样相结合的方法,选取南京9所高校的大学一至四年级学生为被试,共填写2 348份问卷,回收并剔除无效问卷(漏答或虚伪答题)后,获得有效样本量2 031份,有效率为86.50%。包含文、理、工、农、医、管、公安、师范等多种专业。

3.2.2 研究方法

3.2.2.1 问卷和量表

基本情况问卷

基本情况问卷调查项目包括:性别(男、女),家中排行(独生子女、非独-老大、非独-老小、非独-其他),所在院校类型(大专/高职、本科),专业类型(文科、理科、工科、农科、公安、医科、管理),年级(一年级、二年级、三年级、四年级)等人口统计学变量。

自编《大学生伤害事件问卷》

本问卷从两个角度切入调查:

(1) 受冒犯者的角度。询问调查对象对某一件记忆深刻的受他人伤害的事件细节,主要包括冒犯事件的各种特点和细节(时间、冒犯者性别、年龄、冒犯类型、是否道歉、第三方调解情况等),调查对象对冒犯事件当时的感受(伤害严重程度、愤怒程度、故意程度、伤害面子的程度等),以及调查对象现在对冒犯事件的感受(原谅程度、愤怒程度、双方关系改变程度等)。

冒犯者特征变量:性别(男、女),冒犯者类型(父母、恋人、兄弟姐妹、好朋友、老师、普通朋友、陌生人、亲戚、其他)

冒犯事件时间特征变量:冒犯事件发生时间(一周以内、一周到一个月、一个月到三个月、三个月到半年、半年到一年、一年到两年、两年到三年、三年到五年、五年以上),冒犯事件是否还在发生(是、不是)

冒犯事件类型和过程特征:冒犯事件类型(当面口头伤害、当面行为伤害、背后伤害、网络伤害、其他),道歉情况(道歉但不诚恳、道歉并诚恳、没道歉),第三方调解情况(有第三方调解、无第三方调解)

冒犯事件主观变量:

a. 作为受冒犯者感到的受伤害程度(0—10分,分数越高,感受到受伤害程度越高)(参

考 Choe，et al.，2016；Wenzel & Okimoto，2014 相关研究)

　　b. 感受到对方的非故意程度(0—10 分,分数越高,感受到的故意程度越低)

　　c. 感受到伤面子的程度(0—10 分,分数越高,感受到的伤面子的程度越高)

　　d. 冒犯事件发生时的愤怒情绪(0—10 分,分数越高,感受到的愤怒水平越高)

　　e. 冒犯事件发生前与冒犯者的人际关系亲密程度(0—10 分,分数越高,关系越好)

　　f. 事件发生后与冒犯者的关系亲密程度(0—10 分,分数越高,关系越好)

　　g. 作为受冒犯者填写问卷时的愤怒水平(0—10 分,分数越高,感受到的愤怒水平越高)

　　(2) 冒犯者的角度。询问调查对象对某一件记忆深刻的伤害他人的事件细节,主要包括冒犯事件的各种特点和细节(时间、被冒犯者性别、年龄、冒犯类型、是否道歉等),调查对象对冒犯事件当时的感受(伤害严重程度、内疚程度、故意程度等),以及调查对象现在对冒犯事件的感受(自我原谅程度、内疚程度、双方关系改变程度等)。

　　被冒犯者特征变量:性别(男、女),被冒犯者类型(父母、恋人、兄弟姐妹、好朋友、老师、普通朋友、陌生人、亲戚、其他)

　　冒犯他人事件时间特征变量:冒犯事件发生时间(一周以内、一周到一个月、一个月到三个月、三个月到半年、半年到一年、一年到两年、两年到三年、三年到五年、五年以上),冒犯事件是否还在发生(是、不是)

　　冒犯他人事件类型和过程特征:冒犯事件类型(当面口头伤害、当面行为伤害、背后伤害、网络伤害、其他),道歉情况(道歉了、没道歉),被原谅情况(是、否、不确定)

　　冒犯他人事件主观变量:

　　a. 作为冒犯者,感到对方受伤害程度(0—10 分,分数越高,感受到的受伤害程度越高)

　　b. 自己伤害对方的非故意程度(0—10 分,分数越高,故意程度越低)

　　c. 冒犯事件发生时的内疚情绪(0—10 分,分数越高,感受到的内疚水平越高)

　　d. 冒犯事件发生前与受冒犯者的人际关系亲密程度(0—10 分,分数越高,关系越好)

　　e. 事件发生后与受冒犯者的关系亲密程度(0—10 分,分数越高,关系越好)

　　f. 作为冒犯者填写问卷时的内疚水平(0—10 分,分数越高,感受到的内疚水平越高)。单项目测量"你感觉自己有多内疚?"(参考 Carpenter，et al.，2014 相关研究)

3.2.2.2　数据分析与处理

采用 EpiData 3.1 录入数据,SPSS 22.0 统计软件建立数据库,并对数据资料进行描述性、显著性、相关性以及回归分析。

采用词袋子(bag of words,BOW)模型(李涛,2013),对文本信息进行分词、词频统计等计算。将常用词"的""在""吧"等虚词(包括介词、连词等)以及标点符号作为停用词,采用 KNIME 中的 StanfordNLPChineseTokenizer 中文分词器进行分词和词性标注,保留名词、形容词和副词,由词袋模型计算获得词频的相对值 TF(每个文档中出现的词/文档中词的总数)和文档集中词频(各文档中词频汇总求和),依据词频排序取高频词制作词云图。此外,依据需要用交叉切分算法进行二元分词(bigram),寻找解释力的语义单元。

3.3 结果统计及分析

本研究采用随机分层抽样与方便抽样相结合的方法,选取南京9所高校年龄段在17～26岁、大学一至四年级学生为被试,共填写2 348份问卷,回收并剔除无效问卷(漏答或虚伪答题)后,获得有效样本量2 031份,有效率为86.50%。包含文、理、工、农、医、管、公安、师范等多种专业(表3-1)。

表3-1 样本人口统计学资料($n=2\,031$)

项目	人数	百分比(%)	项目	人数	百分比(%)
性别			院校类型		
男	890	43.82	大专/高职	362(147)	17.82(40.6)
女	1 141	56.18	本科	1 669(994)	82.18(59.6)
家中排行			专业类型		
独生子女	1 271(692)	62.58(54.4)	文科	317(257)	15.61(81.1)
非独—老大	383(269)	18.86(70.2)	理科	328(198)	16.15(60.4)
非独—老小	316(136)	15.56(43.0)	工科	392(93)	19.30(23.7)
非独—其他	61(44)	3.00(72.1)	农科	151(88)	7.43(58.3)
年级			公安	241(47)	11.87(19.5)
一年级	734(377)	36.14(51.4)	医科	473(355)	23.29(75.1)
二年级	519(302)	25.55(58.2)	管理	129(103)	6.35(79.8)
三年级	397(219)	19.55(55.2)			
四年级	381(243)	18.76(63.8)	是否师范		
			师范	356(315)	17.53(88.5)
			非师范	1 675(826)	82.47(49.3)

注:()内为女生人数和女生人数百分比。

分别从被冒犯者和冒犯者两个角度,考察大学生知觉回忆到的日常人际冲突伤害发生过程中的具体特点,包括冲突伤害事件发生时双方的关系类型(包括父母、亲戚、恋人、好朋友、普通朋友、老师、陌生人等)、冲突事件对方的性别、冲突事件发生的时间、冲突事件当下是否还在继续发生、冲突事件的类型(当面口头伤害、当面行为伤害、背地伤害、网络伤害等)、冲突事件过程中第三方调解情况、道歉情况、原谅情况等,以及这些人际冲突特征的性别、年级、专业差异。以下对自编《大学生伤害事件问卷》结果进行分析。

3.3.1 受冒犯者角度

3.3.1.1 冒犯者特征

全部被试中有1 972(97.10%)人回忆自己曾经受过他人的冒犯。被试感知到被他人冒犯的冒犯者类型特点如表3-2所示。冒犯者关系类型由多到少依次是好朋友、恋人、普通朋友、父母、其他、老师、陌生人和亲戚。在被试说明的其他冒犯者(被试不愿意归入可选类型的人)中,较多被提及的有同学、舍友、室友、同桌、网友、祖父;还有一些职业和岗位,如医生、售货员、快递员、民警、宿管、面试官、上级、领导等;以及关系难以定义的人,如暗恋的人、追求的人、关系暧昧的人、异性朋友、前女友等;最后还有骗子、诈骗团伙、小偷等。具体分析见"冒犯事件文本信息分析"部分。

不同性别的大学生回忆冒犯者的关系类型时存在显著差异,$\chi^2=26.043$,$df=9$,$p=0.000$,男生回忆恋人的冒犯的比例高于女生,女生回忆好朋友和父母的冒犯的比例高于男生;不同性别的大学生回忆冒犯者性别时存在显著差异,$\chi^2=68.422$,$df=2$,$p=0.000$,女生回忆同性别冒犯者比例高于男生回忆同性别冒犯者比例。

表3-2 冒犯者特征及性别差异($n=1\ 972$)

	变量水平	人数	百分比(%)	男生	百分比(%)	女生	百分比(%)
冒犯者关系类型	父母	206	10.45	81	9.50	125	11.17
	恋人	366	18.56	198	23.21	168	15.01
	兄弟姐妹	48	2.43	25	2.93	23	2.06
	好朋友	605	30.68	242	28.37	363	32.44
	老师	110	5.58	47	5.51	63	5.63
	普通朋友	308	15.62	123	14.42	185	16.53
	陌生人	98	4.97	45	5.28	53	4.74
	亲戚	52	2.64	22	2.58	30	2.68
	其他	148	7.51	57	6.68	91	8.13
	未作答	31	1.57	13	1.52	18	1.61
	小计	1 972	100.00	890	100.00	1 141	100.00
冒犯者性别	男	839	42.55	451	52.87	388	34.67
	女	1 057	53.60	368	43.14	689	61.57
	未作答	76	3.85	34	3.99	42	3.75
	小计	1 972	100.00	853	100.00	1 119	100.00

3 大学生人际冲突现状

不同家中排行的大学生回忆冒犯者的关系类型时不存在显著差异，$\chi^2=23.174, df=27, p=0.676$（表 3-3）。有意思的是如图 3-1 所示，独生子女与非独生子女中排行老大的模式类似，从比例上看，老小回忆的冒犯者中恋人是相对最高的（其他排行的好朋友是相对最高的，其他排行指家中有三个或三个以上的孩子并且本人处于中间的排行）。

表 3-3 家中排行在冒犯者关系类型上的差异（$n=1\,972$）

	变量水平	独生子女	百分比（%）	老大	百分比（%）	老小	百分比（%）	其他	百分比（%）
冒犯者关系类型	父母	134	10.80	35	9.40	29	9.50	8	14.00
	恋人	226	18.30	67	18.00	64	21.10	9	15.80
	兄弟姐妹	23	1.90	12	3.20	10	3.30	3	5.30
	好朋友	382	30.90	111	29.80	91	29.90	21	36.80
	老师	71	5.70	22	5.90	16	5.30	1	1.80
	普通朋友	194	15.70	69	18.50	40	13.20	5	8.80
	陌生人	60	4.80	15	4.00	19	6.30	4	7.00
	亲戚	31	2.50	11	2.90	7	2.30	3	5.30
	其他	95	7.70	28	7.50	22	7.20	3	5.30
	未作答	22	1.80	3	0.80	6	2.00	0	0.00
	小计	1 238	100.00	373	100.00	304	100.00	57	100.00

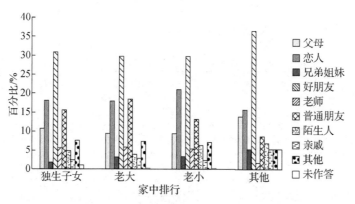

图 3-1 家中排行在冒犯者关系类型上的差异

不同年级的大学生回忆冒犯者的关系类型时不存在显著差异，$\chi^2=36.448, df=27, p=0.106$；不同年级的大学生回忆冒犯者性别时也不存在显著差异，$\chi^2=10.684, df=6, p=0.099$（表 3-4）。

表 3-4 冒犯者特征的年级差异($n=1\,972$)

	变量水平	一年级	百分比(%)	二年级	百分比(%)	三年级	百分比(%)	四年级	百分比(%)
冒犯者关系类型	父母	70	9.80	58	11.44	39	10.18	39	10.60
	恋人	126	17.65	90	17.75	84	21.93	66	17.93
	兄弟姐妹	22	3.08	7	1.38	12	3.13	7	1.90
	好朋友	243	34.03	157	30.97	102	26.63	103	27.99
	老师	38	5.32	33	6.51	16	4.18	23	6.25
	普通朋友	118	16.53	78	15.38	62	16.19	50	13.59
	陌生人	23	3.22	26	5.13	20	5.22	29	7.88
	亲戚	16	2.24	16	3.16	8	2.09	12	3.26
	其他	52	7.28	34	6.71	31	8.09	31	8.42
	未作答	6	0.84	8	1.58	9	2.35	8	2.17
	小计	714	100.00	507	100.00	383	100.00	368	100.00
冒犯者性别	男	322	45.10	207	40.83	160	41.78	150	40.76
	女	371	51.96	278	54.83	200	52.22	208	56.52
	未作答	21	2.94	22	4.34	23	6.01	10	2.72
	小计	714	100.00	507	100.00	383	100.00	368	100.00

不同专业的大学生回忆冒犯者的关系类型时不存在显著差异,$\chi^2=69.977, df=54, p=0.071$;不同专业的大学生回忆冒犯者性别时存在显著差异,$\chi^2=28.204, df=12, p=0.005$,文科、医科和管理专业回忆被女生伤害的比例相对其他专业更高,工科、公安和理科专业回忆被男生伤害的比例相对其他专业更高(表 3-5)。

表 3-5 冒犯者特征的专业差异($n=1\,972$)

	变量水平	文科	理科	工科	农科	公安	医科	管理
冒犯者关系类型	父母亲	35	35	38	12	21	56	9
	百分比(%)	11.25	11.04	10.03	8.16	9.05	12.15	7.20
	恋人	47	55	78	31	57	77	21
	百分比(%)	15.11	17.35	20.58	21.09	24.57	16.70	16.80
	兄弟姐妹	7	3	17	2	3	11	5
	百分比(%)	2.25	0.95	4.49	1.36	1.29	2.39	4.00
	好朋友	95	92	114	46	66	150	42
	百分比(%)	30.55	29.02	30.08	31.29	28.45	32.54	33.60

续表 3-5

	变量水平	文科	理科	工科	农科	公安	医科	管理
冒犯者关系类型	老师	19	22	18	5	15	25	6
	百分比(%)	6.11	6.94	4.75	3.40	6.47	5.42	4.80
	普通朋友	54	49	58	20	39	74	14
	百分比(%)	17.36	15.46	15.30	13.61	16.81	16.05	11.20
	陌生人	10	23	11	10	9	29	6
	百分比(%)	3.22	7.26	2.90	6.80	3.88	6.29	4.80
	亲戚	9	12	11	3	3	12	2
	百分比(%)	2.89	3.79	2.90	2.04	1.29	2.60	1.60
	其他	29	22	28	15	15	20	19
	百分比(%)	9.32	6.94	7.39	10.20	6.47	4.34	15.20
	未作答	6	4	6	3	4	7	1
	百分比(%)	1.93	1.26	1.58	2.04	1.72	1.52	0.80
	小计	311	317	379	147	232	461	125
冒犯者性别	男	123	140	187	62	108	174	45
	百分比(%)	39.55	44.16	49.34	42.18	46.55	37.74	36.00
	女	178	159	173	78	119	275	75
	百分比(%)	57.23	50.16	45.65	53.06	51.29	59.65	60.00
	未作答	10	18	19	7	5	12	5
	百分比(%)	3.22	5.68	5.01	4.76	2.16	2.60	4.00
	小计	311	317	379	147	232	461	125

3.3.1.2 冒犯事件时间特征

分析被试回忆被他人冒犯的冒犯事件时间特征,结果发现半年到一年内和一年到两年的事件是被回忆最多的,回忆最近一个月发生的事件也相对较多,并不呈现随着时间增加事件越来越少的明显趋势(表 3-6)。大部分冒犯事件没有继续发生。

不同性别的大学生回忆冒犯事件时间存在显著差异,$\chi^2=20.391, df=9, p=0.016$,女生回忆一周以内和三年以上以及不回答的百分比略多于男生,男生回忆一周到三年的百分比略多于女生;不同性别的大学生回忆冒犯是否还在发生不存在显著差异,$\chi^2=1.182, df=2, p=0.572$。

表3-6 冒犯事件时间特征及性别差异($n=1\ 972$)

	变量水平	人数	百分比(%)	男生	百分比(%)	女生	百分比(%)
冒犯事件发生时间	一周以内	202	10.24	77	9.03	125	11.17
	一周到一个月	218	11.05	96	11.25	122	10.90
	一个月到三个月	143	7.25	69	8.09	74	6.61
	三个月到半年	150	7.61	68	7.97	82	7.33
	半年到一年	353	17.90	158	18.52	195	17.43
	一年到两年	222	11.26	105	12.31	117	10.46
	两年到三年	156	7.91	80	9.38	76	6.79
	三年到五年	181	9.18	74	8.68	107	9.56
	五年以上	189	9.58	77	9.03	112	10.01
	未作答	158	8.01	49	5.74	109	9.74
	小计	1 972	100.00	853	100.00	1 119	100.00
冒犯事件是否还在发生	是	238	12.07	106	12.43	132	11.80
	不是	1 703	86.36	731	85.70	972	86.86
	未作答	31	1.57	16	1.88	15	1.34
	小计	1 972	100.00	853	100.00	1 119	100.00

分析被试回忆被他人冒犯的冒犯事件时间特征的年级差异,结果发现不同年级的大学生回忆冒犯事件时间存在显著差异,$\chi^2=88.909,df=27,p=0.000$,从图3-2可以看出四年级学生回忆一月内和五年以上的冒犯事件相对最多,一年级学生回忆三个月到一年的冒犯事件相对最多,二年级学生回忆一年到两年的冒犯事件相对最多,三年级不回答的学生相对最多;不同年级的大学生回忆冒犯是否还在发生存在显著差异,$\chi^2=19.140,df=6,p=0.004$,高年级回忆起更多还在继续发生的被冒犯事件(表3-7)。

表3-7 冒犯事件时间特征的年级差异($n=1\ 972$)

	变量水平	一年级	百分比(%)	二年级	百分比(%)	三年级	百分比(%)	四年级	百分比(%)
冒犯事件发生时间	一周以内	66	9.24	60	11.83	28	7.31	48	13.04
	一周到一个月	77	10.78	51	10.06	44	11.49	46	12.50
	一个月到三个月	51	7.14	29	5.72	34	8.88	29	7.88
	三个月到半年	75	10.50	32	6.31	22	5.74	21	5.71
	半年到一年	156	21.85	91	17.95	55	14.36	51	13.86

续表 3-7

	变量水平	一年级	百分比(%)	二年级	百分比(%)	三年级	百分比(%)	四年级	百分比(%)
冒犯事件发生时间	一年到两年	79	11.06	69	13.61	39	10.18	35	9.51
	两年到三年	58	8.12	48	9.47	32	8.36	18	4.89
	三年到五年	62	8.68	42	8.28	40	10.44	37	10.05
	五年以上	53	7.42	54	10.65	38	9.92	44	11.96
	未作答	37	5.18	31	6.11	51	13.32	39	10.60
	小计	714	100.00	507	100.00	383	100.00	368	100.00
冒犯事件是否还在发生	是	76	10.64	61	12.03	52	13.58	49	13.32
	不是	635	88.94	440	86.79	319	83.29	309	83.97
	未作答	3	0.42	6	1.18	12	3.13	10	2.72
	小计	714	100.00	507	100.00	383	100.00	368	100.00

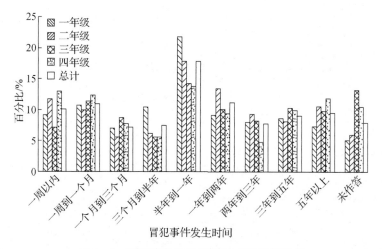

图 3-2 冒犯事件发生时间特点及年级差异

分析被试感知到被他人冒犯的冒犯事件时间特征的专业差异,结果发现不同专业的大学生回忆冒犯事件时间存在显著差异,$\chi^2=98.468, df=54, p=0.000$,从图 3-3 可以看出,农科专业学生回忆三个月以内的冒犯事件相对较少,文科专业学生回忆半年到一年的冒犯事件相对最多,医科专业学生回忆一年内的冒犯事件相对最多,管理专业学生回忆三年到五年的冒犯事件以及不回答相对最多;不同专业的大学生回忆冒犯是否还在发生不存在显著差异,$\chi^2=9.897, df=12, p=0.625$(表 3-8)。

表 3-8　冒犯事件时间特征的专业差异($n=1\,972$)

	变量水平	文科	理科	工科	农科	公安	医科	管理
冒犯事件发生时间	一周以内	34	24	39	9	28	59	9
	百分比(%)	10.93	7.57	10.29	6.12	12.07	12.80	7.20
	一周到一个月	32	30	49	9	20	61	17
	百分比(%)	10.29	9.46	12.93	6.12	8.62	13.23	13.60
	一个月到三个月	25	24	22	7	23	33	9
	百分比(%)	8.04	7.57	5.80	4.76	9.91	7.16	7.20
	三个月到半年	24	20	31	14	20	33	8
	百分比(%)	7.72	6.31	8.18	9.52	8.62	7.16	6.40
	半年到一年	67	48	72	26	35	90	15
	百分比(%)	21.54	15.14	19.00	17.69	15.09	19.52	12.00
	一年到两年	32	45	48	13	31	41	12
	百分比(%)	10.29	14.20	12.66	8.84	13.36	8.89	9.60
	两年到三年	17	34	24	14	29	30	8
	百分比(%)	5.47	10.73	6.33	9.52	12.50	6.51	6.40
	三年到五年	29	24	26	18	22	41	21
	百分比(%)	9.32	7.57	6.86	12.24	9.48	8.89	16.80
	五年以上	33	33	41	20	17	37	8
	百分比(%)	10.61	10.41	10.82	13.61	7.33	8.03	6.40
	未作答	18	35	27	17	7	36	18
	百分比(%)	5.79	11.04	7.12	11.56	3.02	7.81	14.40
	小计	311	317	379	147	232	461	125
冒犯事件是否还在发生	是	34	38	48	14	26	65	13
	百分比(%)	10.93	11.99	12.66	9.52	11.21	14.10	10.40
	不是	276	272	324	129	203	388	111
	百分比(%)	88.75	85.80	85.49	87.76	87.50	84.16	88.80
	未作答	1	7	7	4	3	8	1
	百分比(%)	0.32	2.21	1.85	2.72	1.29	1.74	0.80
	小计	311	317	379	147	232	461	125

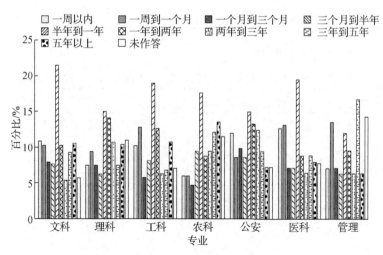

图 3-3 冒犯事件发生时间特点的专业差异

3.3.1.3 冒犯事件类型和过程特征

分析被试回忆被他人冒犯的冒犯事件类型和过程特征,冒犯类型由多到少依次为口头伤害、行为伤害、背后伤害、其他和网络伤害。回答其他类型(253人)的伤害是被试相对难以归类的冒犯类型,其中102(40.32%)的冒犯者是恋人,59(23.32%)的冒犯者是好朋友,22(8.79%)的冒犯者是父母,比表 3-2 中的总体冒犯者关系类型的结果(其中恋人为18.56%)多了一倍多。其他冒犯类型见文本分析。

在被试提到恋人的其他类型的冒犯中,较多涉及心理伤害、分手、出轨、欺骗、冷漠、冷战、冷暴力,其中分手的方式造成的伤害包括:用 qq、微信、短信、打电话分手。相处和交流方式造成的伤害,具体描述包括:"爱上了游戏""突然很冷淡""拒绝接听电话""总是不关心我""以自己生活圈为中心""试图逃避问题""冷淡不说话""没有共同语言""没有帮忙带吃的"等。在被试提到好朋友的其他类型的冒犯中,较多涉及冷漠、冷暴力、欺骗、背叛等,具体描述包括:"当面一套,背后一套""不理人""对我的事不屑一顾""三天两头要求我请吃饭""突然绝交""莫名生气,需要不断道歉"等。在被试提到父母的其他类型的冒犯中,较多涉及无意识伤害、离婚、父母吵架、偏心等,具体描述包括:"以爱的名义……""逼迫我选择不喜欢的……""对我不闻不问""擅自安排事情,不征求意见""困难的时候不支持我"等。其他分析见文本分析。

道歉方面,较多的人回忆冒犯者没有道歉(62.02%),得到道歉的人中大约三分之一感觉对方不真诚。大约四分之一的事件即507(25.71%)有第三方调解人,其中最多的是朋友164(32.35%),其次是同学119(23.47%)和家人116(22.88%),老师39(7.69%),其他人33(6.51%),未作答24(4.73%),多于一种12(2.37%)。其他的调解人包括法官、律师、警察、领导、村书记、男/女友、对方家人等。

不同性别的大学生回忆冒犯事件类型不存在显著差异,$\chi^2=7.434, df=5, p=0.190$;不同性别的大学生回忆冒犯者道歉情况存在显著差异,$\chi^2=11.430, df=3, p=0.010$。女生回忆得到对方的道歉比男生更少。不同性别的大学生回忆有无第三方调解不存在显著差异，$\chi^2=2.826, df=2, p=0.243$（表3-9）。

表3-9 冒犯事件类型、过程特征及性别差异（$n=1\,972$）

	变量水平	人数	百分比(%)	男生	百分比(%)	女生	百分比(%)
冒犯事件类型	当面口头伤害	738	37.42	326	38.22	412	36.82
	当面行为伤害	457	23.17	208	24.38	249	22.25
	背后伤害	365	18.51	138	16.18	227	20.29
	网络伤害	62	3.14	28	3.28	34	3.04
	其他	253	12.83	116	13.60	137	12.24
	未作答	97	4.92	37	4.34	60	5.36
	小计	1 972	100.00	853	100.00	1 119	100.00
道歉情况	道歉但不诚恳	212	10.75	88	10.32	124	11.08
	道歉并诚恳	504	25.56	250	29.31	254	22.70
	没道歉	1 223	62.02	503	58.97	720	64.34
	未作答	33	1.67	12	1.41	21	1.88
	小计	1 972	100.00	853	100.00	1 119	100.00
第三方调解情况	有第三方调解	507	25.71	204	23.92	303	27.08
	无第三方调解	1 428	72.41	631	73.97	797	71.22
	未作答	37	1.88	18	2.11	19	1.70
	小计	1 972	100.00	853	100.00	1 119	100.00

进一步分析被试回忆的冒犯事件的冒犯类型及冒犯者性别差异，发现不同性别的冒犯者采用的冒犯事件类型存在显著差异，$\chi^2=7.434, df=5, p=0.190$，男性冒犯者更多采用当面口头和行为伤害，女性冒犯者更多采用背后伤害（表3-10，图3-4）。

表3-10 冒犯事件类型的性别差异（$n=1\,972$）

	变量水平	男	百分比(%)	女	百分比(%)	未回答	百分比(%)	小计
冒犯事件类型	当面口头伤害	327	38.97	389	36.80	22	28.95	738
	当面行为伤害	218	25.98	227	21.48	12	15.79	457
	背后伤害	127	15.14	226	21.38	12	15.79	365
	网络伤害	33	3.93	28	2.65	1	1.32	62
	其他	100	11.92	142	13.43	11	14.47	253
	未作答	34	4.10	45	4.26	18	23.68	97
	小计	839	100.00	1 057	100.00	76	100.00	1 972

3 大学生人际冲突现状

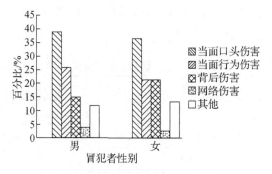

图 3-4 冒犯事件类型的性别差异

不同年级的大学生回忆冒犯事件类型和过程不存在显著差异,$\chi^2=13.519, df=15, p=0.562$;不同年级的大学生回忆冒犯者道歉情况不存在显著差异,$\chi^2=12.751, df=9, p=0.174$;不同年级的大学生回忆有无第三方调解不存在显著差异,$\chi^2=5.192, df=6, p=0.519$(表 3-11)。

表 3-11 冒犯事件类型、过程特征的年级差异($n=1\,972$)

	变量水平	一年级	百分比(%)	二年级	百分比(%)	三年级	百分比(%)	四年级	百分比(%)
冒犯事件类型	当面口头伤害	267	37.39	194	38.26	138	36.03	139	37.77
	当面行为伤害	184	25.77	105	20.71	84	21.93	84	22.83
	背后伤害	114	15.97	107	21.10	72	18.80	72	19.57
	网络伤害	22	3.08	18	3.55	10	2.61	12	3.26
	其他	95	13.31	60	11.83	53	13.84	45	12.23
	未作答	32	4.48	23	4.54	26	6.79	16	4.35
	小计	714	100.00	507	100.00	383	100.00	368	100.00
道歉情况	道歉但不诚恳	71	9.94	58	11.44	38	9.92	45	12.23
	道歉并诚恳	194	27.17	111	21.89	110	28.72	89	24.18
	没道歉	440	61.62	331	65.29	224	58.49	228	61.96
	未作答	9	1.26	7	1.38	11	2.87	6	1.63
	小计	714	100.00	507	100.00	383	100.00	368	100.00
第三方调解情况	有第三方调解	181	25.35	125	24.65	102	26.63	99	26.90
	无第三方调解	523	73.25	375	73.96	271	70.76	259	70.38
	未作答	10	1.40	7	1.38	10	2.61	10	2.72
	小计	714	100.00	507	100.00	383	100.00	368	100.00

不同专业的大学生回忆冒犯事件类型和过程不存在显著差异,$\chi^2=41.523, df=20, p=0.095$;不同专业的大学生回忆冒犯者道歉情况不存在显著差异,$\chi^2=22.759, df=18, p$

=0.105;不同专业的大学生回忆有无第三方调解不存在显著差异,$\chi^2=22.227$,$df=12$,$p=0.063$(表3-12)。

表3-12 冒犯事件类型、过程特征的专业差异($n=1\,972$)

	变量水平	文科	理科	工科	农科	公安	医科	管理
冒犯事件类型	当面口头伤害	110	119	154	44	92	168	51
	百分比(%)	35.37	37.54	40.63	29.93	39.66	36.44	40.80
	当面行为伤害	72	59	84	50	48	125	19
	百分比(%)	23.15	18.61	22.16	34.01	20.69	27.11	15.20
	背后伤害	54	72	61	25	45	80	28
	百分比(%)	17.36	22.71	16.09	17.01	19.40	17.35	22.40
	网络伤害	8	11	12	5	11	13	2
	百分比(%)	2.57	3.47	3.17	3.40	4.74	2.82	1.60
	其他	48	42	46	18	30	50	19
	百分比(%)	15.43	13.25	12.14	12.24	12.93	10.85	15.20
	未作答	19	14	22	5	6	25	6
	百分比(%)	6.11	4.42	5.80	3.40	2.59	5.42	4.80
	小计	311	317	379	147	232	461	125
道歉情况	道歉但不诚恳	32	31	38	13	27	58	13
	百分比(%)	10.29	9.78	10.03	8.84	11.64	12.58	10.40
	道歉并诚恳	66	76	126	33	52	114	37
	百分比(%)	21.22	23.97	33.25	22.45	22.41	24.73	29.60
	没道歉	210	202	209	98	151	280	73
	百分比(%)	67.52	63.72	55.15	66.67	65.09	60.74	58.40
	未作答	3	8	6	3	2	9	2
	百分比(%)	0.96	2.52	1.58	2.04	0.86	1.95	1.60
	小计	311	317	379	147	232	461	125
第三方调解情况	有第三方调解	81	79	102	37	45	140	23
	百分比(%)	26.05	24.92	26.91	25.17	19.40	30.37	18.40
	无第三方调解	226	228	267	108	184	315	100
	百分比(%)	72.67	71.92	70.45	73.47	79.31	68.33	80.00
	未作答	4	10	10	2	3	6	2
	百分比(%)	1.29	3.15	2.64	1.36	1.29	1.30	1.60
	小计	311	317	379	147	232	461	125

3 大学生人际冲突现状

3.3.1.4 道歉情况分析

大学生回忆不同关系类型的冒犯者在道歉情况上存在显著差异,$\chi^2=166.882$,$df=27$,$p=0.000$,恋人、兄弟姐妹和好朋友向被试道歉的比例相对更高;大学生回忆不同性别的冒犯者在道歉情况上存在显著差异,$\chi^2=139.809$,$df=6$,$p=0.000$,女性冒犯者中没有向被试道歉的比例更高(表3-13)。

表3-13 道歉情况差异($n=1\,972$)

	变量水平	没道歉	百分比(%)	道歉且诚恳	百分比(%)	道歉不诚恳	百分比(%)	未作答	百分比(%)	小计
冒犯者关系类型	父母亲	140	67.96	48	23.30	13	6.31	5	2.43	206
	恋人	184	50.27	123	33.61	55	15.03	4	1.09	366
	兄弟姐妹	24	50.00	16	33.33	8	16.67	0	0.00	48
	好朋友	337	55.70	197	32.56	63	10.41	8	1.32	605
	老师	105	95.45	5	4.55	0	0.00	0	0.00	110
	普通朋友	204	66.23	62	20.13	39	12.66	3	0.97	308
	陌生人	66	67.35	19	19.39	10	10.20	3	3.06	98
	亲戚	42	80.77	9	17.31	1	1.92	0	0.00	52
	其他	107	72.30	17	11.49	18	12.16	6	4.05	148
	未作答	14	45.16	8	25.81	5	16.13	4	12.90	31
冒犯者性别	男	507	60.43	226	26.94	99	11.80	7	0.83	839
	女	681	64.43	259	24.50	105	9.93	12	1.14	1 057
	未作答	35	46.05	19	25.00	8	10.53	14	18.42	76

在不同调解情况下道歉情况存在显著差异,$\chi^2=1\,001.926$,$df=6$,$p=0.000$,有第三方调解的情况下,道歉的比例更高(表3-14,图3-5)。

表3-14 不同调解情况的道歉情况差异($n=1\,972$)

	变量水平	没道歉	百分比(%)	道歉且诚恳	百分比(%)	道歉不诚恳	百分比(%)	未作答	百分比(%)	小计
第三方调解情况	有	234	46.15	179	35.31	91	17.95	3	0.59	507
	无	981	68.70	322	22.55	119	8.33	6	0.42	1 428
	未作答	8	21.62	3	8.11	2	5.41	24	64.86	37

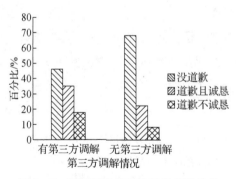

图 3-5　不同调解情况的道歉情况差异

3.3.1.5　冒犯事件文本信息分析

在冒犯者类型上,除了父母、好朋友、恋人、普通朋友、兄弟姐妹、其他、陌生人和亲戚,其他冒犯者由被试采用文本形式填写,共获得122条对其他冒犯者的描述。对文本信息进行分析,具体方法见第3.2.2.2小节,依据词频排序取高频词制作词云图,字体越大频率越高。由图3-6可知,同学是其他冒犯者类型中最多被提及的,这表明部分大学生被试将"同学"区别于普通朋友,与之类似的还有舍友、同桌、室友、学姐等。

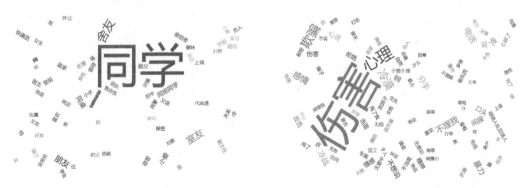

图 3-6　其他冒犯者词云　　　　图 3-7　其他冒犯事件类型前100高频词云

在冒犯类型上,除了当面口头伤害、当面行为伤害、背后伤害和网络伤害,其他冒犯类型由被试采用文本形式填写,共获得201条对其他冒犯类型的描述。对文本信息进行分析,依据词频排序,取前100高频词制作词云图(图3-7)。

对其他冒犯事件类型文本采用交叉切分算法,进行二元分词(bigram),选取 bigram 频数大于3的词组制作词云图。从图3-8中可以看出心理伤害、冷暴力以及口头伤害是被试提出的其他冒犯类型的主要伤害类型,他们认为无法归入已给定的四种伤害类型中,需要单独列出。

被试对具体冒犯事件的描述文本共1 286条。文本分析获前100高频词云。从图3-9中可以看出欺骗、分手、吵架、背叛是相对较多的具体伤害方式。

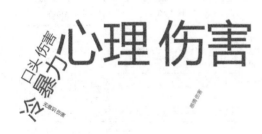

图3-8 其他冒犯事件类型二元词组词云

图3-9 冒犯事件描述前100高频词云

再对具体冒犯事件的描述文本进行二元词组高频词分析,选取bigram频数大于4的词组制作词云图,可以看出言语形式的伤害是最多的,其次是说坏话、冷暴力等(图3-10)。

在第三方调解人类型上,除了同学、朋友、家人和老师外,其他调解人由被试采用文本形式填写,共获得32条描述。对文本信息进行分析,依据词频排序取高频词制作词云图,其中有律师、法官、警察、领导等(图3-11)。

图3-10 冒犯事件描述二元词组词云

图3-11 其他调解人高频词词云

3.3.2 冒犯者角度

3.3.2.1 被冒犯者特征

全部被试中有1 988(97.88%)人回忆自己曾经冒犯过他人。被试回忆自己冒犯过的人的类型由多到少依次是父母、好朋友、恋人、普通朋友、兄弟姐妹、其他、陌生人、亲戚。在被试说明的其他自己曾冒犯过的不愿意归入可选类型的人中,较多被提及的有同学、舍友、室友、邻居、同桌、爷爷、奶奶、网友、队友、异性朋友等。具体见文本分析。

不同性别的大学生回忆自己曾经冒犯过的人的关系类型存在显著差异,$\chi^2=37.707$,$df=9$,$p=0.000$,女生回忆自己对父母、好朋友的冒犯比例高于男生,男生回忆自己对恋人的冒犯比例高于女生;不同性别的大学生回忆被冒犯者性别时存在显著差异,$\chi^2=34.155$,$df=2$,$p=0.000$,女生回忆自己对同性别的冒犯比例高于男生回忆自己对同性别的冒犯比例(表3-15)。

表 3-15 被冒犯者特征及性别差异($n=1\,988$)

	变量水平	人数	百分比(%)	男生	百分比(%)	女生	百分比(%)
被冒犯者关系类型	父母	578	29.07	216	25.00	362	32.21
	恋人	343	17.25	192	22.22	151	13.43
	兄弟姐妹	85	4.28	37	4.28	48	4.27
	好朋友	542	27.26	220	25.46	322	28.65
	老师	22	1.11	14	1.62	8	0.71
	普通朋友	216	10.87	90	10.42	126	11.21
	陌生人	57	2.87	28	3.24	29	2.58
	亲戚	37	1.86	16	1.85	21	1.87
	其他	85	4.28	40	4.63	45	4.00
	未作答	23	1.16	11	1.27	12	1.07
	小计	1 988	100.00	864	100.00	1 124	100.00
被冒犯者性别	男	702	35.31	362	41.90	340	30.25
	女	1 228	61.77	471	54.51	757	67.35
	未作答	58	2.92	31	3.59	27	2.40
	小计	1 988	100.00	864	100.00	1 124	100.00

不同家中排行的大学生回忆自己冒犯他人的关系类型时存在显著差异,$\chi^2=60.192, df=27, p=0.000$。独生子女回忆自己冒犯父母的比例最高,非独生子女排行老大的回忆自己冒犯好朋友的比例最高,非独生子女排行老小的回忆自己冒犯恋人的比例最高(表 3-16,图 3-12)。

表 3-16 家中排行在冒犯他人关系类型上的差异($n=1\,988$)

	变量水平	独生子女	百分比(%)	老大	百分比(%)	老小	百分比(%)	其他	百分比(%)
被冒犯者关系类型	父母	400	32.08	93	24.80	71	23.28	14	22.95
	恋人	203	16.28	61	16.27	69	22.62	10	16.39
	兄弟姐妹	32	2.57	28	7.47	23	7.54	2	3.28
	好朋友	324	25.98	112	29.87	90	29.51	16	26.23
	老师	13	1.04	6	1.60	3	0.98	0	0.00
	普通朋友	146	11.71	40	10.67	23	7.54	7	11.48
	陌生人	38	3.05	10	2.67	5	1.64	4	6.56
	亲戚	21	1.68	9	2.40	5	1.64	2	3.28
	其他	56	4.49	13	3.47	12	3.93	4	6.56
	未作答	14	1.12	3	0.80	4	1.31	2	3.28
	小计	1 247	100.00	375	100.00	305	100.00	61	100.00

3 大学生人际冲突现状

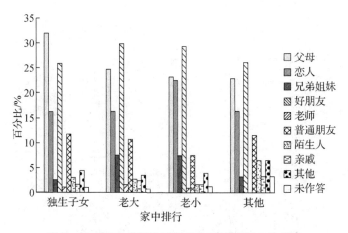

图3-12 家中排行在冒犯他人关系类型上的差异

分析被试回忆被自己冒犯者的关系类型和性别的年级差异,结果发现不同年级的大学生回忆自己曾经冒犯过的人的关系类型存在显著差异,$\chi^2=73.066, df=27, p=0.000$,高年级回忆对父母的冒犯比例低于低年级,高年级回忆对恋人的冒犯比例高于低年级;不同年级的大学生回忆被冒犯者性别时存在显著差异,$\chi^2=18.161, df=6, p=0.006$(表3-17,图3-13)。

表3-17 被冒犯者特征的年级差异($n=1\,988$)

	变量水平	一年级	百分比(%)	二年级	百分比(%)	三年级	百分比(%)	四年级	百分比(%)
被冒犯者关系类型	父母	237	32.83	150	29.53	115	29.49	76	20.65
	恋人	99	13.71	90	17.72	73	18.72	81	22.01
	兄弟姐妹	28	3.88	18	3.54	14	3.59	25	6.79
	好朋友	213	29.50	143	28.15	88	22.56	98	26.63
	老师	11	1.52	3	0.59	4	1.03	4	1.09
	普通朋友	80	11.08	50	9.84	55	14.10	31	8.42
	陌生人	13	1.80	12	2.36	9	2.31	23	6.25
	亲戚	12	1.66	7	1.38	10	2.56	8	2.17
	其他	26	3.60	24	4.72	17	4.36	18	4.89
	未作答	3	0.42	11	2.17	5	1.28	4	1.09
	小计	722	100.00	508	100.00	390	100.00	368	100.00
被冒犯者性别	男	247	34.21	199	39.17	124	31.79	132	35.87
	女	464	64.27	286	56.30	251	64.36	227	61.68
	未作答	11	1.52	23	4.53	15	3.85	9	2.45
	小计	722	100.00	508	100.00	390	100.00	368	100.00

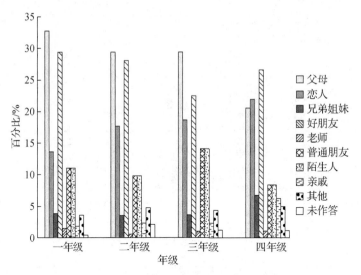

图 3-13 被冒犯者关系类型的年级差异

不同专业的大学生回忆被自己冒犯者的关系类型时存在显著差异,$\chi^2=83.642$,$df=54$,$p=0.006$,文科、管理专业的被试回忆自己冒犯父母的比例相对其他专业比较高,农科、理科专业的被试回忆自己冒犯好朋友的比例相对其他专业比较高,公安、医科专业的被试回忆自己冒犯恋人的比例相对其他专业比较高,农科、管理专业的被试回忆自己冒犯兄弟姐妹的比例相对其他专业较高;不同专业的大学生回忆被冒犯者的性别不存在显著差异,$\chi^2=20.856$,$df=12$,$p=0.053$(表 3-18,图 3-14)。

表 3-18 被冒犯者特征的专业差异($n=1\,988$)

	变量水平	文科	理科	工科	农科	公安	医科	管理
被冒犯者关系类型	父母	108	99	113	40	61	109	48
	百分比(%)	34.50	30.75	29.58	26.49	25.96	23.75	38.10
	恋人	41	48	68	23	61	83	19
	百分比(%)	13.10	14.91	17.80	15.23	25.96	18.08	15.08
	兄弟姐妹	15	12	16	9	5	20	8
	百分比(%)	4.79	3.73	4.19	5.96	2.13	4.36	6.35
	好朋友	85	92	105	50	56	128	26
	百分比(%)	27.16	28.57	27.49	33.11	23.83	27.89	20.63
	老师	4	0	6	2	3	7	0
	百分比(%)	1.28	0.00	1.57	1.32	1.28	1.53	0.00
	普通朋友	29	38	42	12	26	52	17
	百分比(%)	9.27	11.80	10.99	7.95	11.06	11.33	13.49

续表 3-18

	变量水平	文科	理科	工科	农科	公安	医科	管理
被冒犯者关系类型	陌生人	4	10	7	7	4	23	2
	百分比(%)	1.28	3.11	1.83	4.64	1.70	5.01	1.59
	亲戚	4	1	8	3	5	14	2
	百分比(%)	1.28	0.31	2.09	1.99	2.13	3.05	1.59
	其他	19	18	12	3	13	16	4
	百分比(%)	6.07	5.59	3.14	1.99	5.53	3.49	3.17
	未作答	4	4	5	2	1	7	0
	百分比(%)	1.28	1.24	1.31	1.32	0.43	1.53	0.00
	小计	313	322	382	151	235	459	126
冒犯者性别	男	88	119	151	53	82	168	41
	百分比(%)	28.12	36.96	39.53	35.10	34.89	36.60	32.54
	女	220	192	218	94	148	272	84
	百分比(%)	70.29	59.63	57.07	62.25	62.98	59.26	66.67
	未作答	5	11	13	4	5	19	1
	百分比(%)	1.60	3.42	3.40	2.65	2.13	4.14	0.79
	小计	313	322	382	151	235	459	126

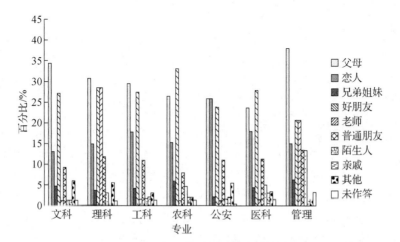

图 3-14 被冒犯者关系类型的专业差异

3.3.2.2 冒犯事件时间特征

分析被试回忆自己冒犯他人的冒犯事件的时间特征,结果发现半年到一年和一年到两年的事件是被回忆最多的,回忆最近一个月发生的事件也相对较多,并不呈现随着时间增加事件越来越少的明显趋势(图3-15)。大部分冒犯事件没有继续发生。

不同性别的大学生回忆冒犯他人事件时间存在显著差异,$\chi^2=20.391, df=9, p=0.016$,女生回忆一周内的冒犯他人事件多于男生;不同性别的大学生回忆冒犯是否还在发生存在显著差异,$\chi^2=8.286, df=2, p=0.016$,男生继续冒犯他人的比例高于女生(表3-19)。

表3-19 冒犯他人事件特征及性别差异($n=1\,988$)

	变量水平	人数	百分比(%)	男生	百分比(%)	女生	百分比(%)
冒犯他人事件发生时间	一周以内	194	9.76	66	7.64	128	11.39
	一周到一个月	193	9.71	88	10.19	105	9.34
	一个月到三个月	155	7.80	71	8.22	84	7.47
	三个月到半年	120	6.04	58	6.71	62	5.52
	半年到一年	388	19.52	165	19.10	223	19.84
	一年到两年	252	12.68	124	14.35	128	11.39
	两年到三年	172	8.65	90	10.42	82	7.30
	三年到五年	174	8.75	72	8.33	102	9.07
	五年以上	188	9.46	81	9.38	107	9.52
	未作答	152	7.65	49	5.67	103	9.16
	小计	1 988	100.00	864	100.00	1 124	100.00
冒犯他人事件是否还在发生	是	136	6.84	74	8.56	62	5.52
	不是	1 815	91.30	771	89.24	1 044	92.88
	未作答	37	1.86	19	2.20	18	1.60
	小计	1 988	100.00	864	100.00	1 124	100.00

分析被试回忆自己冒犯他人的冒犯事件的时间特征的年级差异,结果发现不同年级的大学生回忆冒犯他人事件时间存在显著差异,$\chi^2=82.648, df=27, p=0.000$,四年级学生回忆五年以上的冒犯他人事件相对最多,一年级学生回忆半年到一年的冒犯他人事件相对最多,二年级学生回忆一年到两年的冒犯他人事件相对最多,三年级不回答的学生相对最多;不同年级的大学生回忆冒犯他人是否还在发生存在显著差异,$\chi^2=19.327, df=6, p=0.004$,四年级回忆继续发生的冒犯他人事件最多,二年级其次(表3-20)。

表 3-20 冒犯他人事件特征的年级差异($n=1\,988$)

	变量水平	一年级	百分比(%)	二年级	百分比(%)	三年级	百分比(%)	四年级	百分比(%)
冒犯他人事件发生时间	一周以内	59	8.17	61	12.01	30	7.69	44	11.96
	一周到一个月	67	9.28	53	10.43	32	8.21	41	11.14
	一个月到三个月	60	8.31	34	6.69	33	8.46	28	7.61
	三个月到半年	63	8.73	28	5.51	16	4.10	13	3.53
	半年到一年	165	22.85	103	20.28	67	17.18	53	14.40
	一年到两年	97	13.43	75	14.76	43	11.03	37	10.05
	两年到三年	56	7.76	44	8.66	45	11.54	27	7.34
	三年到五年	64	8.86	41	8.07	32	8.21	37	10.05
	五年以上	57	7.89	35	6.89	47	12.05	49	13.32
	未作答	34	4.71	34	6.69	45	11.54	39	10.60
	小计	722	100.00	508	100.00	390	8.21%	368	100.00
冒犯他人事件是否还在发生	是	34	4.71	42	8.27	27	6.92	33	8.97
	不是	683	94.60	455	89.57	353	90.51	324	88.04
	未作答	5	0.69	11	2.17	10	2.56	11	2.99
	小计	722	100.00	508	100.00	390	8.21%	368	100.00

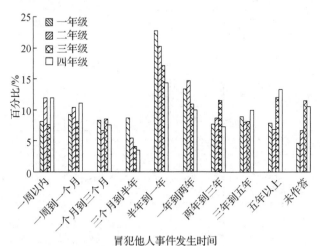

图 3-15 冒犯他人事件时间特点的年级差异

分析被试回忆自己冒犯他人的冒犯事件的时间特征的专业差异,结果发现不同专业的大学生回忆冒犯他人事件时间存在显著差异,$\chi^2=117.184$,$df=54$,$p=0.000$,医科专业回忆一周以内的冒犯他人事件相对最多,文科和管理专业回忆半年到一年的冒犯他人事件相对最多,农科和公安专业回忆一年到两年的冒犯他人事件相对最多;不同专业的大学生回忆冒犯他人是否还在发生存在显著差异，$\chi^2=28.550, df=12, p=0.005$，农科和工科专业回忆冒犯他人是否还在发生的相对更多(表 3-21，图 3-16)。

表 3-21 冒犯事件时间特征的专业差异($n=1\,988$)

	变量水平	文科	理科	工科	农科	公安	医科	管理
冒犯他人事件发生时间	一周以内	30	34	35	7	12	65	11
	百分比(%)	9.58	10.56	9.16	4.64	5.11	14.16	8.73
	一周到一个月	28	33	39	6	21	49	17
	百分比(%)	8.95	10.25	10.21	3.97	8.94	10.68	13.49
	一个月到三个月	25	23	28	8	29	31	11
	百分比(%)	7.99	7.14	7.33	5.30	12.34	6.75	8.73
	三个月到半年	24	15	33	6	13	25	4
	百分比(%)	7.67	4.66	8.64	3.97	5.53	5.45	3.17
	半年到一年	75	61	74	23	40	89	26
	百分比(%)	23.96	18.94	19.37	15.23	17.02	19.39	20.63
	一年到两年	29	42	49	27	44	51	10
	百分比(%)	9.27	13.04	12.83	17.88	18.72	11.11	7.94
	两年到三年	18	27	37	20	29	30	11
	百分比(%)	5.75	8.39	9.69	13.25	12.34	6.54	8.73
	三年到五年	31	26	36	11	19	38	13
	百分比(%)	9.90	8.07	9.42	7.28	8.09	8.28	10.32
	五年以上	36	25	31	24	22	40	10
	百分比(%)	11.50	7.76	8.12	15.89	9.36	8.71	7.94
	未作答	17	36	20	19	6	41	13
	百分比(%)	5.43	11.18	5.24	12.58	2.55	8.93	10.32
	小计	313	322	382	151	235	459	126
冒犯他人事件是否还在发生	是	22	19	32	14	14	30	5
	百分比(%)	7.03	5.90	8.38	9.27	5.96	6.54	3.97
	不是	290	294	346	133	220	411	121
	百分比(%)	92.65	91.30	90.58	88.08	93.62	89.54	96.03
	未作答	1	9	4	4	1	18	0
	百分比(%)	0.32	2.80	1.05	2.65	0.43	3.92	0.00
	小计	313	322	382	151	235	459	126

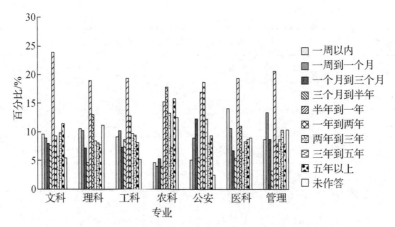

图 3‑16 冒犯他人事件时间特点的专业差异

3.3.2.3 冒犯事件类型、过程特征

分析被试回忆冒犯他人的事件类型和过程特征,结果发现报告口头伤害他人的比例最高,其后依次是当面行为伤害、其他、背后伤害、未作答和网络伤害。对被试填写的"其他"伤害类型见文本分析。道歉方面,有 58.40% 即将近五分之三的被试回忆自己已经向对方道歉。获得原谅方面,有 64.79% 的被试认为对方已经原谅自己,7.60% 的被试认为没有被对方原谅,26.66% 的被试表示不确定。

不同性别的大学生回忆冒犯他人事件类型存在显著差异,$\chi^2=13.605, df=5, p=0.018$,女生回忆自己采用了更高比例的当面口头伤害,男生回忆自己采用了更高比例的当面行为伤害;不同性别的大学生回忆向被冒犯者道歉情况不存在显著差异,$\chi^2=3.531, df=2, p=0.171$;不同性别的大学生回忆对方是否原谅自己存在显著差异,$\chi^2=15.274, df=3, p=0.002$,更高比例的女生比男生觉得对方已经原谅了自己(表 3‑22)。

表 3‑22 冒犯他人事件类型特征及性别差异($n=1\,988$)

	变量水平	人数	百分比(%)	男生	百分比(%)	女生	百分比(%)
冒犯他人事件类型	当面口头伤害	1 086	54.63	439	50.81	647	57.56
	当面行为伤害	428	21.53	210	24.31	218	19.40
	背后伤害	115	5.78	55	6.37	60	5.34
	网络伤害	49	2.46	27	3.13	22	1.96
	其他	225	11.32	94	10.88	131	11.65
	未作答	85	4.28	39	4.51	46	4.09
	小计	1 988	100.00	864	100.00	1 124	100.00

续表 3-22

	变量水平	人数	百分比(%)	男生	百分比(%)	女生	百分比(%)
道歉情况	道歉了	1 161	58.40	511	59.14	650	57.83
	没道歉	804	40.44	339	39.24	465	41.37
	未作答	23	1.16	14	1.62	9	0.80
	小计	1 988	100.00	864	100.00	1 124	100.00
被原谅情况	是	1 288	64.79	526	60.88	762	67.79
	否	151	7.60	85	9.84	66	5.87
	不确定	530	26.66	244	28.24	286	25.44
	未作答	19	0.96	9	1.04	10	0.89
	小计	1 988	100.00	864	100.00	1 124	100.00

不同年级的大学生回忆冒犯他人事件类型存在显著差异，$\chi^2=40.862, df=15, p=0.000$，低年级回忆自己采用了更高比例的当面口头伤害，高年级回忆自己采用了更高比例的背后伤害和网络伤害；不同年级的大学生回忆向被冒犯者道歉情况存在显著差异，$\chi^2=14.887, df=6, p=0.021$，高年级回忆自己道歉的比例更低；不同年级的大学生回忆对方有没有原谅自己存在显著差异，$\chi^2=33.215, df=9, p=0.000$，高年级回忆自己得到了原谅的比例更低(表 3-23)。

表 3-23 冒犯他人事件类型的年级差异($n=1\ 988$)

	变量水平	一年级	百分比(%)	二年级	百分比(%)	三年级	百分比(%)	四年级	百分比(%)
冒犯他人事件类型	当面口头伤害	407	56.37	283	55.71	215	55.13	181	49.18
	当面行为伤害	171	23.68	91	17.91	83	21.28	83	22.55
	背后伤害	24	3.32	33	6.50	19	4.87	39	10.60
	网络伤害	12	1.66	13	2.56	10	2.56	14	3.80
	其他	84	11.63	64	12.60	45	11.54	32	8.70
	未作答	24	3.32	24	4.72	18	4.62	19	5.16
	小计	722	100.00	508	100.00	390	100.00	368	100.00
道歉情况	道歉了	450	62.33	281	55.31	221	56.67	209	56.79
	没道歉	270	37.40	217	42.72	162	41.54	155	42.12
	未作答	2	0.28	10	1.97	7	1.79	4	1.09
	小计	722	100.00	508	100.00	390	100.00	368	100.00

续表 3-23

	变量水平	一年级	百分比(%)	二年级	百分比(%)	三年级	百分比(%)	四年级	百分比(%)
被原谅情况	是	501	69.39	341	67.13	235	60.26	211	57.34
	否	37	5.12	34	6.69	36	9.23	44	11.96
	不确定	182	25.21	126	24.80	113	28.97	109	29.62
	未作答	2	0.28	7	1.38	6	1.54	4	1.09
	小计	722	100.00	508	100.00	390	100.00	368	100.00

不同专业的大学生回忆自己冒犯他人事件类型不存在显著差异，$\chi^2=36.242, df=30, p=0.200$；不同专业的大学生回忆向被冒犯者道歉情况不存在显著差异 $\chi^2=16.064, df=12, p=0.056$；不同专业的大学生回忆对方有没有原谅自己不存在显著差异，$\chi^2=14.245, df=18, p=0.713$(表 3-24)。

表 3-24 冒犯他人事件类型、过程特征的专业差异($n=1\,988$)

	变量水平	文科	理科	工科	农科	公安	医科	管理
冒犯他人事件类型	当面口头伤害	179	177	202	80	127	241	80
	百分比(%)	57.19	54.97	52.88	52.98	54.04	52.51	63.49
	当面行为伤害	63	61	94	39	50	98	23
	百分比(%)	20.13	18.94	24.61	25.83	21.28	21.35	18.25
	背后伤害	16	15	25	7	13	34	5
	百分比(%)	5.11	4.66	6.54	4.64	5.53	7.41	3.97
	网络伤害	4	8	10	4	5	14	4
	百分比(%)	1.28	2.48	2.62	2.65	2.13	3.05	3.17
	其他	42	47	41	17	29	42	7
	百分比(%)	13.42	14.60	10.73	11.26	12.34	9.15	5.56
	未作答	9	14	10	4	11	30	7
	百分比(%)	2.88	4.35	2.62	2.65	4.68	6.54	5.56
	小计	313	322	382	151	235	459	126
道歉情况	道歉了	189	172	224	85	140	266	85
	百分比(%)	60.38	53.42	58.64	56.29	59.57	57.95	67.46
	没道歉	124	144	154	63	93	185	41
	百分比(%)	39.62	44.72	40.31	41.72	39.57	40.31	32.54
	未作答	0	6	4	3	2	8	0
	百分比(%)	0.00	1.86	1.05	1.99	0.85	1.74	0.00
	小计	313	322	382	151	235	459	126

续表 3-24

	变量水平	文科	理科	工科	农科	公安	医科	管理
被原谅情况	是	207	211	244	96	148	295	87
	百分比(%)	66.13	65.53	63.87	63.58	62.98	64.27	69.05
	否	17	22	33	10	18	44	7
	百分比(%)	5.43	6.83	8.64	6.62	7.66	9.59	5.56
	不确定	88	86	102	43	67	112	32
	百分比(%)	28.12	26.71	26.70	28.48	28.51	24.40	25.40
	未作答	1	3	3	2	2	8	0
	百分比(%)	0.32	0.93	0.79	1.32	0.85	1.74	0.00
	小计	313	322	382	151	235	459	126

3.3.2.4 道歉、原谅情况分析

被试作为冒犯者,在是否道歉和与对方关系类型上存在显著的差异,$\chi^2=123.627$,$df=18$,$p=0.000$,对恋人、好朋友道歉比例最高,其次是父母(表 3-25,图 3-17)。

表 3-25 冒犯他人事件类型的道歉选择差异($n=1\,988$)

	变量水平	道歉了	百分比(%)	没道歉	百分比(%)	未作答	百分比(%)	小计
被冒犯者关系类型	父母	325	56.23	250	43.25	3	0.52	578
	恋人	217	63.27	123	35.86	3	0.87	343
	兄弟姐妹	44	51.76	41	48.24	0	0.00	85
	好朋友	374	69.00	163	30.07	5	0.92	542
	老师	9	40.91	13	59.09	0	0.00	22
	普通朋友	106	49.07	106	49.07	4	1.85	216
	陌生人	25	43.86	32	56.14	0	0.00	57
	亲戚	13	35.14	23	62.16	1	2.70	37
	其他	39	45.88	43	50.59	3	3.53	85
	未作答	9	39.13	10	43.48	4	17.39	23

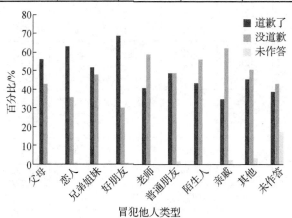

图 3-17 不同类型的被冒犯者获得被试道歉的情况

不同专业的被试在冒犯他人后是否向对方道歉上不存在显著的差异，$\chi^2=16.064$，$df=12$，$p=0.188$；不同性别的被试在冒犯他人后是否向对方道歉上不存在显著的差异，$\chi^2=3.531$，$df=2$，$p=0.171$；不同家中排行的被试在冒犯他人后是否向对方道歉上不存在显著的差异，$\chi^2=2.922$，$df=6$，$p=0.819$；不同年级的被试在冒犯他人后是否向对方道歉上存在显著的差异，$\chi^2=16.341$，$df=6$，$p=0.012$，一年级在冒犯他人后道歉的比例相对更高（表 3-26）。

表 3-26 被试特征在道歉选择上的差异（$n=1\,988$）

	变量水平	道歉了	百分比（%）	没道歉	百分比（%）	未作答	百分比（%）	小计
冒犯者专业	文科	189	60.38	124	39.62	0	0.00	313
	理科	172	53.42	144	44.72	6	1.86	322
	工科	224	58.64	154	40.31	4	1.05	382
	农科	85	56.29	63	41.72	3	1.99	151
	公安	140	59.57	93	39.57	2	0.85	235
	医科	266	57.95	185	40.31	8	1.74	459
	管理	85	67.46	41	32.54	0	0.00	126
冒犯者性别	男	511	59.14	339	39.24	14	1.62	864
	女	650	57.83	465	41.37	9	0.80	1 124
冒犯者家中排行	独生子女	736	59.02	496	39.78	15	1.20	1 247
	老大	211	56.27	161	42.93	3	0.80	375
	老小	177	58.03	123	40.33	5	1.64	305
	其他	37	60.66	24	39.34	0	0.00	61
冒犯者年级	一年级	450	62.33	270	37.40	2	0.28	722
	二年级	281	55.31	217	42.72	10	1.97	508
	三年级	221	56.67	162	41.54	7	1.79	390
	四年级	209	56.79	155	42.12	4	1.09	368

被试作为冒犯者，在是否道歉和是否获得对方原谅上存在显著的差异，$\chi^2=1\,734.467$，$df=6$，$p=0.000$，选择道歉的人中 79.84% 获得了对方的原谅，道歉的人感知到对方原谅的比例更高（表 3-27，图 3-18）。

表 3-27 冒犯他人后道歉在获得原谅上的差异（$n=1\,988$）

	变量水平	道歉了	百分比（%）	没道歉	百分比（%）	未作答	百分比（%）	小计
被原谅情况	是	927	79.84	358	44.53	3	13.04	1 288
	否	54	4.65	95	11.82	2	8.70	151
	不确定	180	15.50	350	43.53	0	0.00	530
	未作答	0	0.00	1	0.12	18	78.26	19
	小计	1 161	100.00	804	100.00	23	100.00	1 988

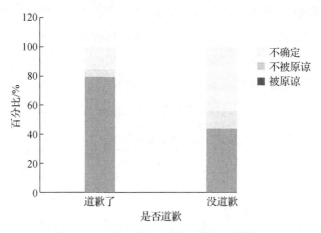

图 3-18 冒犯他人后道歉、获得原谅情况

3.3.2.5 冒犯他人事件文本信息分析

在被冒犯者类型上,除了父母、好朋友、恋人、普通朋友、兄弟姐妹、其他、陌生人和亲戚,其他被冒犯者由被试采用文本形式填写,共获得 77 条对其他被冒犯者的描述。对文本信息进行分析,具体方法见第 3.2.2.2 小节,依据词频排序取高频词制作词云图。从图 3-19 中可以看出,和冒犯者其他类型一样,同学是重要的类型。

在冒犯他人类型上,除了当面口头伤害、当面行为伤害、背后伤害和网络伤害,其他冒犯类型由被试采用文本形式填写,共获得 179 条对其他冒犯类型的描述。对文本信息进行分析,依据词频排序,取前 100 高频词制作词云图(图 3-20)。

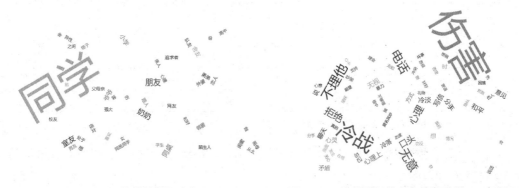

图 3-19 其他被冒犯者词云　　图 3-20 其他冒犯他人事件类型前 100 高频词云

对其他冒犯他人事件类型文本采用交叉切分算法,进行二元分词(bigram),选取 bigram 频数大于 2 的词组制作词云图。从图 3-21 中可见同其他被他人冒犯事件类型的文本分析结果类似,心理伤害是被试采用最多的其他冒犯方式。

被试对具体冒犯他人事件的描述文本共 1 385 条,文本分别获前 100 高频词云。从图 3-22 中可以看出吵架、分手是最多的方式,拒绝、欺骗、发脾气是相对较多的方式,此外还有不听话、叛逆、误会、冷战、顶嘴、不耐烦等。

3 大学生人际冲突现状

图 3-21 其他冒犯他人事件类型二元词组词云

图 3-22 冒犯他人事件描述前 100 高频词云

再对具体冒犯他人事件的描述文本进行二元高频词组分析,选取 bigram 频数大于 5 的词组制作词云图。从图 3-23 中可见同被他人冒犯事件描述的文本分析结果类似,言语形式的伤害是最多的,其次是开玩笑、提出分手、吵架、意见不合等。

图 3-23 冒犯他人事件描述二元词组词云

3.3.3 小结

3.3.3.1 假设检验结果

研究假设有一部分得到了完全验证,包括:H4、H5、H7,研究假设有一部分得到了部分验证,包括:H1、H2,其余的研究假设没有得到验证,包括:H3、H6、H8、H9、H10、H11。

H1:关系类型越亲密,如父母、恋人、好友,越容易发生人际冲突和感受到伤害,道歉行为越多。该假设得到部分验证。第 3.3.1.1 小节受冒犯者角度冒犯者特征中,发现回忆被伤害事件时,大学生想到最多的是好朋友,其次是恋人和普通朋友,父母排在第四位;在此,还存在性别差异,男生回忆被恋人的冒犯的比例高于女生,女生回忆同性别冒犯者比例高于男生回忆同性别冒犯者比例;此外,还存在年级差异,高年级回忆对父母的冒犯比例低于低年级,高年级回忆对恋人的冒犯比例高于低年级。第 3.3.2.1 小节冒犯者角度被冒犯者特征的研究结果发现,大学生回忆自己伤害他人的事件时,最多的是父母,其次是好友和恋人;

在此,也存在性别差异,女生回忆自己对父母的冒犯比例高于男生,男生回忆自己对恋人的冒犯比例高于女生。第 3.3.1.4 小节受冒犯者角度道歉情况的研究结果发现,恋人、兄弟姐妹和好朋友向被试道歉的比例相对更高。第 3.3.2.4 小节冒犯者角度的道歉情况的研究结果发现,被试在冒犯他人后,对恋人、好朋友道歉的比例更高。

H2:与非独生子女相比,独生子女与父母的关系更紧密,更容易与父母发生人际冲突,非独生子女与兄弟姐妹发生的人际冲突相对更多。该假设得到部分验证。虽然第 3.3.1.1 小节受冒犯者角度的冒犯者特征中显示家中排行不同的大学生回忆冒犯者的关系类型时不存在显著差异,但第 3.3.2.1 小节冒犯者角度的被冒犯者特征中,更多独生子女大学生回忆自己冒犯了父母,相对非独生子女回忆冒犯恋人、好朋友的比例更高。

H3:发生时间越近的冒犯事件越容易被被试回忆。该假设未得到验证。第 3.3.1.2 和 3.3.2.2 小节中冒犯事件的时间特征的结果都显示,半年到一年是大学生回忆最多冲突事件发生的时段,无论在回忆自己被他人冒犯的事件还是自己冒犯他人的事件时,都存在显著的性别、年级和专业差异。

H4:在冒犯类型上存在性别差异,男生更容易发生行为冲突,女生更容易发生口头冲突。该假设得到完全验证。第 3.3.1.3 小节受冒犯者角度的冒犯事件类型中发现被试回忆的被冒犯事件,男性冒犯者当面行为和口头伤害的比例高于女性冒犯者,女性冒犯者的背后伤害比例高于男性冒犯者。第 3.3.2.3 小节冒犯者角度的冒犯事件类型里同样发现当大学生回忆自己伤害他人的事件时,男生更加容易想起行为冲突,女生更加容易想起口头冲突。

H5:在冒犯类型上随着年级的升高,越少产生直接当面的冲突,越多产生间接冲突,如背后伤害、网络伤害。该假设得到验证。第 3.3.2.3 小节中发现被试回忆自己冒犯他人事件的类型时,低年级回忆自己采用了更高比例的口头伤害,高年级回忆自己采用了更高比例的背后伤害和网络伤害。

H6:在冒犯类型上与人际更相关的学科,如文科、管理、医科、公安等专业,该类专业的学生更多采用口头和背后伤害。该假设未得到验证。第 3.3.2.3 小节中未发现冒犯类型的专业差异。

H7:在有第三方调解的情况下,冒犯者道歉比例更高。该假设在第 3.3.1.4 小节受冒犯者角度的道歉情况分析里得到完全验证。

H8:随着年级的升高,更愿意采用道歉的方式解决冲突。该假设不仅未得到验证,在第 3.3.2.4 小节冒犯者角度的道歉情况分析中获得了相反的结果,高年级回忆自己道歉的比例更低。

H9:女生比男生更愿意采用道歉的方式解决冲突。该假设未得到验证。在第 3.3.1.4 小节受冒犯者视角的道歉情况分析中,被试回忆的女性冒犯者中没有向被试道歉的比例更高。在第 3.3.2.4 小节冒犯者角度的道歉情况分析中,男女生在是否道歉上没有差异。

H10:独生子女更不愿意采用道歉的方式解决冲突。该假设不仅未得到验证,在第 3.3.2.4

小节冒犯者角度的道歉情况分析中,家中排行不同的大学生在是否道歉上没有差异。

H11: 与人际更相关的学科,如文科、管理、医科、公安等专业,该类专业的学生更愿意采用道歉的方式主动解决冲突。该假设未得到验证。在第3.3.2.4小节冒犯者角度的道歉情况分析中,专业不同的大学生在是否道歉上没有差异。

3.3.3.2 受冒犯者视角

从冒犯者特征看,好朋友、恋人和朋友依次是最重要的冒犯者,而且不存在家中排行、专业、年级差异。男生回忆恋人的冒犯的比例高于女生,女生回忆好朋友和父母的冒犯的比例高于男生。女生回忆同性别冒犯者比例高于男生回忆同性别冒犯者比例。文科、管理专业回忆自己冒犯父母相对其他专业的比例比较高,农科、理科专业回忆自己冒犯好朋友的比例相对其他专业比较高,公安、医科专业回忆自己冒犯恋人的比例相对其他专业比较高,农科和管理专业回忆自己冒犯兄弟姐妹的比例相对其他专业较高。

从冒犯事件时间特征来看,大学第一年的人际冲突是大学生印象最深刻、最容易记得、影响最大的。半年到一年和一年到两年的事件是被回忆最多的,回忆最近一个月发生的事件也相对较多。第3.3.1.2小节受冒犯者视角的冒犯事件时间特征中,发现不同年级回忆冒犯事件的时间特征存在显著差异,一年级学生回忆三个月到一年的冒犯事件相对最多,而二年级学生回忆一年到两年的冒犯事件相对最多。此外,四年级回忆还在继续发生的冒犯事件最多,这从一定程度上说明,到了四年级很多人际冲突和伤害已经产生了积累效应。

从冒犯事件类型看,口头伤害、行为伤害和背后伤害依次是主要的冒犯类型,而且不存在年级、专业上的差异。说明虽然网络普遍发达,但人际直接接触产生的冲突还是影响最大的。男性冒犯者更多采用当面口头和行为伤害,女性冒犯者更多采用背后伤害。从文本分析的结果看,欺骗、分手、吵架、背叛是相对较多的具体伤害方式。从被试提供的其他伤害类型的文本分析来看,"心理伤害"和"冷暴力"是除了研究提供的四个伤害选项以外重要的伤害形式。

道歉方面,62.02%的人回忆冒犯者没有道歉,得到道歉的人中大约三分之一感觉对方不真诚。女生回忆到的道歉比男生更少,恋人、兄弟姐妹和好朋友向被试道歉的比例相对更高;大学生回忆女性冒犯者中没有向被试道歉的比例更高。25.71%的事件有第三方调解人,有第三方调解的情况下,道歉的比例更高。

3.3.3.3 冒犯者视角

从被冒犯者特征看,回忆自己冒犯过的人,父母、好朋友、恋人依次是最重要的被冒犯者,而且存在性别、家中排行、专业、年级差异。女生回忆自己对父母和好朋友的冒犯比例高于男生,男生回忆自己对恋人的冒犯比例高于女生。独生子女回忆自己冒犯父母的比例最高,非独生子女排行老大回忆自己冒犯好朋友的比例最高,非独生子女排行老小回忆自己冒犯恋人的比例最高。高年级回忆对父母的冒犯比例低于低年级,高年级回忆对恋人的冒犯比例高于低年级。文科、管理专业回忆自己冒犯父母的比例比较高,农科专业回忆自己冒犯好朋友的比例比较高,公安专业回忆自己冒犯恋人的比例比较高。女生回忆自己对同性别的冒犯比例高于男生回忆自己对同性别的冒犯比例,这和受冒犯者视角的结果是一致的。

从冒犯他人事件时间特征来看,研究结果进一步确认了大学第一年的人际冲突是大学生印象最深刻、最容易记得、影响最大的现象。第3.3.2.2小节冒犯者视角的冒犯事件时间特征中,发现不同年级回忆冒犯他人事件的时间特征存在显著差异,一年级学生回忆半年到一年的冒犯事件相对最多,而二年级学生回忆一年到两年的冒犯事件相对最多,这同受冒犯者视角的结果一致。此外,四年级回忆还在继续发生的冒犯事件最多,这同受冒犯者视角的结果也一致,更加说明到了四年级很多人际冲突和伤害已经产生了积累效应。此外,男生继续冒犯他人的比例高于女生,农科和工科专业继续冒犯他人的比例相对更高,这可能是由于这两个专业男生比例更高。

从冒犯他人事件类型看,口头伤害、行为伤害和其他伤害依次是主要的冒犯他人类型,并且存在性别、年级差异,但不存在专业差异。女生回忆自己采用了更高比例的当面口头伤害,男生回忆自己采用了更高比例的当面行为伤害。低年级回忆自己采用了更高比例的当面口头伤害,高年级回忆自己采用了更高比例的背后伤害和网络伤害。从文本分析的结果看,吵架、分手是最多的方式,拒绝、欺骗、发脾气是相对较多的方式。从被试提供的其他伤害他人类型的文本分析来看,"心理伤害"是除了研究提供的四个伤害选项以外重要的伤害他人的形式。

道歉和获得原谅方面,58.40%的冒犯者回忆自己已经向对方道歉,其中向恋人、好朋友道歉的比例最高,其次是父母。在是否选择道歉上不存在家中排行、性别、专业差异,但是存在年级差异,一年级在冒犯他人后道歉的比例相对更高,高年级回忆自己道歉的比例更低。有64.79%的被试认为对方已经原谅自己,选择道歉的人中有79.84%感知获得了对方的原谅,道歉的人比没有道歉的人感到对方原谅的比例更高。更高比例的女生比男生觉得对方已经原谅了自己。年级越高,回忆自己得到了原谅的比例越低。

3.4 大学生人际冲突现状讨论

人际冲突在大学生日常生活中十分常见并且经常会带来受到伤害的感受,本研究中有97.10%的大学生能回忆起受到他人伤害的事件,自我觉察到伤害他人的数量也是基本对等的,有97.88%的人也能回忆起伤害过他人。好朋友和恋人是大学生最重要的人际冲突对象,而父母只在大学生自己作为冒犯者时更重要;发生在半年到两年的事件以及一个月以内是被回忆最多的人际冲突发生的时期;当面口头伤害是最突出的人际冲突形式,"心理伤害"是大学生觉得最重要的其他伤害类型。这与美国大学生被试中,回忆冒犯他人事件的友谊(51.2%)最多,其次是亲密或前亲密关系(27.1%),家庭成员(10.8%),熟人(6.6%),工作伙伴或团队成员(1.2%),其他人(3%)的研究结果一致(Riek, et al., 2014)。

研究结果进一步提示入学第一年的重要性。无论是作为被冒犯者还是冒犯者,一年级对半年到一年、二年级对一年到两年发生的事件多是相对回忆最多的人际冲突事件。虽然大部分冒犯事件没有继续发生,但是四年级大学生无论是作为冒犯者还是被冒犯者,持续的、固定对象的冲突相对其他年级更多,这也提示大四毕业季由于积累效应可能有更多来自人际的压力。

性别差异体现在冲突对象、类型、道歉感知等各个方面。女生更多感知到与父母和好朋友的冲突,男生更多感知到与异性和恋人的冲突;男生发动更多的持续性冲突;女生感知到更多背后伤害,发动更多当面口头伤害,男生感知到更多当面口头和行动伤害,发动更多行动伤害;相比男生,女生感知得到更少的道歉而感知得到更多的原谅。大学生作为被冒犯者,感知来自女性冒犯者的道歉更少,但作为冒犯者,不存在道歉选择上的自我报告上的性别差异。

年级差异更多体现在作为冒犯者方面。相对高年级,低年级报告更多对父母的伤害,相对低年级,高年级则报告更多对恋人的伤害;低年级当面口头伤害比例相对高年级更高,高年级的背后伤害和网络伤害比例相对低年级更高;一年级报告的道歉比其他年级多;年级越高,回忆自己得到了原谅的比例越低。

专业在冒犯类型和冒犯事件时间上的差异可能部分由于性别在冒犯类型和冒犯时间上的差异所导致。女生相对多的专业,比如文科、管理专业,从受冒犯者的角度来看,冒犯者更多是女生,从冒犯者角度来看,被冒犯者更多是父母。男生相对多的专业,比如农科、工科专业,继续冒犯他人的比例相对更高。

以上大学生人际冲突的特点和差异,为心理教育和干预提供了依据:一方面,教育者对于大学生整体人际冲突和不同性别、年级的大学生的特点可以有更准确的把握;另一方面,在心理教育中可以将结果提供给学生,让他们从受冒犯者和冒犯者两方面的全视角对人际冲突中自己的主观感受有更加全面的认知(表3-28)。

表3-28 不同视角大学生人际冲突的主要特点和差异

			作为受冒犯者	作为冒犯者
对象	总体		好朋友、恋人和朋友最多	父母、好朋友和恋人最多
	性别	女	好友、父母,同性更高	父母、好友,同性更高
		男	恋人,异性更高	恋人,异性更高
	家中排行	独生子女	父母更高	
		老大	排行差异不显著	好朋友更高
		老小		恋人更高

续表 3-28

			作为受冒犯者	作为冒犯者
对象	专业	文科	女生更高	父母更高
		医科	女生更高	恋人更高
		管理	女生更高	父母更高
		工科	男生更高	
		理科	男生更高	好朋友更高
		农科		好朋友更高
		公安	男生更高	恋人更高
	年级	低年级	年级差异不显著	父母更高
		高年级		恋人更高
时间	总体		半年到一年和一年到两年的事件以及一个月以内最多	半年到一年和一年到两年的事件以及一个月以内最多
	性别	男	性别差异不显著	继续发生的冒犯事件相对更多
	专业	工科和农科	专业差异不显著	继续发生的冒犯事件相对更多
	年级	一年级	三个月到一年的相对最多	半年到一年的相对最多
		二年级	一年到两年的相对最多	一年到两年的相对最多
		四年级	继续发生的冒犯事件相对最多	继续发生的冒犯事件相对最多
类型	总体		当面口头伤害、行为伤害和背后伤害最多	当面口头伤害、行为伤害和其他伤害最多
			具体方式：欺骗、分手、吵架、背叛等	具体方式：吵架、分手、拒绝、欺骗、发脾气等
			其他伤害形式"心理伤害"和"冷暴力"	其他伤害形式"心理伤害"
	性别	女	背后伤害相对更多	当面口头伤害相对更多
		男	当面口头、行为伤害相对更多	当面行为伤害相对更多
	年级	低年级	年级差异不显著	当面口头伤害比例相对更高
		高年级		背后伤害和网络伤害比例相对更高
道歉	总体		62.02%没有得到道歉	58.40%向对方道歉
			得到恋人、兄弟姐妹和好朋友的道歉比例更高	向恋人、好朋友和父母道歉比例更高
			没得到女性冒犯者道歉的比例更高	64.79%认为已经得到原谅
			25.71%事件有第三方调解人，有第三方调解的情况下，道歉的比例更高	选择道歉的人中79.84%感知获得了对方的原谅
	性别	女	得到的道歉比男生相对更少	比男生更多觉得对方已经原谅了自己
	年级	一年级	年级差异不显著	62.33%向对方道歉，比其他年级多
		高年级		年级越高，回忆自己得到原谅比例越低

4 大学生宽恕心理现状

4.1 研究目的、内容及假设

了解大学生日常人际冲突伤害事件中分别作为受冒犯者和冒犯者的主观感受、心理、情绪状况和随事件发展的变化,以及宽恕心理与冒犯事件相关主客观变量的关系。

第一,作为受冒犯者,在具体情境下,人际宽恕水平存在人口统计学和专业方面的差异;人际宽恕水平存在与冒犯事件特征变量方面的差异,这些特征包括:冒犯者性别、冒犯者类型、冒犯事件类型、冒犯时间、冒犯是否还在继续、对方是否道歉等;人际宽恕水平与冒犯事件中的具体主观感受相关,这些主观感受包括:感受到的受伤害程度、感受到对方的故意程度、感受到伤面子的程度、愤怒情绪及事件前后愤怒水平的变化、与冒犯者的人际关系状况及事件前后关系水平的变化等。

从受冒犯者的角度,在受到他人伤害的具体伤害情境中,相关研究假设如下:

H1-1:人际宽恕水平存在显著的性别差异,女生的宽恕水平高于男生;回避、报复和人际侵犯总分存在显著的性别差异,女生水平低于男生。

H1-2:人际宽恕水平存在显著的家庭排行差异,独生子女的宽恕水平低于非独生子女;回避、报复和人际侵犯总分存在显著的年级差异,独生子女高于非独生子女。

H1-3:人际宽恕水平存在显著的年级差异,低年级的宽恕水平高于高年级;回避、报复和人际侵犯总分存在显著的年级差异,低年级低于高年级。

H1-4:人际宽恕水平存在显著的院校差异,本科院校宽恕水平高于非本科院校;回避、报复和人际侵犯总分存在显著的院校差异,本科院校低于非本科院校。

H1-5:人际宽恕水平存在显著的专业差异,与人际更相关的学科,如文科、管理、医科、公安、师范等专业的宽恕水平高于其他专业;回避、报复和人际侵犯总分存在显著的专业差异,与人际更相关的学科,如文科、管理、医科、公安、师范等专业低于其他专业。

H1-6:人际宽恕水平不存在冒犯者性别差异。

H1-7:人际宽恕水平存在冒犯者类型差异,对于父母、恋人、好朋友的回避、报复和人际侵犯动机更低、宽恕水平更高。

H1-8：人际宽恕水平存在冒犯事件类型差异，对于当面口头伤害的回避、报复和人际侵犯动机更低，宽恕水平更高。

H1-9：人际宽恕水平存在冒犯事件时间特征差异，被回忆的冒犯事件越久远的回避、报复和人际侵犯动机更高，宽恕水平更低。还在持续的冒犯事件的回避、报复和人际侵犯动机更高、宽恕水平更低。

H1-10：人际宽恕水平与对方是否道歉有关，对方道歉的事件的回避、报复和人际侵犯动机更低、宽恕水平更高；受到第三方调解的回避、报复和人际侵犯动机更低、宽恕水平更高。

H1-11：在控制了双方人口统计学、专业等相关变量后，人际宽恕水平与感受到的受伤害的严重程度、伤面子的严重程度、愤怒情绪水平呈正相关，与感受到对方的非故意程度、事件发生前的关系亲密度呈负相关，回避、报复和人际侵犯总分则相反。

H1-12：在控制了双方人口统计学、专业等相关变量后，人际宽恕水平与事件前后的愤怒变化和关系变化相关，愤怒水平升高的程度与人际宽恕呈负相关，关系亲密度升高的程度与人际宽恕呈正相关，回避、报复和人际侵犯总分则相反。

第二，作为冒犯者，在具体情境下，自我宽恕水平存在人口统计学和专业方面的差异；自我宽恕水平存在与冒犯他人事件特征变量方面的差异，这些特征包括：被冒犯者性别、被冒犯者类型、冒犯他人事件类型、冒犯他人时间、是否还在继续冒犯他人、自己是否道歉等；自我宽恕水平与冒犯事件中的具体主观感受相关，这些主观感受包括：感受到的对方受伤害的程度、冒犯行为的故意程度、内疚情绪及事件前后内疚水平的变化、与受冒犯者的人际关系状况及事件前后关系水平的变化等；此外，作为冒犯者寻求宽恕也与对方受伤害的程度、冒犯行为的故意程度、内疚情绪等相关。

从冒犯他人者的角度，在伤害他人的具体伤害情境中，相关研究假设如下：

H2-1：自我宽恕水平存在显著的性别差异，女生的自我宽恕水平低于男生。

H2-2：自我宽恕水平存在显著的家庭排行差异，独生子女高于非独生子女。

H2-3：自我宽恕水平存在显著的院校差异，本科院校高于非本科院校。

H2-4：自我宽恕水平存在显著的年级差异，高年级的宽恕水平高于低年级。

H2-5：自我宽恕水平存在显著的专业差异，与人际更相关的学科，如文科、管理、医科、公安、师范等专业的宽恕水平低于其他专业。

H2-6：自我宽恕水平不存在被冒犯者性别差异。

H2-7：自我宽恕水平存在被冒犯者类型差异，对于父母、恋人、好朋友的自我宽恕水平更低。

H2-8：自我宽恕水平存在冒犯他人事件类型差异，对于当面口头伤害的自我宽恕水平更高。

H2-9:自我宽恕水平存在冒犯事件时间特征差异,被回忆的冒犯他人事件越久远的自我宽恕水平更低。还在持续的冒犯他人事件的自我宽恕水平更高。

H2-10:自我宽恕水平与自己是否道歉有关,已经道歉的事件自我宽恕水平更高。

H2-11:寻求宽恕不存在被冒犯者性别差异。

H2-12:寻求宽恕存在被冒犯者类型差异,对于父母、恋人、好朋友更多寻求宽恕。

H2-13:寻求宽恕存在冒犯他人事件类型差异,对于当面口头伤害更多寻求宽恕。

H2-14:寻求宽恕存在冒犯事件时间特征差异,还在持续的冒犯他人的事件更少寻求宽恕。

H2-15:在控制了双方人口统计学、专业等相关变量后,自我宽恕水平与感受到的对方受伤害的程度、内疚情绪呈负相关,与非故意程度、事件发生前的关系亲密度、感受到的对方的原谅程度呈正相关。

H2-16:在控制了双方人口统计学、专业等相关变量后,自我宽恕水平与事件前后的内疚变化和关系变化相关,内疚水平升高的程度与自我宽恕呈负相关,关系亲密度升高的程度与自我宽恕呈正相关。

H2-17:在控制了双方人口统计学、专业等相关变量后,道歉行为与感受到的对方受伤害的程度、内疚情绪、非故意程度、事件发生前的关系亲密度呈正相关。

H2-18:在控制了双方人口统计学、专业等相关变量后,道歉行为与感知到对方的原谅情况呈正相关,与内疚水平升高呈负相关,与关系亲密度升高的程度呈正相关。

第三,宽恕作为态度和特质,存在人口统计学和专业方面的差异;宽恕态度和特质与具体情境中的宽恕水平相关。

相关研究假设如下:

H3-1:在与人际宽恕有关的态度和特质上,存在显著的性别差异,女生的人际宽恕态度、人际宽恕倾向和道歉倾向显著高于男生,自我宽恕显著低于男生。

H3-2:在与宽恕有关的态度和特质上,存在显著的家庭排行差异,独生子女的人际宽恕态度、人际宽恕倾向和道歉倾向显著低于非独生子女,自我宽恕高于非独生子女。

H3-3:在与宽恕有关的态度和特质上,存在显著的院校差异,本科院校的人际宽恕态度、人际宽恕倾向和道歉倾向显著高于非本科院校,自我宽恕显著低于非本科院校。

H3-4:在与宽恕有关的态度和特质上,存在显著的年级差异,高年级的人际宽恕态度、人际宽恕倾向、自我宽恕和道歉倾向高于低年级。

H3-5:在与宽恕有关的态度和特质上,存在显著的专业差异,与人际更相关的学科,如文科、管理、医科、公安、师范等专业的人际宽恕态度、人际宽恕倾向、自我宽恕和道歉倾向高于其他专业。

4.2 研究对象、程序及工具

4.2.1 研究对象

本章的研究采用和第3章研究中相同的被试,数据采集也同时进行,即本研究采用随机分层抽样与方便抽样相结合的方法,选取南京9所高校大学一至四年级学生为被试,共填写2 348份问卷,回收并剔除无效问卷(漏答或虚伪答题)后,获得有效样本量2 031份,有效率为86.50%。包含文、理、工、农、医、管、公安、师范等多种专业。

4.2.2 研究方法

4.2.2.1 问卷和量表

除了第3章大学生人际冲突现状描述研究中使用的问卷和量表外,还使用了以下问卷和量表。

人际宽恕的测量

(1) 情境性人际宽恕变量

人际侵犯动机:采用《人际侵犯动机量表》(TRIM-12)(McCullough, et al., 1998)。该量表采用5点计分,1为"非常不符合",5为"非常符合",分为报复(TRIM报复)和回避因子(TRIM回避)。包括5个报复条目,总分越高,报复水平越高;7个回避条目,总分越高,回避水平越高。两个因子可分别计算总分,还可以求12个项目的总分,总分越高,针对具体事件的人际侵犯动机越高、情境性宽恕水平越低。我国学者陈祉妍等测试了这个量表在我国的适用性(陈祉妍 等,2006)。本研究中回避分量表(TRIM回避)Cronbach's α 系数为0.93,报复分量表(TRIM报复)Cronbach's α 系数为0.93,总量表Cronbach's α 系数为0.94。

宽恕他人:单个项目的"你对此事(人)的原谅程度"来测量针对具体人(事)的宽恕水平,0—10分,分数越高,宽恕他人的水平越高。

(2) 态度和特质性人际宽恕变量

人际宽恕态度:采用《宽恕态度量表》(ATF),求总分为宽恕态度分数。由Brown编制(Brown, 2003),用来测量被试将宽恕视为一种美德或者优良品质的程度,同时并不考虑其事实上是否践行宽恕。该问卷包含6个项目,7级计分,1为"非常不同意",7为"非常同意"。被试在所有项目上得分的总和即为该被试对宽恕的态度分数,得分越高,被试对宽恕越持肯定态度。该问卷暂无中文修订版,在已有的外文文献中其Cronbach's α 的值都在0.70以上。本研究中Cronbach's α 系数为0.61。

人际宽恕倾向:采用《宽恕倾向量表》(TTF),求总分为宽恕倾向分数。该问卷由 Brown 编制(Brown,2003),用来考察倾向性宽恕的个体差异。该量表要求被试回答在以往的被冒犯经历中的典型反应。该问卷包含 4 个项目,7 级计分,1 为"非常不同意",7 为"非常同意"。被试在所有项目上得分的总和即为该被试宽恕倾向性的分数,得分越高,倾向性越强。该问卷暂无中文修订版,在已有的外文文献中其 Cronbach's α 的值都在 0.70 以上。本研究中 Cronbach's α 系数为 0.62。

自我宽恕的测量

(1) 情境性自我宽恕变量

宽恕自己:单个项目的"你现在想到这件事时,对自己的原谅程度"来测量针对具体人(事)的自我宽恕水平,0—10 分,分数越高,宽恕自己的水平越高。

(2) 特质性自我宽恕变量

自我宽恕倾向:采用《Heartland 宽恕量表》(HFS)。该量表由 Thompson 等人编制(Thompson, et al., 2005),分为宽恕他人、宽恕自己和宽恕处境三个维度,由 18 个项目组成。本研究采用其中自我宽恕分量表,共 6 题,7 级计分,1 为"对于我来说完全不符合",7 为"对于我来说完全符合",得分越高,越容易自我宽恕。总量表和各分量表的 Cronbach's α 的值都在 0.70 以上。本研究中自我宽恕量表 Cronbach's α 系数为 0.60。

寻求宽恕的测量

(1) 情境性寻求宽恕变量

道歉行为:单个项目的"你向他/她道歉了吗?"来测量针对具体人(事)的道歉行为。

(2) 特质性寻求宽恕变量

道歉倾向:采用《道歉倾向问卷》(PAM)。该问卷由 Howell 等人编制(Howell, et al., 2011),由 8 个项目组成,7 级计分,1 为"完全不同意",7 为"完全同意",得分越高,道歉倾向越高。道歉倾向问卷的 Cronbach's α 系数为 0.83。本研究中 Cronbach's α 系数为 0.86。

4.2.2.2　数据分析与处理

采用 EpiData 3.1 录入数据,SPSS 22.0 统计软件建立数据库,并对数据资料进行描述性、显著性、相关性以及回归分析。

采用词袋子(bag of words,BOW)模型(李涛,2013),对文本信息进行分词、词频统计等计算。将常用词"的""在""吧"等虚词(包括介词、连词等)以及标点符号作为停用词,采用 KNIME 中的 StanfordNLPChineseTokenizer 中文分词器进行分词和词性标注,保留名词、形容词和副词,由词袋模型计算获得词频的相对值 TF(每个文档中出现的词/文档中词的总数)和文档集中词频(各文档中词频汇总求和),依据词频排序取高频词制作词云图。此外,依据需要用交叉切分算法,进行二元分词(bigram),寻找解释力的语义单元。

4.3 结果统计及分析

分别从具体情境中受冒犯者和冒犯者角度，调查大学生日常人际冲突伤害事件中的情境性宽恕心理特点及其与冒犯事件相关主观变量的关系，以及特质性宽恕心理特点。

4.3.1 受冒犯者角度

4.3.1.1 人际宽恕与人口统计学、专业变量

被试对于具体被冒犯事件的 TRIM 回避维度得分 12.29±7.76，TRIM 报复维度得分 5.82±5.00，TRIM-12 总分 18.11±11.64，宽恕他人（单题）得分 6.00±3.27。采用多因变量方差分析，对具体冒犯事件中被冒犯者人际宽恕水平进行性别、家中排行、年级、院校类型、专业类型和是否师范专业上的差异检验。由于球形检验结果不满足方差齐性假设，采用 Pillai's Trace 检验的结果（蓝石，2014），性别、年级、院校类型、专业类型和是否师范专业上都存在显著差异，对年级和专业做多重比较，采用比较保守的 Scheffe 检验，具体结果见表 4-1。综合结果可以看出，女生的回避水平相对男生更高，人际侵犯总分更高，单项宽恕他人水平相对更低；一年级相对其他年级宽恕水平更高；大专/高职相对本科宽恕水平更高；师范类专业回避水平更高，非师范类报复水平更高。但是从 partial η^2 看效应都相对较小，说明这些变量不是影响具体冒犯事件中被冒犯者人际宽恕水平的重要变量。

表 4-1　对具体冒犯事件的人际宽恕水平得分人口统计学检验(M±SD) $n=1\,972$

项目	人数	TRIM 回避	TRIM 报复	TRIM 总分	宽恕他人
男	853	11.31±7.46[b]	5.72±5.05	17.03±11.40[b]	6.37±3.22[b]
女	1 119	13.05±7.91[a]	5.90±4.95	18.94±11.76[a]	5.72±3.29[a]
性别差异		$F=10.733$	$p=.000$	partial $\eta^2=.022$	
独生子女	1 238	12.48±7.92	6.08±5.15	18.55±12.04	5.91±3.34
非独一老大	373	12.39±7.60	5.51±4.66	17.90±11.03	6.07±3.13
非独一老小	304	11.72±7.48	5.41±4.83	17.12±10.99	6.25±3.21
非独一其他	57	10.63±6.70	4.54±4.17	15.16±9.44	6.07±3.00
家中排行差异		$F=1.306$	$p=.207$	partial $\eta^2=.003$	
一年级	714	11.24±7.64[f]	5.29±4.89	16.51±11.52[def]	6.23±3.20[f]

续表 4-1

项目	人数	TRIM 回避	TRIM 报复	TRIM 总分	宽恕他人
二年级	507	12.51±7.64	6.06±4.84	18.57±11.47^c	5.97±3.22
三年级	383	12.51±7.76	6.12±5.04	18.64±11.60^c	6.05±3.34
四年级	368	13.83±7.90^c	6.23±5.29	20.06±11.79^c	5.52±3.38^c
年级差异		$F=3.393$	$p=.000$	partial $\eta^2=.007$	
大专/高职	356	11.25±7.20^g	5.21±4.67^g	16.47±10.81^g	6.46±3.20^g
本科	1 616	12.52±7.86^h	5.95±5.05^h	18.46±11.79^h	5.90±3.28^h
院校差异		$F=2.648$	$p=.032$	partial $\eta^2=.006$	
文科	311	12.85±8.09	5.69±5.02	18.50±11.98	5.63±3.18
理科	317	12.65±7.73	6.21±5.17	18.86±11.63	5.55±3.26^j
工科	379	11.14±7.06	5.42±4.71	16.58±10.64	6.56±3.13^i
农科	147	12.97±7.44	6.25±5.34	19.22±11.76	5.17±3.37
公安	232	12.42±8.19	5.91±5.33	18.33±12.23	6.27±3.31
医科	461	12.45±7.83	5.83±4.85	18.29±11.67	5.97±3.35
管理	125	11.86±8.16	5.65±4.83	17.51±12.14	6.31±3.25
专业差异		$F=1.624$	$p=.028$	partial $\eta^2=.005$	
师范	348	12.91±8.35^l	5.22±4.70^l	18.12±11.89	5.68±3.18^l
非师范	1 624	12.16±7.62^k	5.95±5.05^k	18.10±11.59	6.07±3.29^k
是否师范差异		$F=8.183$	$p=.000$	partial $\eta^2=.017$	

注：表中注释代表与其有显著差异的组别，a=男，b=女，c=一年级，d=二年级，e=三年级，f=四年级，g=本科，h=大专/高职，i=理科，j=工科，k=师范，l=非师范。

4.3.1.2 人际宽恕与冒犯事件相关变量

采用多因变量方差分析，对具体冒犯事件中被冒犯者人际宽恕水平进行冒犯事件相关变量（包括冒犯者性别、冒犯者类型、冒犯类型、道歉情况、第三方调解情况、冒犯时间、冒犯是否还在发生）上的差异检验。由于球形检验结果不满足方差齐性假设，采用 Pillai's Trace 检验的结果（蓝石，2014），除了是否有第三方调解，其余变量都存在显著差异，对冒犯者类型、冒犯类型、冒犯时间、道歉情况做多重比较，采用比较保守的 Scheffe 检验，具体结果见表 4-2。综合结果可以看出，对父母、兄弟姐妹和好朋友的回避水平相对更低，对父母、好朋友、恋人、兄弟姐妹和普通朋友的报复水平相对更低，对父母、兄弟姐妹、好朋友和恋人的人际侵犯总分相对更低；对口头伤害的回避水平相对更低，对背地和网络伤害的回避水平更高，对背地伤害的报复水平最高，对背地和网络伤害的人际侵犯动机水平相对更高，对背地伤害的单项宽恕水平最低；没道歉和道歉但不诚恳的回避、报复、人际侵犯动机没有差异，相对道歉且诚恳更高,单项宽恕水平更低;还在继续发生的伤害的回避、报复、人际侵犯动机更高,宽恕水平更低。从 partial η^2 看,冒犯者类型、是否道歉和伤害是否还在发生效应都相对其他事件相关变量和人口统计学变量较大,但从数值上看这些变量并不是影响具体冒犯事件中被冒犯者人际宽恕水平的重要变量。

表 4-2 对具体冒犯事件的人际宽恕水平得分冒犯事件特征检验(M±SD)

项目	人数	TRIM 回避	TRIM 报复	TRIM 总分	宽恕他人
男	815	12.14±7.95	5.91±5.01	18.05±11.85	5.83±3.32[b]
女	1 034	12.32±7.72	5.54±4.94	17.86±11.58	6.18±3.24[a]
冒犯者性别		$F=3.179$	$p=.013$	partial $\eta^2=.007$	
父母	203	7.49±7.16[df ghijk]	3.74±4.45[ghik]	11.22±11.15[df ghijk]	7.20±3.03[ghik]
恋人	357	12.84±8.09[ck]	5.05±4.85[ghik]	17.88±11.45[cik]	6.42±3.56[gik]
兄弟姐妹	47	9.32±7.33[ik]	5.47±4.78	14.79±11.74[ik]	6.38±2.91
好朋友	586	10.79±7.67[cghik]	4.77±4.46[ghik]	15.56±11.07[cghik]	6.52±3.03[gik]
老师	106	14.63±7.28[cf]	7.70±5.58[c df]	22.33±11.73[cf]	4.54±3.50[c df]
普通朋友	305	13.71±6.94[cf]	6.63±4.74[df k]	20.34±10.57[cfk]	5.81±3.04[cik]
陌生人	91	16.01±6.70[cef]	8.22±4.67[c df]	24.18±9.67[cdef]	4.09±3.28[c df h]
亲戚	52	14.31±6.29[c]	6.75±4.91	21.07±10.14[c]	5.48±2.92
其他	140	16.29±6.98[cdef]	8.74±5.52[c df h]	25.01±10.82[cdefh]	4.20±3.23[c df h]
未作答	27	12.70±6.85	6.96±4.87	19.67±10.59	4.85±2.28
冒犯者类型		$F=8.721$	$p=.000$	partial $\eta^2=.040$	
口头伤害	725	10.96±7.62[no]	5.16±4.51[n]	16.12±11.26[no]	6.52±3.15[n]
行为伤害	444	11.94±7.83[n]	5.88±5.13[np]	17.82±11.90[n]	5.89±3.27[n]
背地伤害	362	14.56±7.19[lmp]	7.19±5.01[lmp]	21.74±10.95[lmp]	5.07±3.16[lmp]
网络伤害	61	14.80±7.03[l]	6.87±5.3[p]	21.67±10.79[l]	5.49±3.00
其他伤害	248	12.06±8.27[n]	4.51±4.85[mno]	16.55±11.79[n]	6.27±3.48[n]
未作答	74	13.58±8.03	6.42±5.36	19.99±12.28	5.88±3.42
冒犯类型		$F=5.462$	$p=.000$	partial $\eta^2=.014$	
道歉但不诚恳	202	12.34±6.74[r]	6.28±4.67[r]	18.66±10.33[r]	5.63±2.76[r]
道歉且诚恳	495	9.20±7.45[qs]	4.09±4.27[qs]	13.29±10.77[qs]	7.42±2.82[qs]
没道歉	1 203	13.46±7.76[r]	6.30±5.15[r]	19.75±11.68[r]	5.49±3.36[r]
未作答	14	12.79±8.50	6.46±4.5	19.26±12.56	6.64±2.73
道歉情况		$F=13.459$	$p=.000$	partial $\eta^2=.027$	
有调解	489	12.46±7.44	6.05±4.93	18.51±11.31	5.88±3.12

续表 4-2

项目	人数	TRIM 回避	TRIM 报复	TRIM 总分	宽恕他人
没调解	1 407	12.15±7.92	5.61±4.98	17.77±11.76	6.05±3.32
未作答	18	12.00±7.33	5.89±4.93	17.89±11.60	6.27±3.14
调解情况		$F=0.542$	$p=.826$	partial $\eta^2=.001$	
一周以内	195	11.96±7.40	6.64±5.30	18.59±11.43	5.72±3.22
一周到一个月	212	11.84±7.11	5.88±4.65	17.72±10.96	6.08±2.98
一个月到三个月	139	11.20±8.20	5.25±4.98	16.44±12.11	6.31±3.00
三个月到半年	148	13.07±8.15	4.88±4.81	17.95±11.81	5.99±3.20
半年到一年	350	12.00±7.98	5.21±4.84	17.21±11.75	6.15±3.27
一年到两年	218	12.09±7.86	5.36±5.01	17.45±11.68	6.10±3.34
两年到三年	155	13.02±7.69	6.03±4.96	19.05±11.37	6.24±3.34
三年到五年	180	12.01±7.81	5.62±5.16	17.62±11.73	6.18±3.37
五年以上	185	13.26±7.80	6.50±4.91	19.74±11.56	5.42±3.67
未作答	134	12.27±8.01	6.28±5.00	18.55±12.24	5.85±3.17
时间差异		$F=1.938$	$p=.001$	partial $\eta^2=.009$	
是	229	15.06±7.46^v	7.62±5.56^v	22.66±11.43^v	4.45±3.19^v
否	1 670	11.84±7.78^u	5.45±4.83^u	17.28±11.54^u	6.23±3.23^u
是否还在发生		$F=16.905$	$p=.000$	partial $\eta^2=.034$	

注:表中注释代表与其有显著差异的组别,a=男,b=女,c=父母,d=恋人,e=兄弟姐妹,f=好朋友,g=老师,h=普通朋友,i=陌生人,j=亲戚,k=其他人,l=口头伤害,m=行为伤害,n=背地伤害,o=网络伤害,p=其他伤害,q=道歉但不诚恳,r=道歉且诚恳,s=没道歉,u=伤害还在发生,v=没有继续发生。

对伤害还在继续进行的冒犯事件具体描述(共144条)进行文本分析,具体方法见第4.2.2.2小节。依据词频排序取高频词制作词云图,字体越大,频率越高。从图4-1可知,语言、攻击、谣言、欺骗、分手、忽视等最多。

图 4-1 被试持续受到冒犯的事件描述前50高频词云

再对还在继续进行的具体冒犯事件的描述文本进行二元词组高频词分析,选取 bigram 频数大于2的词组制作词云图。从图 4-2 中可以看出,言语形式的伤害是最多的还在持续进行的冒犯事件。

对冒犯者是父母的具体冒犯事件的描述(共144条)进行文本分析,依据词频排序取高频词制作词云图,字体越大,频率越高。从图 4-3 可知,吵架最多。

图 4-2　被试持续受到冒犯的事件描述的二元词组词云　　　图 4-3　冒犯者为父母的事件描述前 50 高频词云

再对冒犯者为父母的具体冒犯事件的描述文本进行二元词组高频词分析,选取 bigram 频数大于2的词组制作词云图。从图 4-4 中可以看出,做事、考试、玩电脑等是有关的冒犯事件。

图 4-4　冒犯者为父母的事件描述的二元词组词云

4.3.1.3　人际宽恕与冒犯事件相关主观变量

在具体被冒犯事件中,被冒犯者感到的受伤害程度得分 6.49±2.53(分数越高,感受到的受伤害程度越高),感受到对方的非故意程度得分 5.01±3.04(分数越高,感受到的故意程度越低),感受到伤面子的程度得分 4.76±3.02(分数越高,感受到的伤面子的程度越高),冒犯事件发生时的愤怒情绪得分 6.74±2.76(分数越高,感受到的愤怒水平越高)。冒犯事件发生前,与冒犯者的人际关系亲密程度得分 6.45±2.73,事件发生后与冒犯者的关系亲密程度得分 4.49±3.08,事件前后关系水平的变化得分 －1.46±3.09,负数表明整体上关系变差。

其中49.5%关系变差,32.1%关系没变,17.2%关系变好。被冒犯者填写问卷时的愤怒水平得分3.45±3.07,愤怒水平的变化得分-3.27±3.18,负数表明整体愤怒水平降低。其中77.7%愤怒水平下降,16.2%愤怒水平不变,6.1%愤怒水平升高。

在控制了冒犯者的性别、关系类型、伤害类型和道歉情况以及被冒犯者的性别、年级、家庭排行、专业类型、院校类型以后,冒犯事件相关的主观变量及改变与宽恕水平的相关性如表4-3所示。结果显示：

a. 感知到受到伤害的严重程度与回避、报复和人际侵犯动机总分呈正相关,与宽恕他人呈负相关。

b. 他人伤害自己时的愤怒程度与回避、报复和人际侵犯动机总分呈正相关,与宽恕他人呈负相关。

c. 感知到自己的面子受伤害的程度与回避、报复和人际侵犯动机总分呈正相关,与宽恕他人呈负相关。

d. 感知到对方的非故意程度与回避、报复和人际侵犯动机总分呈负相关,与宽恕他人呈正相关。

e. 感知到对方的关系亲密程度与回避、报复和人际侵犯动机总分呈负相关,与宽恕他人呈正相关。

f. 感知到对方的关系亲密在事件发生后的改变程度与回避、报复和人际侵犯动机总分呈负相关,与宽恕他人呈正相关。即,感觉到关系变得更好了,回避、报复水平更低,宽恕他人的水平更高。

g. 感知到自己的愤怒水平在事件发生后的改变程度与回避、报复和人际侵犯动机总分呈正相关,与宽恕他人呈负相关。即,变得更愤怒,则回避、报复水平更高,宽恕他人的水平更低。

表4-3 人际宽恕与冒犯事件主观变量的相关性(r)

	伤害严重程度	愤怒程度	伤害面子程度	非故意程度	关系亲密度	关系改变	愤怒改变
TRIM 回避	.168**	.190**	.189**	-.275**	-.280**	-.356**	.179**
TRIM 报复	.105**	.191**	.241**	-.298**	-.264**	-.162**	.266**
TRIM 总分	.158**	.210**	.231**	-.313**	-.301**	-.309**	.235**
宽恕他人	-.159**	-.235**	-.183**	.329**	.302**	.243**	-.324**

注：* 在0.05水平上显著相关，** 在0.01水平上显著相关。

4.3.2 冒犯者角度

4.3.2.1 自我宽恕与人口统计学、专业变量

大学生被试对于具体冒犯他人事件宽恕自己(单题)得分5.54±2.63,采用单因变量方

差分析,对具体冒犯事件中冒犯者自我宽恕水平进行性别、家庭排行、年级、院校类型、专业类型和是否师范专业上的差异检验,结果见表4-4。性别和师范专业存在显著差异,女生高于男生,师范类高于非师范类。但是从partial η^2看,效应都相对较小,说明这些变量不是影响具体冒犯事件中冒犯者自我宽恕水平的重要变量。

表4-4 对具体冒犯他人事件的自我宽恕水平得分(M±SD)$n=1\,988$

项目	人数	宽恕自己	F	p	partial η^2
男	864	5.37±2.64			
女	1 124	5.67±2.61			
性别差异			6.333	.012	.003
独生子女	1 247	5.58±2.67			
非独—老大	375	5.60±2.55			
非独—老小	305	5.33±2.59			
非独—其他	61	5.46±2.34			
家中排行差异			.843	.470	.001
一年级	722	5.48±2.52			
二年级	508	5.63±2.60			
三年级	390	5.38±2.70			
四年级	368	5.72±2.80			
年级差异			1.409	.238	.002
大专/高职	359	5.34±2.50			
本科	1 629	5.59±2.65			
院校差异			2.646	.104	.001
文科	313	5.62±2.59			
理科	322	5.77±2.50			
工科	382	5.39±2.51			
农科	151	5.34±2.76			
公安	235	5.51±2.82			
医科	459	5.63±2.66			
管理	126	5.21±2.68			
专业差异			1.257	.274	.004
师范	353	5.82±2.55			
非师范	1 635	5.48±2.64			
是否师范差异			4.857	.028	002

4.3.2.2 自我宽恕与冒犯他人事件相关变量

采用单因变量方差分析,对具体冒犯他人事件中冒犯者自我宽恕水平进行冒犯事件相关变量(包括被冒犯者性别、被冒犯者类型、冒犯他人事件类型、道歉情况、冒犯时间、冒犯是否还在发生)上的差异检验,具体结果见表4-5。综合结果可以看出,具体情境中的自我宽恕水平在被冒犯者性别、冒犯是否还在继续发生、是否道歉上都不存在显著差异。当被冒犯对象是普通朋友时,自我宽恕水平最高;一周以内的自我宽恕水平显著高于五年以上。从partial η^2 看,即使是显著的变量,即被冒犯者类型、冒犯他人类型及时间都比较小,说明这些变量不是影响具体冒犯事件中冒犯者宽恕自我水平的重要变量。

表4-5 对具体冒犯他人事件的自我宽恕水平得分冒犯事件特征检验(M±SD)

项目	人数	宽恕自己	F	p	partial η^2
男	697	5.63±2.66			
女	1 224	5.53±2.59			
未作答	45	4.60±2.84			
被冒犯者性别			0.194	0.303	0.001
父母	577	5.19±2.49[bc]			
恋人	339	5.59±2.92			
兄弟姐妹	85	5.32±2.44			
好朋友	537	5.91±2.49[a]			
老师	22	5.05±3.02			
普通朋友	211	6.31±2.42[ad]			
陌生人	57	5.05±3.01[c]			
亲戚	36	4.47±2.41			
其他	82	4.79±2.81[c]			
未作答	20	4.80±2.55			
被冒犯者类型			5.530	0.000	0.025
口头伤害	1 084	5.66±2.58			
行为伤害	427	5.29±2.81			
背地伤害	115	4.97±2.39			
网络伤害	49	5.27±2.17			
其他伤害	223	5.86±2.62			
未作答	68	5.44±2.67			
冒犯他人类型			2.665	0.021	0.007

续表 4-5

项目	人数	宽恕自己	F	p	partial η^2
道歉了	1 157	5.58±2.57			
没道歉	802	5.49±2.72			
未作答	7	5.29±1.70			
道歉情况			0.071	0.931	0.000
一周以内	193	6.02±2.65[f]			
一周到一个月	193	5.86±2.60			
一个月到三个月	155	5.38±2.27			
三个月到半年	120	5.72±2.66			
半年到一年	387	5.69±2.65			
一年到两年	251	5.53±2.54			
两年到三年	172	5.54±2.88			
三年到五年	173	5.19±2.55			
五年以上	187	4.88±2.75[e]			
未作答	135	5.40±2.49			
时间差异			1.946	0.042	0.009
是	134	5.32±2.99			
否	1 807	5.57±2.60			
未作答	25	4.88±2.24			
是否还在发生			0.535	0.586	0.001

注：表中注释代表与其有显著差异的组别，a=父母，b=好朋友，c=普通朋友，d=其他人，e=一周以内，f=五年以上。

对伤害还在继续进行的冒犯他人事件具体描述（共 82 条）进行文本分析，具体方法见第 4.2.2.2 小节。依据词频排序取高频词制作词云图，字体越大，频率越高。从图 4-5 可知，伤害、发火、分手、欺骗、语言、隐瞒等最多。

再对还在继续进行的具体冒犯事件的描述文本进行二元词组高频词分析，选取 bigram 频数大于 2 的词组制作词云图。从图 4-6 中可以看出，言语形式的伤害是最多的还在持续进行的冒犯他人事件。

图 4-5 被试持续冒犯他人的事件描述前 50 高频词云

图 4-6 被试冒犯他人的事件描述的二元词组词云

对被冒犯者是父母的具体冒犯事件的描述(共 442 条)进行文本分析,依据词频排序取高频词制作词云图,字体越大,频率越高。从图 4-7 可知,吵架、伤害、发脾气、叛逆、顶嘴、任性、不耐烦、不听话等被最多提及。

再对被冒犯者为父母的具体冒犯事件的描述文本进行二元词组高频词分析,选取 bigram 频数大于 2 的词组制作词云图。从图 4-8 中可以看出,语言伤害、发脾气、发生争吵、言语过激、挂电话、嫌烦、中考失利、态度不好等是有关的冒犯事件。

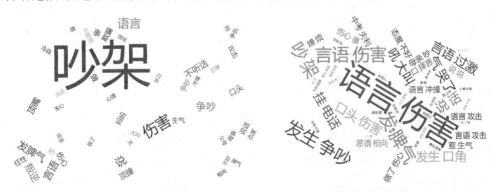

图 4-7 被冒犯者为父母的事件描述前 50 高频词云

图 4-8 被冒犯者为父母的事件描述的二元词组词云

4.3.2.3 自我宽恕与冒犯他人事件相关主观变量

在具体冒犯他人事件中,冒犯者感到对方受伤害程度得分 5.87±2.43(分数越高,感受到对方受伤害的程度越高),自我评估的非故意程度得分 6.81±2.84(分数越高,感受到故意的程度越低),冒犯他人事件发生时的内疚情绪得分 6.44±2.91(分数越高,感受到内疚的水平越高)。冒犯事件发生前,与受冒犯者的人际关系亲密程度得分 7.44±2.55,与受冒犯者的关系亲密程度得分 6.82±2.92,事件前后关系水平的变化得分-0.61±2.71,负数表明整体上关系变差。其中32.8%关系变差,43.4%关系没变,23.8%关系变好。填写问卷时内疚水平得分5.87±2.99,内疚水平的变化得分-0.58±2.95,负数表明整体内疚水平降低。其中46.6%内疚水平下降,28.7%内疚水平不变,24.7%内疚水平升高。

在控制了冒犯者的性别、关系类型、伤害类型和道歉情况以及被冒犯者的性别、年级、家庭排行、专业类型、院校类型以后,冒犯事件相关的主观变量及改变与自我宽恕水平的相关性如表4-6所示。结果显示:

a. 感知到的伤害对方的严重程度与宽恕自己呈负相关,即感觉对方受到的伤害越严重,越不宽恕自己。

b. 伤害行为的非故意程度与宽恕自己呈正相关,即故意水平越低,越可能宽恕自己。

c. 伤害事件发生时的内疚程度与宽恕自己呈负相关,即内疚水平越高,越不宽恕自己。

d. 宽恕自己与伤害事件发生前的关系亲密度呈正相关,即关系越亲密,越可能宽恕自己。

e. 宽恕自己与感知到对方对自己的原谅情况呈正相关,即感受到被原谅,越可能宽恕自己。

f. 内疚改变与宽恕自己呈负相关,即内疚水平越高,越不宽恕自己。

g. 关系改变与宽恕自己呈负相关,即关系变得越好,越不宽恕自己。

表4-6 宽恕自己与冒犯事件主观变量的相关性(r)

	伤害严重程度	非故意程度	内疚程度	关系亲密度	对方原谅情况	内疚改变	关系改变
宽恕自己	-.159**	.060*	-.266**	.057*	.145**	-.230**	-.090**

注:* 在0.05水平上显著相关,** 在0.01水平上显著相关。

4.3.2.4 寻求宽恕与冒犯他人事件相关变量

面对不同性别的被冒犯者,被冒犯者类型存在显著差异,$\chi^2=60.535, df=9, p=0.000$;被冒犯者性别不存在显著差异,$\chi^2=2.742, df=2, p=0.254$;冒犯他人类型存在显著差异,$\chi^2=6.050, df=5, p=0.301$;冒犯他人时间存在显著差异,$\chi^2=36.899, df=9, p=0.000$;是否还在继续冒犯他人存在显著差异,$\chi^2=19.965, df=2, p=0.000$(表4-7,图4-9至图4-11)。

表4-7 道歉情况差异($n=1\ 965$)

	变量水平	没道歉	百分比(%)	道歉了	百分比(%)	小计
被冒犯者关系类型	父母	250	43.48	325	56.52	575
	恋人	123	36.18	217	63.82	340
	兄弟姐妹	41	48.24	44	51.76	85
	好朋友	163	30.35	374	69.65	537
	老师	13	59.09	9	40.91	22

续表4-7

	变量水平	没道歉	百分比(%)	道歉了	百分比(%)	小计
被冒犯者关系类型	普通朋友	106	50.00	106	50.00	212
	陌生人	32	56.14	25	43.86	57
	亲戚	23	63.89	13	36.11	36
	其他	43	52.44	39	47.56	82
	未作答	10	52.63	9	47.37	19
被冒犯者性别	男	300	42.98	398	57.02	698
	女	484	39.54	740	60.46	1 224
	未作答	20	46.51	23	53.49	43
冒犯他人类型	口头伤害	426	39.30	658	60.70	1 084
	行为伤害	182	42.52	246	57.48	428
	背地伤害	42	37.50	70	62.50	112
	网络伤害	23	47.92	25	52.08	48
	其他	104	46.43	120	53.57	224
	未作答	27	39.13	42	60.87	69
冒犯他人时间	一周以内	90	46.39	104	53.61	194
	一周到一个月之间	76	39.38	117	60.62	193
	一个月到三个月	65	41.94	90	58.06	155
	三个月到半年	60	50.00	60	50.00	120
	半年到一年	132	34.20	254	65.80	386
	一年到两年	93	36.90	159	63.10	252
	两年到三年	58	33.72	114	66.28	172
	三年到五年	66	38.37	106	61.63	172
	五年以上	104	55.32	84	44.68	188
	未作答	60	45.11	73	54.89	133
冒犯事件是否继续	是	76	55.88	60	44.12	136
	不是	715	39.57	1 092	60.43	1807
	未作答	13	59.09	9	40.91	22

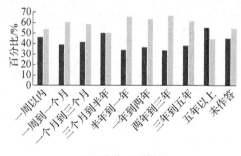

图4-9 寻求宽恕在冒犯事件发生时间上的差异

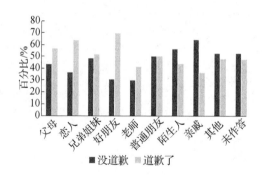

图4-10 寻求宽恕在被冒犯者类型上的差异

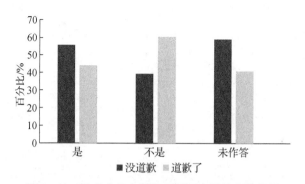

图4-11 寻求宽恕在冒犯是否还在继续上的差异

4.3.2.5 寻求宽恕与冒犯他人事件相关主观变量

道歉行为的人口统计学差异见表3-13。在控制了冒犯者的性别、关系类型、伤害类型和道歉情况以及被冒犯者的性别、年级、家庭排行、专业类型、院校类型以后,冒犯事件相关的主观变量与寻求宽恕的道歉行为的相关性如表4-8、表4-9所示。结果显示:

冒犯事件发生时:

a. 感知到的伤害对方的严重程度与道歉行为没有显著相关。

b. 伤害行为的非故意程度与道歉行为呈负相关,即故意水平越低,越不可能道歉。

c. 伤害事件发生时的内疚程度与道歉行为呈正相关,即内疚水平越高,越有可能道歉。

d. 伤害事件发生前关系的亲密程度与道歉行为呈正相关,即关系越好,越有可能道歉。

表4-8 寻求宽恕与冒犯事件发生时主观变量的相关性(r)

	伤害严重程度	非故意程度	内疚程度	关系亲密度
道歉行为	.029	−.182**	.260**	.153**

注:* 在0.05水平上显著相关,** 在0.01水平上显著相关。

冒犯事件发生后:

e. 感知到的对方原谅情况与道歉行为有显著正相关。

f. 内疚变化与道歉行为呈负相关,即道歉行为的发生与内疚感降低呈正相关。

g. 关系变化与道歉行为没有显著相关性,即道歉行为的发生与关系改变无关。

表 4-9 寻求宽恕与冒犯事件发生后主观变量的相关性(r)

	对方原谅情况	内疚变化	关系变化
道歉行为	.328**	-.183**	.029

注:* 在 0.05 水平上显著相关,** 在 0.01 水平上显著相关。

4.3.3 个体宽恕态度和特质与人口统计学、专业变量

被试人际宽恕态度得分 31.96±5.41,人际宽恕倾向得分 17.20±4.43,自我宽恕倾向得分 26.99±4.76,道歉倾向得分 52.54±9.08。采用多因变量方差分析,对与宽恕有关的态度和特质倾向进行性别、家庭排行、年级、院校类型、专业类型和是否师范专业上的差异检验。由于球形检验结果不满足方差齐性假设,采用 Pillai's Trace 检验的结果(蓝石,2014),性别、年级、院校类型、专业类型和是否师范专业上都存在显著差异,对年级和专业做多重比较,采用比较保守的 Scheffe 检验,具体结果见表 4-10。综合结果可以看出,女生的人际宽恕态度、自我宽恕倾向和道歉倾向相对男生更高;高年级相对低年级道歉倾向更低;大专/高职相对本科人际宽恕态度和人际宽恕倾向水平更高,道歉倾向更高;师范类专业人际宽恕态度水平更高,非师范类道歉倾向更低。

表 4-10 宽恕相关态度和倾向得分($M±SD$)$n=2\,031$

项目	人数	人际宽恕态度	人际宽恕倾向	自我宽恕倾向	道歉倾向
男	890	31.10±5.66[b]	17.18±4.27	26.69±4.69[b]	40.91±9.16[b]
女	1 141	32.63±5.11[a]	17.21±4.56	27.23±4.81[a]	43.81±8.81[a]
性别差异		$F=19.927$	$p=.000$	partial $\eta^2=.038$	
独生子女	1 271	31.92±5.37	17.10±4.52	27.12±4.81	42.41±9.09
非独一老大	383	32.33±5.48	17.17±4.37	27.05±4.63	42.84±8.93
非独一老小	316	31.58±5.47	17.39±4.14	26.42±4.72	42.51±9.20
非独一其他	61	32.39±5.50	18.39±4.45	26.98±4.85	42.46±9.21
家中排行差异		$F=1.510$	$p=.112$	partial $\eta^2=.003$	
一年级	734	32.67±5.34[def]	17.36±4.49	27.05±4.81	43.48±8.91[ef]
二年级	519	31.49±5.48[c]	16.98±4.33	26.59±4.84	42.82±8.56[f]
三年级	397	31.56±5.39[c]	17.22±4.50	27.18±4.78	41.90±9.25[c]
四年级	381	31.63±5.34[c]	17.19±4.40	27.23±4.56	41.01±9.66[cd]
年级差异		$F=3.761$	$p=.000$	partial $\eta^2=.007$	

续表 4-10

项目	人数	人际宽恕态度	人际宽恕倾向	自我宽恕倾向	道歉倾向
大专/高职	362	32.70±5.16^h	18.06±4.18^h	27.15±4.93	43.41±8.00^h
本科	1 669	31.80±5.45^g	17.01±4.47^g	26.96±4.73	42.35±9.29^g
院校差异		$F=5.066$	$p=.000$	partial $\eta^2=.010$	
文科	317	32.86±4.77^j	17.15±4.71	27.40±4.80	43.71±9.19
理科	328	31.56±5.84	16.77±4.45	26.66±4.68	42.44±9.12
工科	392	31.42±5.62	17.78±4.08	26.69±4.75	41.82±8.96
农科	151	31.05±5.89^i	17.69±4.18	26.88±4.50	41.50±9.06^k
公安	241	32.07±5.19	16.74±4.82	27.39±4.90	41.20±9.05
医科	473	32.00±5.44	17.27±4.36	26.93±4.72	42.37±9.08
管理	129	32.20±5.40	16.64±4.38	27.35±5.12	44.60±8.66^j
专业差异		$F=3.197$	$p=.000$	partial $\eta^2=.009$	
师范	356	33.49±5.06^m	17.03±4.80	27.31±4.97	44.08±9.18^m
非师范	1 675	31.63±5.43^l	17.23±4.35	26.70±4.72	42.21±9.02^l
是否师范差异		$F=12.551$	$p=.000$	partial $\eta^2=.024$	

注：表中注释代表与其有显著差异的组别，a=男，b=女，c=一年级，d=二年级，e=三年级，f=四年级，g=本科，h=大专/高职，i=文科，j=农科，k=管理，l=师范，m=非师范。

4.3.4 小结

4.3.4.1 假设检验结果

研究假设有一部分得到了完全验证，包括：H1-11、H1-12、H2-6、H2-11、H2-12、H2-14、H2-15；研究假设有一部分得到了部分验证，包括：H1-3、H1-5、H1-6、H1-7、H1-8、H1-9、H1-10、H2-7、H2-9、H2-16、H2-17、H2-18、H3-1、H3-3、H3-4、H3-5；其余的研究假设没有得到验证，包括：H1-1、H1-2、H1-4、H2-1、H2-2、H2-3、H2-4、H2-5、H2-8、H2-10、H2-13、H3-2。

从受冒犯者视角，在具体的被冒犯情境中：

H1-1：人际宽恕水平存在显著的性别差异，女生的宽恕水平高于男生；回避、报复和人际侵犯总分存在显著的性别差异，女生水平低于男生。该假设未得到验证。相反第 4.3.1.1 小节人口统计学差异检验中发现宽恕他人水平女生显著低于男生，回避和人际侵犯动机总分女生显著高于男生，报复水平不存在性别差异。

H1-2：人际宽恕水平存在显著的家庭排行差异，独生子女的宽恕水平低于非独生子女；回避、报复和人际侵犯总分存在显著的年级差异，独生子女高于非独生子女。该假设未得到验证。相反第 4.3.1.1 小节人口统计学差异检验中未发现存在独生子女和非独生子女在宽恕他人、回避、报复和人际侵犯总分方面的差异。

H1-3：人际宽恕水平存在显著的年级差异，低年级的宽恕水平高于高年级；回避、报复和人际侵犯总分存在显著的年级差异，低年级低于高年级。该假设得到部分验证。第 4.3.1.1 小节年级差异检验中发现在回避水平上一年级显著低于四年级，在宽恕他人水平上一年级显著高于二、三、四年级，其他方面不存在显著年级差异。

H1-4：人际宽恕水平存在显著的院校差异，本科院校宽恕水平高于非本科院校；回避、报复和人际侵犯总分存在显著的院校差异，本科院校低于非本科院校。该假设未得到验证。相反第 4.3.1.1 小节高校类型差异检验中发现宽恕他人水平本科院校显著低于非本科院校，回避、报复和人际侵犯动机总分本科院校显著高于非本科院校。

H1-5：人际宽恕水平存在显著的专业差异，与人际更相关的学科，如文科、管理、医科、公安、师范等专业的宽恕水平高于其他专业；回避、报复和人际侵犯总分存在显著的专业差异，与人际更相关的学科，如文科、管理、医科、公安、师范等专业低于其他专业。该假设得到部分验证。第 4.3.1.1 小节专业类型差异检验中发现在报复维度，师范专业显著低于非师范专业，但在回避维度，师范专业显著高于非师范专业，在宽恕他人水平上，工科显著高于理科，师范专业显著低于非师范专业。

H1-6：人际宽恕水平不存在冒犯者性别差异。该假设得到部分验证。第 4.3.1.2 小节冒犯事件相关变量差异检验中，虽然在回避、报复和人际侵犯总分上不存在冒犯者性别差异，但是在单项宽恕他人得分上，对女性宽恕水平显著高于对男性。

H1-7：人际宽恕水平存在冒犯者类型差异，对于父母、恋人、好朋友的回避、报复和人际侵犯动机更低、宽恕水平更高。该假设得到部分验证。第 4.3.1.2 小节冒犯事件相关变量差异检验中发现，对父母、恋人、好朋友在数值上是回避、报复和人际侵犯动机更低、宽恕水平更高的，但是从多重比较差异性检验上，有些差异并不显著。

H1-8：人际宽恕水平存在冒犯事件类型差异，对于当面口头伤害的回避、报复和人际侵犯动机更低、宽恕水平更高。该假设得到部分验证。第 4.3.1.2 小节冒犯事件相关变量差异检验中发现，当面口头伤害在数值上回避、报复和人际侵犯动机更低、宽恕水平更高，但是口头伤害在回避维度上显著低于背地和网络伤害，在报复维度上显著低于背地伤害，在人际侵犯动机总分上显著低于背地和网络伤害，在宽恕他人上显著高于背地伤害。从另一个角度来说，背地伤害的宽恕水平相对最低。

H1-9：人际宽恕水平存在冒犯事件时间特征差异，被回忆的冒犯事件越久远的回避、报复和人际侵犯动机更高、宽恕水平更低。还在持续的冒犯事件的回避、报复和人际侵犯动机更高、宽恕水平更低。该假设得到部分验证。从冒犯发生时间来看，第 4.3.1.2 小节冒犯事件相关变量差异检验中虽然发现存在主效应，但是多重比较并未发现各水平间的显著差异。从是否持续发生来看，持续发生的冒犯事件的回避、报复和人际侵犯动机更高、宽恕水平更低。文本分析还发现，持续发生的冒犯事件主要与言语冒犯有关。

H1-10：人际宽恕水平与对方是否道歉有关，对方道歉的事件的回避、报复和人际侵犯动机更低、宽恕水平更高;受到调解的回避、报复和人际侵犯动机更低、宽恕水平更高。该假设得到部分验证。第 4.3.1.2 小节冒犯事件相关变量差异检验发现,只有道歉并诚恳的回避、报复和人际侵犯动机显著低于没有道歉、宽恕水平显著高于没有道歉。是否有第三方调解与宽恕水平无关。

H1-11:在控制了双方人口统计学、专业等相关变量后,人际宽恕水平与感受到的受伤害的严重程度、伤面子的严重程度、愤怒情绪水平呈正相关,与感受到对方的非故意程度、事件发生前的关系亲密度呈正相关,回避、报复和人际侵犯总分则相反。该假设得到验证。见第 4.3.1.3 小节冒犯事件相关主观变量分析。

H1-12:在控制了双方人口统计学、专业等相关变量后,人际宽恕水平与事件前后的愤怒变化和关系变化相关,愤怒水平升高的程度与人际宽恕呈负相关,关系亲密度升高的程度与人际宽恕呈正相关,回避、报复和人际侵犯总分则相反。该假设得到验证。见第 4.3.1.3 小节冒犯事件相关主观变量分析。

从冒犯者视角,在具体的冒犯他人事件中:

H2-1:自我宽恕水平存在显著的性别差异,女生的宽恕水平低于男生。该假设未得到验证。相反第 4.3.2.1 小节自我宽恕的性别差异检验中发现,宽恕自己水平女生显著高于男生。

H2-2:自我宽恕水平存在显著的家庭排行差异,独生子女高于非独生子女。该假设未得到验证。第 4.3.2.1 小节自我宽恕的排行差异检验中发现,宽恕自己不存在显著家庭排行差异。

H2-3:自我宽恕水平存在显著的院校差异,本科院校高于非本科院校。该假设未得到验证。第 4.3.2.1 小节自我宽恕的院校类型差异检验中发现,宽恕自己不存在显著院校差异。

H2-4:自我宽恕水平存在显著的年级差异,高年级的宽恕水平高于低年级。该假设未得到验证。第 4.3.2.1 小节自我宽恕的年级差异检验中发现,宽恕自己不存在显著年级差异。

H2-5:自我宽恕水平存在显著的专业差异,与人际更相关的学科,如文科、管理、医科、公安、师范等专业的宽恕水平低于其他专业。该假设未得到验证。第 4.3.2.1 小节自我宽恕的专业差异检验中发现,宽恕自己不存在显著专业差异,相反师范专业宽恕自己的水平高于非师范专业。

H2-6:自我宽恕水平不存在被冒犯者性别差异。该假设得到完全验证。第 4.3.2.1 小节自我宽恕的被冒犯者性别差异检验中发现,对不同性别的被冒犯对象不存在宽恕自己上的显著差异。

H2-7:自我宽恕水平存在被冒犯者类型差异,对于父母、恋人、好朋友的自我宽恕水平更低。该假设得到部分验证。第 4.3.2.2 小节自我宽恕的被冒犯者类型差异检验中发现,对父母的宽恕自己水平显著低于好朋友和普通朋友,而对恋人的宽恕自己水平和其他类型被冒犯者不存在差异,对好朋友显著高于对父母,对普通朋友显著高于对陌生人。

H2-8:自我宽恕水平存在冒犯他人事件类型差异,对于当面口头伤害的宽恕自己水平更高。该假设未得到验证。第 4.3.2.2 小节自我宽恕的冒犯事件类型差异检验中虽然发现了主效应,但多重比较结果并不显著。

H2-9:自我宽恕水平存在冒犯事件时间特征差异,被回忆的冒犯他人事件越久远的自我宽恕水平更低。还在持续的冒犯他人事件的自我宽恕水平更高。该假设得到部分验证。第 4.3.2.2 小节自我宽恕的冒犯他人事件发生时间差异检验中,只有一周内的宽恕自己水平显著高于五年以上。宽恕自己水平在是否还在持续发生上不存在显著差异。

H2-10:自我宽恕水平与自己是否道歉有关,已经道歉的事件自我宽恕水平更高。该假设未得到验证。是否向对方道歉不存在宽恕自己水平上的差异。

H2-11:寻求宽恕不存在被冒犯者性别差异。该假设得到完全验证。见第 4.3.2.4 小节。

H2-12:寻求宽恕存在被冒犯者类型差异,对于父母、恋人、好朋友更多寻求宽恕。该假设得到完全验证。见第 4.3.2.4 小节。

H2-13:寻求宽恕存在冒犯他人事件类型差异,对于当面口头伤害更多寻求宽恕。该假设没有得到验证。第 4.3.2.4 小节发现寻求宽恕不存在冒犯他人事件类型上的差异。

H2-14:寻求宽恕存在冒犯事件时间特征差异,还在持续的冒犯他人的事件更少寻求宽恕。该假设得到完全验证,见第 4.3.2.4 小节。

H2-15:在控制了双方人口统计学、专业等相关变量后,自我宽恕水平与感受到的对方受伤害的程度、内疚情绪呈负相关,与非故意程度、事件发生前的关系亲密度、感受到的对方的原谅程度呈正相关。该假设得到验证。见第 4.3.2.5 小节自我宽恕与冒犯他人事件主观变量相关分析。

H2-16:在控制了双方人口统计学、专业等相关变量后,自我宽恕水平与事件前后的内疚变化和关系变化相关,内疚水平升高的程度与自我宽恕呈负相关,关系亲密度升高的程度与自我宽恕呈正相关。该假设得到部分验证。第 4.3.2.3 小节自我宽恕与冒犯他人事件主观变量相关分析中,内疚水平升高的程度和关系亲密度升高的程度都与宽恕自己呈负相关,即关系的缓解可能让人更加不能宽恕自己。

H2-17:在控制了双方人口统计学、专业等相关变量后,道歉行为与感受到的对方受伤害的程度、内疚情绪、非故意程度、事件发生前的关系亲密度呈正相关。该假设得到部分验证。第 4.3.2.5 小节寻求宽恕与冒犯他人事件发生时主观变量相关分析中,感到的对方受伤害的程度、内疚情绪事件发生前的关系亲密度与道歉行为呈正相关,但非故意程度与道歉行为呈负相关,即越是故意伤害他人的情况下,道歉行为更有可能发生。

H2-18:在控制了双方人口统计学、专业等相关变量后,道歉行为与感知到对方的原谅情况呈正相关,与内疚水平升高呈负相关,与关系亲密度升高的程度呈正相关。该假设得到部分验证。第 4.3.2.5 小节寻求宽恕与冒犯他人事件发生后主观变量相关分析中,道歉行为与感知到对方的原谅情况呈正相关,与内疚水平升高呈负相关,但是与关系亲密度升高不相关,即道歉行为可能与关系改善无关。

从宽恕态度和特质视角:

H3-1:在与宽恕有关的态度和特质上,存在显著的性别差异,女生的人际宽恕态度、人际宽恕倾向和道歉倾向显著高于男生,自我宽恕倾向显著低于男生。该假设得到部分验证。第4.3.3节中,女生的人际宽恕态度显著高于男生,人际宽恕倾向不存在性别差异,女生自我宽恕倾向和道歉倾向显著高于男生。

H3-2:在与宽恕有关的态度和特质上,存在显著的家庭排行差异,独生子女人际宽恕态度、人际宽恕倾向和道歉倾向显著低于非独生子女,自我宽恕倾向高于非独生子女。该假设未得到验证,见第4.3.3节。

H3-3:在与宽恕有关的态度和特质上,存在显著的院校差异,本科院校的人际宽恕态度、人际宽恕倾向和道歉倾向显著高于非本科院校,自我宽恕显著低于非本科院校。该假设得到部分验证。第4.3.3节中,本科院校的人际宽恕态度和人际宽恕倾向显著低于非本科院校,自我宽恕倾向不存在显著差异,道歉倾向显著低于非本科院校。

H3-4:在与宽恕有关的态度和特质上,存在显著的年级差异,高年级的人际宽恕态度、人际宽恕倾向、自我宽恕倾向和道歉倾向高于低年级。该假设得到部分验证。第4.3.3节中,一年级的人际宽恕态度显著高于二、三、四年级,一年级道歉倾向显著高于三、四年级,二年级显著高于四年级。

H3-5:在与宽恕有关的态度和特质上,存在显著的专业差异,与人际更相关的学科,如文科、管理、医科、公安、师范等专业的人际宽恕态度、人际宽恕倾向、自我宽恕和道歉倾向高于其他专业。该假设得到部分验证。第4.3.3节中,文科专业在人际宽恕态度上显著高于农科专业,农科专业在道歉倾向上显著低于管理专业,师范专业在人际宽恕态度上显著高于非师范专业,在道歉倾向上显著高于非师范专业。

4.3.4.2 分析与讨论

大学生回忆受到冒犯情境能感知到受伤害程度得分(6.49±2.53)略高于回忆冒犯他人情境时评估的对方受伤害程度得分(5.87±2.43)。

性别差异在情境性和特质性人际宽恕上存在矛盾。女生宽恕他人水平显著低于男生,回避和人际侵犯动机总分显著高于男生,而人际宽恕态度显著高于男生,人际宽恕倾向则不存在性别差异;但是在情境性和特质性自我宽恕上是一致的,女生宽恕自己水平显著高于男生,自我宽恕倾向也显著高于男生。

年级差异更多体现在一年级。在情境性宽恕方面,一年级宽恕他人水平显著高于二、三、四年级,回避水平显著低于四年级,道歉的比例更高;在特质性宽恕方面,一年级人际宽恕态度显著高于二、三、四年级,道歉倾向显著高于三、四年级。

专业差异主要体现在师范专业。在情境性宽恕方面,师范专业宽恕他人、报复水平显著低于非师范专业,回避水平显著高于非师范专业,师范专业宽恕自己的水平高于非师范专业;在特质性宽恕方面,师范专业在人际宽恕态度上显著高于非师范专业,在道歉倾向上显著高于非师范专业。有趣的是,本科院校学生在情境性和特质性人际宽恕以及道歉倾向上都显著低于非本科院校学生。

大学生对父母、恋人、好朋友以及女性的人际宽恕水平更高;对背地伤害和持续的伤害人际宽恕水平最低;只有诚恳的道歉人际宽恕水平显著高于没有道歉;第三方调解与人际宽恕水平无关。冒犯对象为父母时的宽恕自己水平相对较低;大学生作为冒犯者向恋人、好朋友和父母道歉的比例更高;大学生作为冒犯者对持续冒犯他人的事件更少寻求宽恕。

事件发生时的情绪、关系亲密度、主观感受和意图与情境性宽恕都具有相关性。事件发生后的情绪变化与情境性宽恕有关,关系变化则只与情境性人际和自我宽恕有关。其中值得注意的是,关系亲密度升高的程度与宽恕自己呈负相关,换句话说,关系的缓解与不能宽恕自己相关;另外道歉行为与关系改善无关。这说明,当作为冒犯者时,自我宽恕和寻求宽恕与人际关系改善之间具有相对复杂的关系(表4-11)。

表4-11 不同情境大学生宽恕心理特点和差异

		受冒犯情境	冒犯他人情境		作为特质的宽恕
		人际宽恕	自我宽恕	寻求宽恕	
人口统计学变量	性别差异	女生宽恕他人水平显著低于男生 回避和人际侵犯动机总分女生显著高于男生	女生宽恕自己水平显著高于男生	无显著差异	女生的人际宽恕态度、自我宽恕倾向和道歉倾向显著高于男生 人际宽恕倾向不存在性别差异
	家庭排行差异	无显著差异	无显著差异	无显著差异	无显著差异
	年级差异	宽恕他人水平一年级显著高于二、三、四年级 回避水平一年级显著低于四年级	无显著差异	一年级在冒犯他人后道歉的比例相对更高	一年级的人际宽恕态度显著高于二、三、四年级 一年级道歉倾向显著高于三、四年级,二年级显著高于四年级 人际宽恕倾向和自我宽恕倾向不存在年级差异
	院校差异	宽恕他人水平本科院校显著低于非本科院校 回避、报复和人际侵犯动机总分本科院校显著高于非本科院校	无显著差异	无显著差异	本科院校的人际宽恕态度、人际宽恕倾向和道歉倾向显著低于非本科院校 自我宽恕倾向不存在显著院校差异
	专业差异	工科专业宽恕他人水平显著高于理科专业 师范专业宽恕他人、报复水平显著低于非师范专业,回避水平显著高于非师范专业	师范专业宽恕自己水平高于非师范专业	无显著差异	文科专业在人际宽恕态度上显著高于农科专业,农科专业在道歉倾向上显著低于管理专业,师范专业在人际宽恕态度上显著高于非师范专业,在道歉倾向上显著高于非师范专业

续表 4-11

		受冒犯情境	冒犯他人情境		作为特质的宽恕
		人际宽恕	自我宽恕	寻求宽恕	
具体事件相关客观变量	对象	对女性冒犯者的宽恕他人水平显著高于对男性冒犯者 对父母、恋人、好朋友的回避、报复和人际侵犯动机更低、宽恕他人水平更高	冒犯对象为父母时的宽恕自己水平显著低于好朋友和普通朋友	寻求宽恕不存在被冒犯者性别差异 向恋人、好朋友和父母道歉的比例更高	
	类型	背地伤害的回避、报复和人际侵犯动机更高、宽恕他人水平相对最低	无显著差异	无显著差异	
	时间	持续发生的冒犯事件回避、报复和人际侵犯动机更高、宽恕他人水平更低 持续发生的冒犯事件主要与言语冒犯有关	对一周内的伤害他人事件宽恕自己水平显著高于五年以上	持续冒犯他人的事件更少寻求宽恕	
	道歉	对道歉并诚恳的人际宽恕水平显著高于没有道歉的 是否有第三方调解与宽恕水平无关			
具体事件相关主观变量	事中变量	人际宽恕水平与感到的受伤害的严重程度、伤面子的严重程度、愤怒情绪水平呈正相关，与感受到对方的非故意程度、事件发生前的关系亲密度呈正相关	自我宽恕水平与感受到的对方受伤害的程度、内疚情绪呈负相关，与非故意程度、事件发生前的关系亲密度、感受到的对方的原谅程度呈正相关	道歉行为与感受到的对方受伤害的程度、内疚情绪、事件发生前的关系亲密度呈正相关，越是故意伤害他人的情况下，道歉行为更有可能发生	
	事后变量	愤怒水平升高的程度与人际宽恕呈负相关，关系亲密度升高的程度与人际宽恕呈正相关	内疚水平升高的程度和关系亲密度升高的程度都与宽恕自己呈负相关，即关系的缓解与更加不能宽恕自己相关	道歉行为与感知到对方的原谅情况呈正相关，与内疚水平升高呈负相关，但是与关系亲密度升高不相关，即道歉行为可能与关系改善无关	

4.4 大学生人际冲突和宽恕心理特点讨论

综合第3章和第4章对大学生人际冲突及相关宽恕心理现状的研究结果,可知人际冲突在大学生日常生活中十分常见(97.10%能回忆起作为受害者经历的事件,97.88%能回忆起作为冒犯者的事件),并且经常会带来受到伤害的感受,也能觉知他人受到过自己的伤害,虽然存在程度差异[受伤害程度得分(6.49±2.53),对方受伤害程度得分(5.87±2.43)]。好朋友、恋人和父母是大学生最重要的人际冲突对象,口头伤害是最突出的人际冲突形式。人际宽恕存在较多人口统计学差异,自我宽恕和寻求宽恕则相对比较稳定,详情见表4-11。

4.4.1 性别差异

在人际冲突和宽恕心理上性别差异体现在冲突对象、类型、道歉感知和人际以及自我宽恕心理上。从冲突的主观视角,女生更多感知到与父母和好朋友的冲突;相比女生,男生更多感知到与异性和恋人的冲突,男生发动更多的持续性冲突。女生感知到更多背后伤害,发动更多口头伤害;男生感知更多口头和行动伤害,发动更多行动伤害。相比男生,女生感知得到更少的道歉而感知得到更多的原谅。作为冲突中被感知的客体,女性冒犯者被感知到的道歉更少,但对女性冒犯者的人际宽恕水平更高。在报告的具体伤害事件中,女生宽恕他人水平显著低于男生,回避和人际侵犯动机总分显著高于男生;但是女生的人际宽恕态度显著高于男生,人际宽恕倾向则不存在性别差异;女生情境性和特质性自我宽恕显著高于男生。在寻求宽恕方面,不存在性别差异。

关于人际宽恕的性别差异国内外的研究存在不一致的结论(见第2.4.1.1小节)。本研究主要在具体情境中将人际宽恕细化为情境性和特质性两种,这样对不同性别个体的宽恕心理特点的理解更加全面。从本研究的结果可以做以下推论尝试:从对待人际宽恕的态度上,大学女生是更加认可的,这应和社会对男女两性的性别角色塑造的差异有关,但在特质性人际宽恕上并不存在性别差异;在具体的人际伤害事件中,由于女性感受到的冲突事件特点不同,包括感受到的背后伤害更多(对于背后伤害宽恕水平更低)、道歉更少,情境性的宽恕水平更低,回避和人际侵犯动机水平更高。这样的性别差异提示我们在心理教育和干预过程中,需要关注女性对人际冲突的主观感受过程中的差异。

对于自我宽恕本研究的结论和国内已有对大学生的研究结论不一致(马旭颖,2013;王琼,2014;胡雯 等,2018)。他们采用的都是自编量表,在定义和构念方面与本研究存在较大差异,因此结论不具有可比性。本研究遵循具体情境中将自我宽恕细化为情境性和特质性的思路,同样做以下推论尝试:本研究中大学女生特质性自我宽恕是显著高于男生的,在具体的冒犯他人情境中,女生比男生更多觉得对方已经原谅了自己,因此女生的情境性自我宽恕水平也高于男生。本研究结果与国外相关元研究结果一致(Miller, et al., 2008)。

研究者面对关于性别与宽恕之间的复杂和不确定关系,提出性别可能不存在单独的主效应(Riek & Mania,2012),而是存在很多中介和调节变量,比如年龄、共情水平等(Swickert, et al.,2016)。本研究持同样的观点,并且认为其中对冒犯事件的具体感知的差异是情境性宽恕的性别差异的主要来源之一,而特质性宽恕的差异可能与其他人格因素关系更加紧密。

总之,本研究提示需要关注大学女生与父母和好朋友的关系,以及人际宽恕心理,特别是在具体冒犯事件中的主观感受;对于大学男生则需要关注他们与异性和恋人的关系,以及他们作为冒犯者时发动持续性人际冲突的倾向和自我宽恕水平较低的特点。

4.4.2 年级差异

研究结果进一步提示入学第一年的重要性。入学第一年是大学生回忆人际冲突事件最多的时间段,因为无论是被冒犯者还是冒犯者,一年级对半年到一年、二年级对一年到两年发生的事件多是相对回忆最多的人际冲突事件。

大学一年级和四年级的学生是在人际宽恕和寻求宽恕心理上具有较鲜明特点的年级。一年级宽恕他人水平显著高于二、三、四年级,回避水平显著低于四年级,道歉的比例更高,一年级人际宽恕态度显著高于二、三、四年级,道歉倾向显著高于三、四年级。本研究发现的大学生人际宽恕的这种年级差异在其他研究中也有类似的发现(王琴琴,2012;袁殷红,2013)。四年级大学生无论是作为冒犯者还是被冒犯者,持续的、固定对象的冲突相对其他年级更多。作为冒犯者,相对高年级,低年级报告更多对父母的伤害;相对低年级,高年级则报告更多对恋人的伤害。年级越高,回忆自己得到了原谅的比例越低。

本研究中没有发现自我宽恕上的年级差异,这与有的研究相似(胡雯,等,2018),但与有的研究结果不同(马旭颖,2013;王琼,2014)。由于各研究者采用的自我宽恕的工具和概念建构有所不同,而且相关研究也不太丰富,因此不作进一步分析。

综上,大学一年级是进行人际交往技巧、人际冲突处理和宽恕心理教育的关键期,这个时期整体的宽恕水平较高,但学生们也面临更多的会对他们大学四年都影响深刻的人际冲突事件。因此,做好预防性心理教育是可以事半功倍的。

而对于高年级,特别是四年级,是宽恕心理干预的重点时期,这一时期的学业、就业压力最大,还合并了与恋人之前亲密关系的压力,而面临人际冲突更加复杂的情境,表现在与固定对象的持续冲突增加、背后伤害和网络伤害比例更高。因此,人际宽恕水平、道歉行为和道歉倾向相对低是对这种复杂情境的一种现实反映,需要更多有针对性的干预,比如亲密关系宽恕心理干预、压力管理等。

4.4.3 家庭排行与专业差异

本研究并未发现家庭排行在人际冲突和宽恕心理上的明显特殊性,只是在作为冒犯者时,独生子女回忆自己冒犯父母的比例最高,非独生子女排行老大的回忆自己冒犯好朋友的比例最高,非独生子女排行老小的回忆自己冒犯恋人的比例最高。在人际宽恕、自我宽恕和寻求宽恕三方面都不存在显著的家庭排行差异。这与国内关于大学生自我宽恕的几个研究的结果是一致的(胡雯 等,2018;马旭颖,2013),这或许可以说明在自我宽恕方面确实不存在家庭排行差异。但是人际宽恕方面的结论还是不太一致(王琴琴,2012;袁殷红,2013)。

本研究发现了人际冲突情况上的一些专业差异,推测性别是其中重要的调节变量,具体的分析请看第4.3.1.3小节的分析与讨论,在此不再赘述。总的来说,女生相对较多的专业如文科、管理等体现出了更多女生在人际冲突中的特点,男生相对较多的专业如农科、工科等体现出了更多男生的特点。在宽恕心理上,本研究发现专业差异主要体现在师范专业,虽然在性别比例上师范专业女生占了非常高的比例(88.5%),但体现出的特点不都是女生的特点(比如人际宽恕态度水平更高、宽恕他人水平较低、自我宽恕水平较高等),还有一些女生没有的特点(比如回避水平更低、道歉倾向更高)。这可能与"师范"专业特殊的未来职业属性和要求有关,教师职业需要更少的回避人际关系冲突和更多的寻求宽恕倾向,这样才能在教书育人这种密集人际交往的职业中面对可能的冲突迅速恢复人际关系。

4.4.4 人际视角差异与宽恕

当大学生采用不同视角看待人际冲突时,其感知上存在差异。作为受害者感知到的平均受伤害程度(6.49±2.53)高于作为冒犯者感知到的对方受伤害程度(5.87±2.43)。作为受害者,更在乎好朋友和恋人给自己带来的伤害;作为冒犯者,更在乎给父母和好朋友带来的伤害。作为受害者,感知来自女性冒犯者的道歉更少;但作为冒犯者,不存在道歉选择上的自我报告上的性别差异;62.02%报告没有得到道歉,58.40%报告已经向对方道歉等。

作为被冒犯者,人际宽恕与人际冲突情境和关系变量的关系似乎更简单。对父母、恋人、好朋友以及女性的人际宽恕水平更高;对背地伤害和持续的伤害人际宽恕水平最低;只有诚恳的道歉人际宽恕水平显著高于没有道歉;第三方调解与人际宽恕水平无关。而作为冒犯者,自我宽恕和寻求宽恕与人际冲突情境和关系变量的关系则更复杂。更愿意向恋人、好朋友和父母寻求宽恕、道歉比例更高;冒犯对象为父母时的宽恕自己水平相对较低;关系亲密度升高的程度与宽恕自己呈负相关,换句话说,关系的缓解与不能宽恕自己相关,但是道歉行为与关系改善无关。

4.4.5 文本分析

本研究对问卷的文字内容采用了词袋子模型中文分词文本分析,得到了一些有益、有趣的补充性结果。

从被冒犯视角看,在冒犯者类型上,分析被试填写的122条"其他冒犯者",得到词频最多的是同学,与之类似的还有舍友、室友、同桌、学姐等。这表明部分大学生被试把"同学"

"舍友""室友"等指代身份的同伴作为区别于普通朋友的人际交往对象；在冒犯类型上，分析被试填写的201条"其他冒犯类型"，得到词频最多的是伤害、心理、欺骗、冷漠、不理我、感情、间接、暴力等，进一步二元分词抽取有意义的词组，发现心理伤害、冷暴力以及口头伤害是被试提出的其他冒犯类型的主要伤害类型；对具体冒犯事件的描述文本1 286条进行分析，得到最高词频为欺骗、分手、吵架、背叛，再抽取有意义词组，发现言语形式的伤害是最多的，其次是说坏话、冷暴力等；对32条"其他第三方调解人"类型进行分析，发现高频词有律师、法官、警察、领导等。

从冒犯者视角看，在被冒犯者类型上，分析77条对其他被冒犯者的描述，和被冒犯者视角一样，同学是重要的其他类型；在冒犯他人类型上，分析179条"其他冒犯类型"，得到词频最多的是伤害、冷战、不理他、无意、电话、拒绝、心理等；进一步二元分词抽取有意义的词组，发现同被冒犯者视角的"其他冒犯事件"类似的文本分析结果，心理伤害、口头伤害是被试采用最多的其他冒犯方式；对具体冒犯他人事件的描述文本1 385条进行分析，得到最高词频为拒绝、欺骗、发脾、不听话、叛逆、误会、冷战、顶嘴、不耐烦等，再抽取有意义词组，发现语言伤害、口头伤害是最多的，其次是开玩笑、提出分手、吵架、意见不合等。

5 大学生宽恕心理与心理健康

5.1 研究目的、内容及假设

本章考察大学生在具体伤害事件中分别作为受冒犯者和冒犯者的宽恕心理在控制了人口统计学变量后与相关心理健康指标,包括总体幸福感、生活满意度、抑郁、焦虑、积极情绪和消极情绪之间的关系。并且,探索了有中国文化特色的思维方式和人际关系处理方式有关宽恕心理特点与心理健康之间的关系。

相关研究假设如下:

H1:在受到他人伤害的具体伤害情境中,人际宽恕水平与总体幸福感、生活满意度和积极情绪呈正相关,与焦虑、抑郁和消极情绪呈负相关,回避、报复和人际侵犯动机总分则相反。

H2:在伤害他人的具体伤害情境中,自我宽恕水平与总体幸福感、生活满意度和积极情绪呈正相关,与焦虑、抑郁和消极情绪呈负相关。

H3:与宽恕有关的态度和特质,包括人际宽恕态度、人际宽恕倾向、道歉倾向、自我宽恕倾向与总体幸福感、生活满意度和积极情绪呈正相关,与焦虑、抑郁和消极情绪呈负相关。

依据有中国文化特色的思维方式和人际关系处理方式,包括"知行合一""宽以待人、严于律己"、辩证思维等,将宽恕有关的心理变量以个体为单位组合,考察其组合方式与心理健康的关系,三种宽恕变量组合包括:(1)人际宽恕态度与人际宽恕状态的"知行合一"组合。该组合考察个体在具体冲突情境中的状态性人际宽恕即"行"与其对人际宽恕态度即"知"的一致性。(2)人际宽恕与自我宽恕的"内外和谐"组合。该组合考察个体人际宽恕特质即对"外"和自我宽恕特质即对"内"的和谐性。(3)自我宽恕与寻求宽恕的"群己辩证"组合。该组合考察个体自我宽恕特质即对"己"与其寻求宽恕特质即对"群"的辩证性,既能自我宽恕又勇于寻求宽恕的个体更辩证(用联系的、发展的、全面的和矛盾的眼光看待事物)。依据每种变量组合的两个变量的高、中、低三个水平分别将被试分为"高高""高中""高低""中高""中中""中低""低高""低中"和"低低"九种组合。

相关研究假设如下：

H4：人际宽恕特质与人际宽恕状态为"高高""中中"和"低低"三种"知行"一致性高的组合的个体，总体幸福感、生活满意度和积极情绪更高，焦虑、抑郁和消极情绪更低。"高低"和"低高"两种一致性低的组合的个体，总体幸福感、生活满意度和积极情绪更低，焦虑、抑郁和消极情绪更高。

H5：人际宽恕特质与自我宽恕特质为"高高"的"内外"最和谐的组合的个体，总体幸福感、生活满意度和积极情绪更高，焦虑、抑郁和消极情绪更低。"高低"和"低高"的"内外"不和谐的组合的个体，总体幸福感、生活满意度和积极情绪更低，焦虑、抑郁和消极情绪更高。

H6：自我宽恕特质与寻求宽恕特质"高高"的"群己"最辩证的组合的个体，总体幸福感、生活满意度和积极情绪更高，焦虑、抑郁和消极情绪更低。"高低""低高"和"低低"的"群己"不辩证的组合的个体，总体幸福感、生活满意度和积极情绪更低，焦虑、抑郁和消极情绪更高。

5.2 研究对象、程序及工具

5.2.1 研究对象

本章的研究部分采用与第3章和第4章的现状描述研究中相同的被试，数据采集也同时进行，即采用随机分层抽样与方便抽样相结合的方法，选取南京9所高校大学一至四年级学生为被试，共填发2 348份问卷，回收并剔除无效问卷（漏答或虚伪答题）后，获得有效样本量2 031份，有效率为86.50%。包含文、理、工、农、医、管、公安、师范等多种专业。

5.2.2 研究方法

5.2.2.1 问卷和量表

除了第3章和第4章现状描述研究中使用的问卷和量表外，还使用了以下问卷和量表：

抑郁和焦虑：症状自评量表(Self-reporting Inventory)，又名90项症状清单(SCL-90)。该量表共有90个项目，采用5点计分，共9个分量表，即躯体化、强迫症状、人际关系敏感、抑郁、焦虑、敌对、恐怖、偏执和精神病性，包含有较广泛的精神病症状学内容，从感觉、情感、思维、意识、行为直至生活习惯、人际关系、饮食睡眠等，均有涉及。本调查采用其中抑郁和焦虑分量表。在本研究中，抑郁分量表的Cronbach's α系数为0.92，焦虑分量表的Cronbach's α系数为0.90。

主观幸福感：采用单项目总体幸福感和生活满意度量表(0—10分，分别采用单项目直接询问被试总体幸福感和生活满意度，分数越高，幸福感和满意度越高)。

积极情绪和消极情绪：本调查采用《综合幸福问卷》中的正性情绪和负性情绪两个分量表。该问卷由苗元江编制(苗元江，2009)，包括9个维度，即生活满意、正性情绪、负性情绪、生命活力、健康关注、利他行为、自我价值、友好关系、人格成长。因调查问卷长度所限,本研究采用其中正性情绪维度和负性情绪维度,用来考察被试的主观情绪特点,每个维度的总分越高,代表相关的主观情绪越强。每个分量表包含6个项目,7级计分。被试在每个分量表6题上得分的总和即为分数。在本研究中,积极情绪分量表的Cronbach's α系数为0.73,消极情绪分量表的Cronbach's α系数为0.69。

5.2.2.2 数据分析与处理

采用EpiData 3.1录入数据,SPSS 22.0统计软件建立数据库,并对数据资料进行描述性、显著性、相关性以及回归分析。

5.3 结果统计及分析

5.3.1 宽恕心理与心理健康的相关性

总体幸福感平均为7.21±1.80,生活满意度平均为7.64±1.75,积极情绪总分为22.74±5.96,消极情绪总分为13.73±4.77,抑郁的因子总分为24.39±9.10,焦虑的因子总分为18.24±6.99。从总体上看,大学生对生活的满意度高于总体幸福感,并以积极情绪为主导。表5-1显示宽恕各变量在控制了性别、家中排行、年级、院校类型、专业类型和是否师范专业后与心理健康积极和消极两方面的各个变量存在不同程度的相关性。

从结果可以看出,除了具体冲突情境下宽恕自己的水平与积极情绪无关以外,无论是具体情境下的人际宽恕水平还是与宽恕有关的态度和心理倾向都与心理健康的积极维度和消极维度有关。总体上来说,宽恕水平与心理健康存在显著的正相关。

表5-1 宽恕心理与心理健康的相关性比较(r)

	总体幸福感	生活满意度	积极情绪	消极情绪	抑郁	焦虑
TRIM回避	-.119**	-.157**	-.059*	.124**	.177**	.151**
TRIM报复	-.178**	-.212**	-.056*	.205**	.243**	.220**
TRIM总分	-.155**	-.195**	-.064**	.170**	.222**	.195**
宽恕他人	.124**	.157**	.079**	-.066**	-.131**	-.104**
宽恕自己	.076**	.101**	.045	-.088**	-.095**	-.085**
人际宽恕态度	.203**	.234**	.196**	-.254**	-365**	-313**
人际宽恕倾向	.227**	.228**	.134**	-.258**	-.268**	-.262**
自我宽恕倾向	.217**	.214**	.129**	-.156**	-.221**	-.192**
道歉倾向	.164**	.207**	.054*	-.298**	-.313**	-.300**

注:* 在0.05水平上显著相关,** 在0.01水平上显著相关。

5.3.2 人际宽恕"知行合一"状况与心理健康的相关性

考察个体在具体冲突情境中的状态性人际宽恕即"行"与其对人际宽恕态度即"知"的一致性与心理健康的相关性。依据人际宽恕态度水平,采用27%和73%作为分界点,将被试分为人际宽恕态度高、人际宽恕态度中和人际宽恕态度低三组。再依据人际侵犯水平,同样采用27%和73%作为分界点,将被试分为人际宽恕状态高、人际宽恕状态中和人际宽恕状态低三组。最后依据两个变量三个水平将被试分为九组,具体见表5-2。

表5-2 人际宽恕态度与人际宽恕状态组合分组

人际宽恕态度	人际宽恕状态	组名	序号	人数
高	高	知行双高	1	165
高	中	知高行中	2	153
高	低	知高行低	3	83
中	高	知中行高	4	293
中	中	知中行中	5	453
中	低	知中行低	6	247
低	高	知低行高	7	85
低	中	知低行中	8	292
低	低	知行双低	9	194

采用方差分析比较不同组的心理健康水平,方差检验不齐,因此多重比较采用比较保守的Scheffe检验,具体数据和检验结果见表5-3和表5-4。从partial η^2可以看出,对于总体幸福感、生活满意度和积极情绪等积极变量,效应是中等偏小的,对于消极情绪、焦虑和抑郁等消极变量,效应是中等偏大的。知行双高的个体在心理健康的变量上显著优于知行双低的个体(图5-1)。

表5-3 人际宽恕"知行合一"各组心理健康积极变量差异

组别	总体幸福感		生活满意度		积极情绪	
	M	SD	M	SD	M	SD
知行双高	7.75[hi]	1.64	7.74[efhi]	1.48	24.78[ghi]	5.61
知高行中	7.71[hi]	1.59	7.54[hi]	1.59	23.95	5.82
知高行低	7.46	1.47	7.04	1.51	23.42	6.58
知中行高	7.53[hi]	1.76	7.53[hi]	1.62	22.99	6.27
知中行中	7.21[i]	1.54	7.11[ahi]	1.56	22.71	5.67
知中行低	7.27[i]	1.71	7.00[a]	1.80	22.51	5.88
知低行高	7.21	1.92	7.05	1.81	21.33[a]	5.95
知低行中	6.70[abd]	2.03	6.47[abde]	1.92	21.71[a]	5.86

续表 5-3

组别	总体幸福感		生活满意度		积极情绪	
	M	SD	M	SD	M	SD
知行双低	6.57[ab df]	2.07	6.42[abde]	1.99	21.91[a]	5.81
F	11.257		15.358		5.717	
p	0.000		0.000		0.000	
partial η^2	0.044		0.059		0.023	

注:表中注释代表与其有显著差异的组别,a=知行双高,b=知高行中,c=知高行低,d=知中行高,e=知中行中,f=知中行低,g=知低行高,h=知低行中,i= 知行双低。

表 5-4 人际宽恕"知行合一"各组心理健康消极变量差异

组别	消极情绪		抑郁		焦虑	
	M	SD	M	SD	M	SD
知行双高	12.43[hi]	3.85	20.84[fhi]	7.92	15.71[hi]	5.40
知高行中	13.08[hi]	3.92	22.5[hi]	7.78	16.38[hi]	5.78
知高行低	13.02[hi]	3.56	24.70[i]	8.10	18.51[i]	7.25
知中行高	12.40[hi]	3.66	21.16[fhi]	6.74	15.69[efhi]	4.80
知中行中	13.02[hi]	3.68	23.43[hi]	8.42	17.68[dhi]	6.53
知中行低	13.46[hi]	4.54	24.50[adhi]	8.93	18.25[dhi]	6.77
知低行高	12.76[hi]	4.21	24.19[i]	8.68	18.67[i]	7.60
知低行中	16.15[abcdefg]	5.97	28.22[abdef]	10.29	21.29[abdef]	8.15
知行双低	17.04[abcdefg]	6.27	30.17[abcdefg]	10.07	22.40[abcdefg]	7.96
F	30.693		28.170		27.109	
p	0.000		0.000		0.000	
partial η^2	0.111		0.103		0.100	

注:表中注释代表与其有显著差异的组别,a=知行双高,b=知高行中,c=知高行低,d=知中行高,e=知中行中,f=知中行低,g=知低行高,h=知低行中,i= 知行双低。

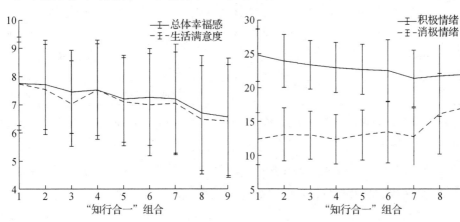

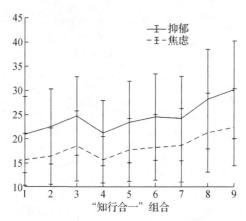

图 5-1 "知行合一"组合的心理健康差异

5.3.3 人际/自我宽恕"内外和谐"状况与心理健康的相关性

人际宽恕与自我宽恕的"内外和谐"组合考察个体人际宽恕特质即对"外"和自我宽恕特质即对"内"的和谐性与心理健康的相关性。依据人际宽恕倾向水平,采用27%和73%作为分界点,将被试分为人际宽恕倾向高、人际宽恕倾向中和人际宽恕倾向低三组。再依据自我宽恕倾向水平,同样采用27%和73%作为分界点,将被试分为自我宽恕倾向高、自我宽恕倾向中和自我宽恕倾向低三组。最后依据两个变量三个水平将被试分为九组,具体见表5-5。

表 5-5 人际宽恕与自我宽恕组合分组

人际宽恕倾向	自我宽恕倾向	组名	序号	人数
高	高	人己双高	1	208
高	中	人高己中	2	176
高	低	人高己低	3	75
中	高	人中己高	4	202
中	中	人中己中	5	420
中	低	人中己低	6	300
低	高	人低己高	7	128
低	中	人低己中	8	246
低	低	人己双低	9	270

采用方差分析比较不同组的心理健康水平,方差检验不齐,因此多重比较采用比较保守的Scheffe检验,具体数据和检验结果见表5-6和表5-7。从 partial η^2 可以看出,对于总体幸福感、生活满意度和积极情绪等积极变量,效应是中等偏小的,对于消极情绪、焦虑和抑郁等消极变量,效应是中等偏大的。人己双高的个体在心理健康的变量上显著优于人己双低的个体(图5-2)。

表 5-6 人际/自我宽恕倾向"内外和谐"各组心理健康积极变量差异

组别	总体幸福感		生活满意度		积极情绪	
	M	SD	M	SD	M	SD
人己双高	8.08[efghi]	1.58	7.9[efghi]	1.49	24.76[efhi]	5.69
人高己中	7.51[fi]	1.53	7.57[fhi]	1.55	23.42[i]	5.77
人高己低	7.55[i]	1.73	7.47[fi]	1.58	22.35	7.04
人中己高	7.78[fhi]	1.46	7.74[efhi]	1.48	23.94[i]	5.91
人中己中	7.21[ai]	1.58	7.05[adfi]	1.54	22.45[a]	5.97
人中己低	6.83[abd]	2.00	6.48[abcde]	1.93	22.13[a]	5.78
人低己高	7.03[a]	1.83	7.01[a]	1.69	24.08[i]	5.73
人低己中	6.97[ad]	1.74	6.88[abd]	1.71	21.75[a]	5.91
人己双低	6.61[abcde]	2.00	6.43[abcde]	1.93	21.18[abdg]	5.52
F	16.829		23.470		9.167	
p	0.000		0.000		0.000	
partial η^2	0.063		0.085		0.035	

注:表中注释代表与其有显著差异的组别,a=人己双高,b=人高己中,c=人高己低,d=人中己高,e=人中己中,f=人中己低,g=人低己高,h=人低己中,i=人己双低。

表 5-7 人际/自我宽恕倾向"内外和谐"各组心理健康消极变量差异

组别	消极情绪		抑郁		焦虑	
	M	SD	M	SD	M	SD
人己双高	11.70[efi]	3.30	19.14[cefhi]	6.39	14.77[efhi]	5.17
人高己中	12.65[fi]	3.60	22.32[fi]	7.47	16.85[fi]	6.06
人高己低	12.82[fi]	3.91	24.16[ai]	8.15	17.27[fi]	5.92
人中己高	12.11[efi]	3.57	19.79[efhi]	6.56	15.05[efhi]	4.97
人中己中	14.12[adf]	5.03	24.85[adfi]	8.73	18.66[adfi]	7.19
人中己低	16.16[abcdeg]	5.84	27.99[abdegh]	9.82	20.99[abcdegh]	7.61
人低己高	12.59[fi]	3.49	21.78[fi]	7.14	16.21[fi]	5.05
人低己中	13.39[fi]	4.57	24.60[adfi]	8.44	18.46[adfi]	6.70
人己双低	15.19[abcdgh]	5.04	29.13[abcdegh]	10.45	21.39[abcdegh]	7.91
F	25.288		37.492		29.686	
p	0.000		0.000		0.000	
partial η^2	0.091		0.129		0.105	

注:表中注释代表与其有显著差异的组别,a=人己双高,b=人高己中,c=人高己低,d=人中己高,e=人中己中,f=人中己低,g=人低己高,h=人低己中,i=人己双低。

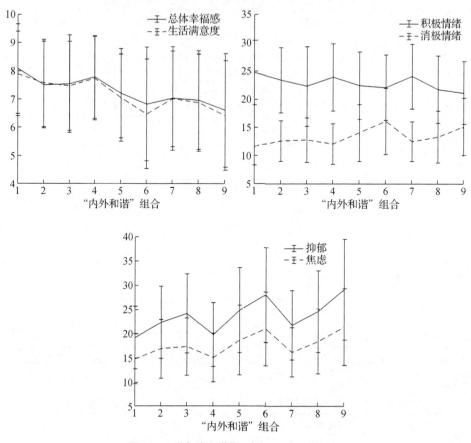

图 5-2 "内外和谐"组合的心理健康差异

5.3.4 自我/寻求宽恕"群己辩证"状况与心理健康的相关性

依据自我宽恕倾向水平,采用27%和73%作为分界点,将被试分为自我宽恕倾向高、自我宽恕倾向中和自我宽恕倾向低三组。再依据道歉倾向水平,同样采用27%和73%作为分界点,将被试分为道歉倾向高、道歉倾向中和道歉倾向低三组。最后依据两个变量三个水平将被试分为九组,具体见表5-8。

表5-8 自我宽恕与寻求宽恕组合分组

自我宽恕倾向	寻求宽恕倾向（道歉倾向）	组名	序号	人数
高	高	自寻双高	1	201
高	中	自高寻中	2	244
高	低	自高寻低	3	92
中	高	自中寻高	4	200

续表 5-8

自我宽恕倾向	寻求宽恕倾向（道歉倾向）	组名	序号	人数
中	中	自中寻中	5	390
中	低	自中寻低	6	251
低	高	自低寻高	7	122
低	中	自低寻中	8	267
低	低	自寻双低	9	255

采用方差分析比较不同组的心理健康水平，方差检验不齐，因此多重比较采用比较保守的 Scheffe 检验，具体数据和检验结果见表 5-9 和表 5-10。从 partial η^2 可以看出，对于总体幸福感、生活满意度和积极情绪等积极变量，效应是偏小或中等的，但对于消极情绪、焦虑和抑郁等消极变量，效应是偏大的。自我宽恕与寻求宽恕双高的个体在心理健康的变量上显著优于双低的个体(图 5-3)。

表 5-9 自我/寻求宽恕倾向"群己辩证"各组心理健康积极变量差异

组别	总体幸福感		生活满意度		积极情绪	
	M	SD	M	SD	M	SD
自寻双高	8.06[cefghi]	1.69	7.96[efghi]	1.55	24.45[eghi]	5.61
自高寻中	7.64[fhi]	1.51	7.57[fghi]	1.51	24.54[eghi]	5.41
自高寻低	7.16[a]	1.76	7.13	1.67	23.20	6.93
自中寻高	7.57[fhi]	1.55	7.61[fghi]	1.52	23.30	5.91
自中寻中	7.25[ai]	1.50	7.16[ai]	1.50	21.84[ab]	6.01
自中寻低	6.83[abd]	1.80	6.63[abd]	1.72	22.76	5.70
自低寻高	7.00[a]	2.23	6.72[abd]	2.16	21.72[ab]	6.53
自低寻中	6.86[abd]	1.78	6.68[abd]	1.76	21.72[ab]	5.78
自寻双低	6.69[abde]	2.07	6.38[abde]	1.96	21.83[ab]	5.60
F	14.789		22.189		8.750	
p	0.000		0.000		0.000	
partial η^2	0.056		0.081		0.034	

注：表中注释代表与其有显著差异的组别，a＝自寻双高，b＝自高寻中，c＝自高寻低，d＝自中寻高，e＝自中寻中，f＝自中寻低，g＝自低寻高，h＝自低寻中，i＝自寻双低。

表 5-10　自我/寻求宽恕倾向"群己辩证"各组心理健康消极变量差异

组别	消极情绪		抑郁		焦虑	
	M	SD	M	SD	M	SD
自寻双高	11.34[cfghi]	3.17	18.63[cefghi]	6.08	14.28[efghi]	4.59
自高寻中	12.07[fhi]	3.11	20.06[efghi]	6.39	15.23[fghi]	4.78
自高寻低	13.61[ai]	4.37	22.76[afi]	7.81	17.10[fi]	6.16
自中寻高	12.66[fi]	3.95	21.34[fghi]	7.12	16.07[fhi]	5.79
自中寻中	12.77[fhi]	3.69	23.21[abefhi]	7.32	17.26[afhi]	5.96
自中寻低	15.67[abdegi]	5.76	28.24[bacde]	9.57	21.46[abcdeg]	7.76
自低寻高	13.66[afi]	4.49	25.68[abdi]	10.09	18.55[abgi]	6.93
自低寻中	14.17[abei]	4.23	26.26[abdei]	8.54	19.59[abdei]	6.54
自寻双低	17.43[abcdefgh]	6.22	30.96[abcdegh]	10.72	22.96[abcdegh]	8.50
F	43.673		54.494		46.584	
p	0.000		0.000		0.000	
partial η^2	0.148		0.178		0.156	

注:表中注释代表与其有显著差异的组别,a=自寻双高,b=自高寻中,c=自高寻低,d=自中寻高,e=自中寻中,f=自中寻低,g=自低寻高,h=自低寻中,i=自寻双低。

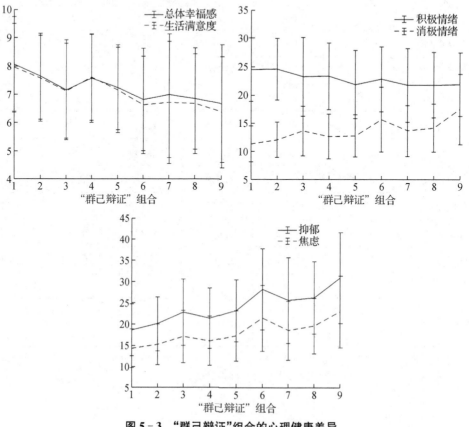

图 5-3　"群己辩证"组合的心理健康差异

5.3.5 小结

5.3.5.1 假设检验结果

研究假设有一部分得到完全验证,包括:H1、H3,有一部分得到部分验证,包括:H2、H4、H5、H6。

H1:在受到他人伤害的具体伤害情境中,人际宽恕水平与总体幸福感、生活满意度和积极情绪呈正相关,与焦虑、抑郁和消极情绪呈负相关,回避、报复和人际侵犯动机总分则相反。该假设得到验证。

H2:在伤害他人的具体伤害情境中,自我宽恕水平与总体幸福感、生活满意度和积极情绪呈正相关,与焦虑、抑郁和消极情绪呈负相关。该假设得到部分验证,宽恕自己与积极情绪不相关。

H3:与宽恕有关的态度和特质,包括人际宽恕态度、人际宽恕倾向、道歉倾向、自我宽恕倾向与总体幸福感、生活满意度和积极情绪呈正相关,与焦虑、抑郁和消极情绪呈负相关。该假设得到验证。

H4:人际宽恕态度与人际宽恕状态为"高高""中中"和"低低"三种"知行"一致性高的组合的个体,总体幸福感、生活满意度和积极情绪更高,焦虑、抑郁和消极情绪更低。"高低"和"低高"两种一致性低的组合的个体,总体幸福感、生活满意度和积极情绪更低,焦虑、抑郁和消极情绪更高。该假设得到部分验证。"高高"组的心理健康水平是最高的;"中中"组除了生活满意度显著低于"高高"组外,无其他差别;"低低"组虽然一致性高,但心理健康水平是最低的;"高低"组心理健康水平和"高高"组的心理健康水平是没有显著差异的;"低高"组除了积极情绪显著低于"高高"组外,无其他差别。

H5:人际宽恕特质与自我宽恕特质为"高高"的"内外"最和谐的组合的个体,总体幸福感、生活满意度和积极情绪更高,焦虑、抑郁和消极情绪更低。"高低"和"低高"的"内外"不和谐的组合的个体,总体幸福感、生活满意度和积极情绪更低,焦虑、抑郁和消极情绪更高。该假设得到部分验证。"高高"组的心理健康水平最高;"高低"组除了抑郁水平显著高于"高高"组外,其他心理健康水平和"高高"组的心理健康水平没有显著差异;"低高"组除了生活满意度和总体幸福感显著低于"高高"组外,无其他差别。

H6:自我宽恕特质与寻求宽恕特质"高高"的"群己"最辩证的组合的个体,总体幸福感、生活满意度和积极情绪更高,焦虑、抑郁和消极情绪更低。"高低""低高"和"低低"的"群己"不辩证的组合的个体,总体幸福感、生活满意度和积极情绪更低,焦虑、抑郁和消极情绪更高。该假设得到部分验证。"高高"组的心理健康水平最高;"高低"组总体幸福感显著低于"高高"组、消极情绪和抑郁水平显著高于"高高"组,其余心理健康水平没有显著差异;"低高"组总体幸福感、生活满意度和积极情绪显著低于"高高"组,消极情绪、抑郁和焦虑水平显著高于"高高"组;"低低"组总体幸福感、生活满意度和积极情绪显著低于"高高"组,消极情绪、抑郁和焦虑水平显著高于"高高"组,并且消极情绪、抑郁和焦虑水平还显著高于"高低"组和"低高"组。

5.3.5.2 分析与讨论

从变量角度出发,无论是情境性还是特质性宽恕基本都与心理健康的积极和消极指标相关;从个体角度出发,同时拥有双高水平的人际宽恕态度和人际宽恕状态组合("知行合一"组合)、人际宽恕特质和自我宽恕特质组合("内外和谐"组合)或自我宽恕特质和寻求宽恕特质组合("群己辩证"组合)的大学生,拥有相对最好的心理健康水平。从效应值上看,"群己辩证"组合在消极心理健康指标(消极情绪、抑郁和焦虑)上的效应值 partial η^2 都是大于 0.14 的高水平;"内外和谐"组合在心理健康大部分指标(除积极情绪外)、"知行合一"组合在所有心理健康消极指标(消极情绪、抑郁和焦虑)以及"群己辩证"组合在生活满意度上的效应值 partial η^2 都是大于 0.06 的中等水平。

具体分析人际宽恕态度和人际宽恕状态组合的"知行合一"。"知"和"行"一致性高的"高高""中中""低低"组中,前两种心理健康水平基本没有差异(除生活满意度外),"低低"组虽然一致性高,但心理健康水平是最低的。一致性低的"高低"和"低高"组心理健康水平和"高高"组相比基本没有差异(除"低高"组的积极情绪外)。因此,与其说对于人际宽恕"知"和"行"保持一致重要,不如说双方似乎有着互补的效果,只需要态度上对人际宽恕保持较开放的态度或行为上能做到一定程度的宽恕,都与较高水平的心理健康相关。

具体分析人际宽恕特质和自我宽恕特质的"内外和谐"组合。"高高"组即能同时对外(他人)对内(自己)都宽恕,保持和谐的个体心理健康水平最高;对外(他人)宽恕对内(自己)苛刻的"高低"组("宽以待人、严于律己")除了抑郁水平显著高于"高高"组外,其他心理健康水平和"高高"组没有显著差异;对外(他人)苛刻对内(自己)宽恕的"低高"组("严以待人、宽于律己")除了生活满意度和总体幸福感显著低于"高高"组外,无其他差别。因此,一方面对人对己存在一定程度的"双重标准"即不和谐,在一定程度上与心理健康有关,对外苛刻可能与心理健康的积极方面更加有关,对内苛刻可能与抑郁更加有关。另一方面,人际宽恕和自我宽恕也同样有着相补的效果,只要有一方是高水平的,整体的心理健康水平与同时都是高水平的组合的差异只在个别指标上。这与 Ermer 和 Proulx 的研究结果一致(Ermer & Proulx, 2016),他们发现高水平的自我宽恕使人际宽恕水平较低的女性免于更低水平的抑郁。

具体分析自我宽恕特质和寻求宽恕特质的"群己辩证"组合。"高高"组即能同时对自己宽恕又愿意主动寻求他人宽恕,保持较高辩证性的个体,心理健康水平最高;"高低"组即虽然能对自己宽恕但不愿主动寻求他人宽恕的个体,总体幸福感显著低于"高高"组、消极情绪和抑郁水平显著高于"高高"组;"低高"组即愿意主动寻求他人宽恕但难以宽恕自己的个体,总体幸福感、生活满意度和积极情绪显著低于"高高"组,消极情绪、抑郁和焦虑水平显著高于"高高"组;"低低"组即难以宽恕自己又不愿意主动寻求他人宽恕辩证性最低的个体,总体幸福感、生活满意度和积极情绪显著低于"高高"组,消极情绪、抑郁和焦虑水平显著高于"高高"组,并且消极情绪、抑郁和焦虑水平还显著高于"高低"组和"低高"组。因此,能用相对更加辩证的(联系的、发展的、全面的和矛盾的)观点对待自己犯过的错误,既能宽恕自己同时又能寻求他人宽恕,将自己与人际、群体联系起来,理解寻求他人宽恕看似需要承认错误、否定自己又同时宽恕自己之间的矛盾,用发展和全面的眼光看待自己和人际关系,这种"群己辩证"性是和心理健康非常相关的,一方失衡都会与心理健康水平产生较敏感的联动。

5.4 结论和建议

本章和上一章共同构成"冲突情境—宽恕心理—心理健康"的分析框架和逻辑脉络,在大学生日常人际冲突的背景下,分别从被冒犯者和冒犯者视角勾勒大学生人际冲突中宽恕心理的全貌,探索了宽恕心理与心理健康之间的关系。

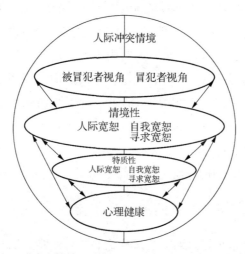

图5-4 "冲突情境—宽恕心理—心理健康"的分析框架图

5.4.1 宽恕与心理健康普遍相关

本研究发现针对具体人际冲突事件的情境性人际宽恕、自我宽恕以及寻求宽恕水平都与事件发生前、中和后相关的客观和主观变量密切相关,这样的结果与国内外相关研究结果基本一致。

本研究发现人际宽恕水平与事件发生前的关系亲密度呈正相关,与感受到的受伤害的严重程度、伤面子的严重程度、事件发生时的愤怒情绪水平、事件发生后愤怒水平升高的程度呈负相关,与感受到对方的非故意程度、关系亲密度升高的程度呈正相关。这些结果都与过往研究结果一致,很多研究证实主观感受伤害越严重,宽恕越困难(Fincham, et al., 2005; Riek & Mania, 2012),冒犯事件发生前冒犯者与被冒犯者关系的高亲密度促进了宽恕的发生(McCullough, et al., 1998; McCullough, et al., 1997; Tsang, et al., 2006; 王琴琴,2012)。愤怒是影响宽恕的重要因素之一已经成为研究者的共识(Fehr, et al., 2010; Riek & Mania, 2012)。

自我宽恕水平与感受到的对方受伤害的程度、内疚情绪呈负相关,与非故意程度、事件发生前的关系亲密度、感受到的对方的原谅程度呈正相关;内疚水平升高的程度和关系亲密度升高的程度都与宽恕自己呈负相关,即关系的缓解与更加不能宽恕自己相关。这些结果都与过往研究结果基本一致,自我宽恕与事件严重程度和内疚情绪显著相关(Griffin, et al., 2016)

道歉行为与感受到的对方受伤害的程度、内疚情绪、事件发生前的关系亲密度呈正相关,越是故意伤害他人的情况下,道歉行为更有可能发生。道歉行为与感知到对方的原谅情况呈正相关,与内疚水平升高呈负相关,但是与关系亲密度升高不相关,即道歉行为可能与关系改善无关。这些结果都与过往研究结果基本一致,冒犯者知觉到的冒犯严重程度以及感觉应该承担责任的程度会通过增加感知到的内疚影响寻求宽恕(Riek, et al., 2014)。

本研究发现无论是情境性的还是特质性的宽恕,无论是人际宽恕、自我宽恕还是寻求宽恕都与心理健康的积极和消极指标相关。这与国内外的相关研究结果一致。宽恕他人状态和特质都与较低的抑郁水平(Fehr, et al., 2010)和焦虑水平显著相关(Messay, et al., 2012),与积极心理健康指标存在正相关,与消极心理健康指标呈负相关(付伟 等,2016)。自我宽恕与较少的抑郁情绪(Toussaint, et al., 2008; Wohl, et al., 2008)、焦虑情绪(Maltby, et al., 2001)以及身心健康(Davis, et al., 2015)有关。道歉倾向与幸福感呈正相关(Howell, et al., 2011)。国内外研究普遍都证明了宽恕与心理健康的相关性。

5.4.2 宽恕与心理健康关系的中国文化特性

宽恕是具有丰富社会和文化内涵的心理构念,在传统儒家文化背景下,宽恕与人情、人和等中国人特有集体主义取向的人格特质相关(傅宏,2006)。本研究发现,具有中国文化特色的思维方式和人际关系处理方式也与宽恕心理有关,比如,中国人崇尚的孝道、"知行合一""宽以待人、严于律己"、辩证思维等。

父母的重要性可能体现"孝"文化的潜在影响。大学生无论是作为受冒犯者还是冒犯者,父母都是重要的对象之一,特别是对于女生、独生子女和一年级的学生。大学生对父母的人际宽恕水平更高。但当自己冒犯了父母,自我宽恕水平显著低于冒犯了好朋友和普通朋友。大学生向父母道歉的比例也比较高,这样体现出中国儒家"孝"文化对大学生人际关系冲突感知的影响。这在对被冒犯者视角的冒犯者类型为父母的冒犯事件描述的文本分析以及冒犯者视角的被冒犯者为父母的冒犯事件描述的文本分析中也能看出端倪。分析冒犯者是父母的具体冒犯事件的144条文本,最高词频是吵架、语言、言语、不想说、误会、打我、责备、学习、冷战、误解、辱骂、父亲等。提取有意义词组,高频词组有做事、考试考好、玩电脑、父母吵架等。分析被冒犯者是父母的具体冒犯事件的442条文本,最高词频是吵架、伤害、发脾气、叛逆、顶嘴、任性、不耐烦、不听话等。提取有意义词组,高频词组有语言伤害、发脾气、发生争吵、言语过激、挂电话、嫌烦、中考失利、态度不好等。大学生感受到的亲子间伤害事件主要来自父母对自己学业、做家务、玩电脑等方面的压力,以及与之相关而发生的争吵、打骂、误解等伤害,如果采用顶撞、发脾气等方式应对时又会觉得自己不听话、任性而内疚。

人际宽恕的"知""行"在心理健康上的互补性。本研究发现人际宽恕态度和人际宽恕状态组合的"知"和"行"一致性高的"高高""中中""低低"组中,"低低"组是心理健康水平最低的组合,而一致性低的"高低"和"低高"组的心理健康水平和"高高"组相比基本没有差异(除"低高"组的积极情绪外)。因此,"知"和"行"可能有着互补的效果,无论是认可宽恕的价值还是能够实际做到更宽恕,都与较高水平的心理健康相关。

宽恕特质上的"宽以待人、严于律己"与抑郁有关。本研究发现人际宽恕特质和自我宽恕特质组成的对外(他人)宽恕对内(自己)苛刻的"高低"组即"宽以待人、严于律己"组与心理健康水平最高的"内外和谐"的"高高"组主要存在抑郁水平上的显著差异;对外(他人)苛刻对内(自己)宽恕的"低高"组即"严以待人、宽于律己"则与生活满意度和总体幸福感的较低水平有关。因此,人际冲突中的"双重标准",在一定程度上与心理健康有关,对外过于苛刻可能与心理健康的积极方面更加有关,对内过于苛刻可能与抑郁更加有关。Ermer和Proulx的研究发现,高水平的自我宽恕使人际宽恕水平较低的女性免于更低水平的抑郁,也一定程度印证了本研究的结果(Ermer & Proulx, 2016)。

自我宽恕和寻求宽恕"群己辩证"思维的重要性。中国文化强调辩证地思考问题,即用联系的、发展的、全面的和矛盾的眼光看待事物。本研究认为,自我宽恕和寻求宽恕的辩证关系就是个体在两方面都能保持较高的水平,宽恕自己同时愿意寻求他人宽恕,将自己与人际、群体联系起来,理解寻求他人宽恕看似需要承认错误、否定自己又同时宽恕自己之间的矛盾。本研究的结果发现,"群己辩证"的"高高"组的个体心理健康水平最高;"高低"组(对自己宽恕但不愿主动寻求宽恕)的个体,总体幸福感显著低于"高高"组、消极情绪和抑郁水平显著高于"高高"组;"低高"组(不宽恕自己但愿意寻求宽恕)的个体,总体幸福感、生活满意度和积极情绪显著低于"高高"组,消极情绪、抑郁和焦虑水平显著高于"高高"组;"低低"组整体心理健康水平最低。从效应值上看,"群己辩证"性和心理健康相关性最高。

5.4.3 与宽恕教育和干预相关的讨论和建议

综上,一方面,当大学生分别采用受冒犯者和冒犯者视角看待人际冲突时,在人际感知和行为上存在明显的差异;另一方面,宽恕心理的各个方面(人际宽恕、自我宽恕和寻求宽恕)以及依据中国文化心理的宽恕心理组合模式都与心理健康的各个指标密切相关。因此，在宽恕干预和教育方案的设计中，整合多方视角同时以人际宽恕、自我宽恕和寻求宽恕提升为干预和教育目标，既能使参与者获得完整的人际视角、提高换位思考的动机和认知重建的能力，又能促进个体宽恕心理内在的多方互补、辩证均衡，发展出更融合的人际冲突内、外应对能力和更高的心理健康水平。

  宽恕干预和教育方案需要关注时间、对象和文化方面的内容。时间上，一年级和四年级分别是预防和干预的重要时期。一年级大学生整体的宽恕水平较高，但面临更多的会对他们大学四年都影响深刻的人际冲突事件。因此，做好预防性心理教育十分关键；四年级大学生学业、就业压力叠加人际压力(特别是亲密关系)，且面临人际冲突情境更加复杂，表现在与固定对象的持续冲突增加、背后伤害和网络伤害比例更高，而人际宽恕水平、道歉行为和道歉倾向相对更低，需要更多有针对性的心理干预，比如亲密关系中的宽恕心理干预、压力管理等。对象上，需更关注女生与父母和好朋友的关系，以及人际宽恕心理，特别是在具体冒犯事件中的主观感受；需更关注男生与异性和恋人的关系，以及他们作为冒犯者时发动持续性人际冲突的倾向和自我宽恕水平较低的特点；对于不同专业，主要考虑性别比例差异带来的影响。文化上，需关注大学生人际冲突中父母的重要性——背后"孝"文化的潜在影响，以及相关自我宽恕水平较低的特点。

6 大学生宽恕心理影响因素

6.1 研究目的及假设

本研究的目的是考察大学生宽恕心理个体和群体层面相关影响因素。采用分层回归和多层线性模型,探索宽恕多层次影响因素模型。

个体层面:确定个体四个层面的变量与宽恕(情境性的人际、自我和寻求宽恕)的关系,为设计宽恕干预和教育方案提供设计和操作依据。首先将个体层面的变量分成不可以或难以通过干预和教育改变的变量,包括人口统计学变量、人格变量、具体冲突事件相关变量,以及可以通过干预改变的变量,包括人际宽恕态度、情绪变化水平、人际关系变化水平、共情水平。通过建构多层回归模型,探索其中关键的影响因素,为干预和教育提供依据。

群体层面:探索宿舍和班级这两个群体层面是否有可能对大学生宽恕心理有影响,为多层面培育大学生宽恕心理提供理论依据。

6.1.1 大学生人际宽恕心理个体层面影响因素

根据研究综述和本研究结论,采用多层回归构建大学生人际宽恕心理个体层面影响因素模型,本研究中的因变量人际宽恕是针对具体冒犯事件的情境性的人际宽恕,即人际侵犯动机、回避、报复和宽恕他人。

该模型分四个层面,第一层为人口统计学变量,第二层为人格变量,第三层为冒犯事件发生时相关主客观变量,第四层为冒犯事件发生后可发生改变的变量,具体变量如下:

第一层:人口统计学相关变量(性别、家中排行、年级、院校类型、专业类型)。根据前面的研究(见第 4.3.1.1 小节,假设 H1-1、假设 H1-2、假设 H1-3、假设 H1-4、假设 H1-5),排除影响不显著的因素,纳入性别、年级、院校类型和是否师范专业。

第二层:被冒犯者人格特质变量(人际宽恕倾向、特质愤怒、大五人格)。

第三层:具体冒犯事件相关变量。

客观变量:冒犯者性别、冒犯者类型、冒犯事件类型、道歉情况、第三方调解情况、冒犯时间、冒犯是否还在发生。根据前面的研究(见第4.3.1.2小节,H1-6、H1-7、H1-8、H1-9、H1-10),排除影响不显著的因素,纳入冒犯者类型、冒犯事件类型、道歉情况和冒犯是否还在发生。

主观变量:冒犯严重程度、非故意程度、伤面子程度、事发时的愤怒水平、事发前关系亲密度。根据前面的研究(见第4.3.1.2小节,H1-11、H1-12)全部纳入。

第四层:关系改变、愤怒改变、人际宽恕态度、共情(同情关心、观点采摘)。

研究假设:

H1-1:人口统计学变量对个体具体情境中的人际宽恕水平影响较小。

H1-2:人格变量对个体具体情境中的人际宽恕水平影响较小。

H1-3:具体冒犯事件相关变量是个体人际宽恕水平的重要影响因素,特别是主观变量。

H1-4:可在事件发生后改变的变量是个体人际宽恕水平的重要影响因素。

6.1.2 大学生自我宽恕心理个体层面影响因素

根据研究综述和本研究结论,采用阶层回归构建大学生自我宽恕心理个体层面影响因素模型,本研究中的因变量自我宽恕是针对具体冒犯事件的情境性的自我宽恕,即宽恕自己。

该模型分四个层面,第一层为人口统计学变量,第二层为人格变量,第三层为冒犯他人事件发生时相关主客观变量,第四层为冒犯他人事件发生后可发生改变的变量,具体变量如下:

第一层:人口统计学相关变量(性别、家中排行、年级、院校类型、专业类型)。根据前面的研究(见第4.3.2.1小节,H2-1、H2-2、H2-3、H2-4、H2-5),排除影响不显著的因素,纳入性别、是否师范专业。

第二层:冒犯者人格特质变量(自我宽恕倾向、大五人格)。

第三层:冒犯他人事件相关变量。

客观变量:被冒犯者性别、被冒犯者类型、冒犯他人事件类型、道歉情况、冒犯时间、冒犯是否还在发生。根据前面的研究(见第4.3.2.2小节,H2-6、H2-7、H2-8、H2-9、H2-10),纳入被冒犯者类型、冒犯时间。

主观变量:冒犯严重程度、非故意程度、内疚水平、事前关系亲密度。根据前面的研究(见第4.3.2.3小节,H2-15、H2-16),全部纳入。

第四层:关系改变、内疚改变、共情(同情关心、观点采摘)。

研究假设:

H2-1:人口统计学变量对个体具体情境中的自我宽恕水平影响较小。

H2-2:人格变量对个体具体情境中的自我宽恕水平影响较小。

H2-3:具体冒犯他人事件相关变量是个体自我宽恕水平的重要影响因素,特别是主观变量。

H2-4:可在事件发生后改变的变量是个体自我宽恕水平的重要影响因素。

6.1.3　大学生寻求宽恕心理个体层面影响因素

根据研究综述和本研究结论,采用 logistic 阶层回归构建大学生寻求宽恕心理个体层面影响因素模型,本研究中的因变量寻求宽恕是针对具体冒犯事件的情境性的人际宽恕,即道歉行为。

该模型分四个层面,第一层为人口统计学变量,第二层为人格变量,第三层为冒犯他人事件发生时相关主客观变量,第四层为冒犯他人事件发生后可发生改变的变量,具体变量如下:

第一层:人口统计学相关变量(性别、家中排行、年级、院校类型、专业类型)。根据前面的研究(见第 3.3.2.4 小节,H8、H9、H10、H11),排除影响不显著的因素,只纳入年级。

第二层:冒犯者人格特质变量(道歉倾向、大五人格)。

第三层:冒犯他人事件相关变量。

客观变量:被冒犯者性别、被冒犯者类型、冒犯他人事件类型、冒犯时间、冒犯是否还在发生。根据前面的研究(见第 4.3.2.4 小节,H2-11、H2-12、H2-13、H2-14),纳入被冒犯者类型、冒犯他人事件类型、冒犯是否还在发生。

主观变量:冒犯严重程度、非故意程度、内疚水平、事前关系亲密度。根据前面的研究(见第 4.3.2.5 小节,H2-18、H2-19),纳入非故意程度、内疚水平、事前关系亲密度。

第四层:关系改变、内疚改变、共情(同情关心、观点采摘)。

研究假设:

H3-1:人口统计学变量对个体具体情境中的寻求宽恕水平影响较小。

H3-2:人格变量对个体具体情境中的寻求宽恕水平影响较小。

H3-3:具体冒犯他人事件相关变量是个体寻求宽恕水平的重要影响因素,特别是主观变量。

H3-4:可在事件发生后改变的变量是个体寻求宽恕水平的重要影响因素。

6.1.4　大学生宽恕心理影响因素的群体层面差异

在确定了个体层面的影响因素后,进一步探索大学生日常人际冲突伤害事件中,可在事件发生后改变的变量对人际宽恕、自我宽恕和寻求宽恕的影响是否还存在群体层面的差异,包括宿舍和班级两种群体层面。选取可改变变量的原因是,人口统计学变量以及伤害事件的客观事实变量不可改变,人格特质变量和事件发生时的主观感受也难以改变,由于本研究主要关注宽恕干预和教育,所以选取该类自变量作为群体层面影响因素探索的对象。

通过构建多层线性模型的零模型,即不包括第二层变量的随机模型,探索是否有来自班级或宿舍层面的方差,进而确定是否存在群体层面的变异。多层模型广泛应用于多层数据分析,原理是将因变量中的变异成分分解为组内差异和组间差异两部分,其中不包含第二层变量的零模型可以探索和确定是否有来自于组间差异即不同群体之间的个体差异(张雷,雷雳,郭伯良,2005)。在本研究中,可以通过零模型探索不同班级或宿舍的个体在宽恕心理上的差异是否存在。

研究假设:

H4-1:对于不同班级和宿舍的学生,可改变变量对人际侵犯动机的影响存在显著差异。

H4-2:对于不同班级和宿舍的学生,可改变变量对回避维度的影响存在显著差异。

H4-3:对于不同班级和宿舍的学生,可改变变量对报复维度的影响存在显著差异。

H4-4:对于不同班级和宿舍的学生,可改变变量对宽恕他人的影响存在显著差异。

H4-5:对于不同班级和宿舍的学生,可改变变量对宽恕自己的影响存在显著差异。

H4-6:对于不同班级和宿舍的学生,可改变变量对寻求宽恕的影响存在显著差异。

6.2 研究对象、程序及工具

6.2.1 个体层面

6.2.1.1 研究对象

本研究采用与第4章现状描述和第5章相关研究中相同的被试,数据采集也同时进行,即选取南京9所高校大学一至四年级学生为被试,共填写2 348份问卷,回收并剔除无效问卷(漏答或虚伪答题)后,获得有效样本量2 031份,有效率为86.50%。包含文、理、工、农、医、管、公安、师范等多种专业。

6.2.1.2 问卷和量表

个体层面影响因素的研究采用的基本情况问卷、《大学生伤害事件问卷》和宽恕相关问卷与现状研究相同,具体详见第3.2.2.1小节。除了第3章和第4章现状研究中使用的问卷和量表外,还使用了以下问卷和量表:

共情:本调查采用《人际反应指针量表(IRI-C)》中的"观点采摘"和"同情关心"分量表,得分分别代表认知共情和情感共情。该量表由吴静吉等依据Davis(1980)等人的《人际反应指针量表》修订完成(魏源,2007),共有22题,采用5点计分(0=极其不符合,4=极其符合),分为"观点采摘"(Perspective-Taking Scale)、"想象"(Fantasy Scale)、"身心忧急"(Personal Distress Scale)和"同情关心"(Empathic Concern Scale)四个维度。本研究选用其中的"观点采摘"作为测量认知共情的工具,用"同情关心"作为测量情感共情的工具。IRI-C的Cronbach's α系数在0.53—0.78。本研究中"观点采摘"分量表的Cronbach's α系数为0.67,"同情关心"分量表的Cronbach's α系数为0.63。

愤怒特质:Spielberger于1983年编制了《状态—特质愤怒表达量表(STAXI)》,1996年修订的第二版STAXI-2是临床和研究中使用的最为广泛的愤怒测量量表。该量表有三个维度的分量表,共57个条目,分别测量状态愤怒、特质愤怒、愤怒的表达与控制,采用4点计分。本调查采用陶琳瑾修订的中文版本(陶琳瑾,2011),其中《特质愤怒量表(T-Ang)》共有10个条目,测量个体通常体验到的愤怒频次(如:"我脾气暴躁"),采用4点计分(1=几乎从不这样,4=几乎总是这样)。总分由各个条目的分数简单相加,特质愤怒得分高的个体比得分低的个体更容易体验愤怒,且易怒的程度更高。本研究中Cronbach's α系数为0.81。

人格:大五人格问卷是由Goldberg基于大五人格理论编制(Goldberg,1992),用于测量个体人格特质的五个维度,分别为外向性(Extraversion)、宜人性(Agreeableness)、尽责性(Conscientiousness)、情绪稳定性(Emotional Stability)以及理解力/想象力(Intellect/Imagination,该维度也常被称为经验开放性或开放性)。每个维度包括10个项目,每个项目采用5级评分,对于正向计分的项目,选择"非常不正确"(Very Inaccurate)计1分,"基本不正确"(Moderately Inaccurate)计2分,"不置可否"(Neither Inaccurate nor Accurate)计3分,"基本正确"(Moderately Accurate)计4分,"完全正确"(Very Accurate)计5分,反向计分的项目则与之相反。将各项目得分相加可得到各维度的总分。在本研究中,五个分量表的Cronbach's α系数分别为:外向性0.83,宜人性0.72,尽责性0.77,情绪稳定性0.74,理解力/想象力0.73。

6.2.2 群体层面

群体层面的研究被试来自个体层面研究的部分被试,班级层面的被试选取其中84个班级的1 164个学生,其中男生520人(44.7%),女生644人(55.3%),一年级26个班级446人(38.3%),二年级18个班287人(24.7%),三年级16个班240人(20.6%),四年级24个班191人(16.4%);宿舍层面的被试选取其中244个宿舍的719个学生,其中男生362人(50.3%),女生357人(49.7%)。

6.2.3 数据处理

采用SPSS 22.0统计软件建立数据库,并对数据资料进行描述性、显著性、相关性以及回归分析。采用 HLM 6.08 版本处理多层数据。

6.3 结果统计及分析

6.3.1 人际宽恕的个体层面影响因素

本研究情境性人际宽恕有四个指标变量：人际侵犯动机、回避、报复和宽恕他人。下面分别以这四个变量为因变量进行多层回归分析。

6.3.1.1 人际侵犯动机影响因素多层回归分析

以人际侵犯动机总分作为因变量，采用多层线性回归建构四层模型，由于第一和第三层变量中被试年级、冒犯者类型、冒犯事件类型、道歉情况属于水平大于 2 的名义变量，统计回归时需制作虚拟变量。被试年级变量，以"一年级"为参照组，制作"二年级""三年级"和"四年级"三个虚拟变量；冒犯者类型变量，以数量最多的"好朋友"作为参照组，制作"父母""恋人""普通朋友""兄弟姐妹""陌生人"和"其他人"（包括教师、亲戚和其他）六个虚拟变量；冒犯事件类型变量，以数量最多的"当面口头冒犯"为参照组，制作"当面行为冒犯""背地冒犯""网络冒犯"和"其他冒犯"四个虚拟变量；道歉情况变量，以数量最多的"没有道歉"作为参照组，制作"道歉但不诚恳"和"道歉且诚恳"两个虚拟变量。

第一层：人口统计学相关变量，包括冒犯者为女生、冒犯者为二年级、冒犯者为三年级、冒犯者为四年级、冒犯者为非本科和冒犯者为师范专业。

第二层：被冒犯者人格特质变量，包括宽恕特质、特质愤怒、外向性、宜人性、尽责性、情绪稳定性、理解力/想象力。

第三层：具体冒犯事件相关变量。

客观变量：冒犯者为父母、冒犯者为恋人、冒犯者为普通朋友、冒犯者为兄弟姐妹、冒犯者为陌生人、冒犯者为其他人、行为冒犯、背地冒犯、网络冒犯、其他冒犯类型、道歉但不诚恳、道歉且诚恳、冒犯还在发生。

主观变量：冒犯严重程度、非故意程度、伤面子程度、事发时的愤怒水平、事前关系亲密度。

第四层：关系改变、愤怒改变、人际宽恕态度、同情关心、观点采摘。

表 6-1 人际侵犯动机多层回归分析结果

阶层	层内变量	一层模型			二层模型			三层模型			四层模型		
		β	SE	t	β	SE	t	β	SE	t	β	SE	t
人口统计学变量	女生	0.071	0.582	2.863**	0.093	0.556	3.912**	0.057	0.477	2.800**	0.044	0.420	2.477**
	二年级	0.070	0.708	2.610**	0.052	0.672	2.065*	0.028	0.567	1.293	0.017	0.499	0.880
	三年级	0.047	0.794	1.776	0.036	0.757	1.408	0.038	0.640	1.777	0.018	0.562	0.973
	四年级	0.096	0.815	3.573**	0.086	0.778	3.363**	0.063	0.658	2.909**	0.032	0.580	1.680
	非本科	−0.033	0.755	−1.322	0.001	0.719	0.061	0.005	0.610	.230	0.003	0.535	0.155
	师范专业	−.028	.761	−1.119	−0.021	0.725	−0.897	−0.023	0.612	−1.124	−0.024	0.539	−1.335
人格特质变量	宽恕特质				−0.202	0.063	−8.358**	−0.132	0.054	−6.362**	−0.062	0.050	−3.239**
	特质愤怒				0.059	0.066	2.282*	0.035	0.056	1.584	0.035	0.050	1.829
	外向性				−0.008	0.045	−0.327	−0.030	0.038	−1.354	−0.040	0.033	−2.064*
	宜人性				−0.126	0.066	−4.578**	−0.112	0.056	−4.795**	−0.039	0.057	−1.653
	尽责性				−0.055	0.051	−2.197*	−0.041	0.043	−1.915	−0.027	0.038	−1.424
	情绪稳定性				−0.063	0.052	−2.455*	−0.047	0.044	−2.162*	−0.039	0.040	−2.005*
	理解力/想象力				0.116	0.060	4.417**	0.111	0.050	4.999**	0.075	0.045	3.741**
事件相关变量	父母							−0.122	0.799	−5.793**	−0.065	0.714	−3.466**
	恋人							0.059	0.662	2.673**	0.011	0.586	0.580
	普通朋友							0.043	0.703	1.942	0.040	0.616	2.068*
	兄弟姐妹							−0.008	1.455	−.432	0.004	1.280	0.217
	陌生人							0.071	1.148	3.361**	0.038	1.009	2.075*
	其他人							0.076	0.725	3.327**	0.038	0.638	1.898
	行为冒犯							0.023	0.587	1.096	−0.015	0.516	−0.784
	背地冒犯							0.110	0.634	5.138**	0.046	0.561	2.452*
	网络冒犯							0.048	1.268	2.478*	0.018	1.115	1.027
	其他冒犯							0.032	0.679	1.496	−0.018	0.599	−0.957
	道歉但不诚恳							−0.024	0.743	−1.224	−0.008	0.652	−0.488
	道歉且诚恳							−0.116	0.539	−5.739**	−.025	0.486	−1.390
	冒犯还在发生							0.087	0.688	4.536**	0.044	0.610	2.579*
	冒犯严重程度							0.035	0.103	1.620	−0.005	0.091	−0.282
	非故意程度							−0.156	0.078	−7.616**	−0.083	0.070	−4.530**
	伤面子程度							0.107	0.083	5.001**	0.049	0.074	2.560*
	愤怒水平							0.100	0.093	4.523**	0.186	0.099	7.900**
	关系亲密度							−0.224	0.093	−10.374**	−0.424	0.098	−18.516**

续表 6-1

阶层	层内变量	一层模型			二层模型			三层模型			四层模型		
		β	SE	t	β	SE	t	β	SE	t	β	SE	t
可发生改变变量	关系改变										−0.420	0.081	−19.439**
	愤怒改变										0.185	0.079	8.609**
	人际宽恕态度										−0.070	0.044	−3.459**
	同情关心										−0.046	0.064	−2.313*
	观点采摘										0.017	0.063	0.893
F 值		5.243**			19.124**			39.745**			55.064**		
R^2		0.017			0.123			0.387			0.522		
ΔF 值		5.243**			30.499**			41.998**			107.537**		
ΔR^2		0.017			0.106			0.264			0.144		

注：*在 0.05 水平上显著，**在 0.01 水平上显著。

各模型的 VIF 值均小于临界值 10，说明不存在严重的共线性问题。从表 6-1 可以看出，四大类影响人际侵犯动机的变量中，具体事件发生时的主客观变量是最具有影响力的变量，其次是可改变变量。

第一层人口统计学变量中，只有性别存在显著影响，女生比男生的人际侵犯动机水平更高。

第二层人格变量中，宽恕特质、外向性和情绪稳定性对人际侵犯动机水平具有显著的负向影响，而理解力/想象力具有显著的正向影响，即理解力/想象力水平越高的个体，人际侵犯动机水平越高。

第三层具体事件变量中，在控制了人口和人格变量后，相对于好朋友，冒犯者为父母时人际侵犯动机水平更低，为普通朋友和陌生人时人际侵犯水平更高；相对于口头冒犯，背地冒犯显著增加了人际侵犯动机水平；在引入第四层可改变变量前，道歉且诚恳是显著的影响因素，但引入可改变变量后，道歉且诚恳的影响不再显著；冒犯事件是否还在发生以及伤面子的程度在引入第四层可改变变量后，对人际侵犯动机水平的影响由非常显著变成显著，且影响都是正向的；非故意程度和关系亲密度以及愤怒水平在引入第四层变量前后的影响都是非常显著的。

第四层可改变变量中，除了观点采摘，其余变量都有显著影响，其中关系改变、愤怒改变和人际宽恕态度是非常显著的影响。这个结果提示对宽恕特别是人际侵犯动机的干预和教育方案的设计可以将重点放在这些方面。

6.3.1.2 回避影响因素多层回归分析

以回避维度总分作为因变量，四层次变量安排与第 6.3.1.1 小节中一样，此处不再赘述。

表 6-2 回避维度多层回归分析结果

阶层	层内变量	一层模型 β	一层模型 SE	一层模型 t	二层模型 β	二层模型 SE	二层模型 t	三层模型 β	三层模型 SE	三层模型 t	四层模型 β	四层模型 SE	四层模型 t
人口统计学变量	女生	0.092	0.389	3.723**	0.109	0.379	4.503**	0.076	0.334	3.590**	0.059	0.291	3.195**
	二年级	0.064	0.473	2.398*	0.050	0.459	1.937	0.028	0.397	1.249	0.016	0.346	0.839
	三年级	0.045	0.531	1.694	0.035	0.516	1.356	0.035	0.448	1.588	0.018	0.390	0.902
	四年级	0.110	0.545	4.102**	0.104	0.531	3.969**	0.083	0.461	3.678**	0.052	0.402	2.626**
	非本科	−0.022	0.505	−.894	0.005	0.490	0.191	0.008	0.427	0.399	0.004	0.371	0.209
	师范专业	0.000	0.508	0.007	0.002	0.495	0.097	−0.001	0.428	−0.066	−0.007	0.373	−0.357
人格特质变量	宽恕特质				−0.156	0.043	−6.323**	−0.088	0.038	−4.094**	−0.033	0.035	−1.659
	特质愤怒				0.028	0.045	1.080	0.007	0.039	0.311	0.015	0.034	0.765
	外向性				−0.035	0.031	−1.316	−0.054	0.027	−2.331*	−0.059	0.023	−2.953**
	宜人性				−0.082	0.045	−2.928**	−0.073	0.039	−2.975**	−0.019	0.040	−0.784
	尽责性				−0.035	0.035	−1.372	−0.022	0.030	−0.984	−0.010	0.026	−0.515
	情绪稳定性				−0.088	0.036	−3.369**	−0.066	0.031	−2.893**	−0.052	0.027	−2.576**
	理解力/想象力				0.109	0.041	4.065**	0.103	0.035	4.437**	0.069	0.031	3.344**
事件相关变量	父母							−0.141	0.559	−6.443**	−0.069	0.495	−3.576**
	恋人							0.082	0.464	3.537**	0.022	0.406	1.107
	普通朋友							0.040	0.492	1.735	0.036	0.427	1.818
	兄弟姐妹							−0.021	1.018	−1.031	−0.003	0.887	−0.173
	陌生人							0.065	0.803	2.965**	0.031	0.699	1.647
	其他人							0.053	0.507	2.222*	0.018	0.442	0.858
	行为冒犯							0.016	0.411	0.710	−0.024	0.357	−1.235
	背地冒犯							0.097	0.443	4.354**	0.029	0.389	1.466
	网络冒犯							0.052	0.888	2.577**	0.022	0.772	1.251
	其他冒犯							0.050	0.475	2.208*	−0.009	0.415	−0.434
	道歉但不诚恳							−0.040	0.520	−1.980*	−0.020	0.452	−1.164
	道歉且诚恳							−0.125	0.377	−5.933**	−0.022	0.337	−1.161
	冒犯还在发生							0.077	0.482	3.854**	0.039	0.423	2.223**
	冒犯严重程度							0.057	0.072	2.530*	0.011	0.063	0.540
	非故意程度							−0.134	0.055	−6.259**	−0.055	0.048	−2.890**
	伤面子程度							0.079	0.058	3.523**	0.029	0.051	1.450
	愤怒水平							0.100	0.065	4.348**	0.139	0.069	5.736**
	关系亲密度							−0.218	0.065	−9.696**	−0.477	0.068	−20.128**

续表 6-2

阶层	层内变量	一层模型			二层模型			三层模型			四层模型		
		β	SE	t	β	SE	t	β	SE	t	β	SE	t
可发生改变变量	关系改变										−0.500	0.056	−22.390**
	愤怒改变										0.122	0.055	5.509**
	人际宽恕态度										−0.039	0.031	−1.841
	同情关心										−0.018	0.044	−0.901
	观点采摘										0.001	0.044	0.057
	F值	6.934**			13.645**			28.125**			48.443**		
	R^2	0.020			0.084			0.320			0.489		
	ΔF值	6.934**			18.977**			35.162**			116.839**		
	ΔR^2	0.023			0.068			0.241			0.167		

注：* 在 0.05 水平上显著，** 在 0.01 水平上显著。

各模型的 VIF 值均小于临界值 10，说明不存在严重的共线性问题。从表 6-2 可以看出，四大类影响回避维度的变量中，具体事件发生时的主客观变量同样是最具有影响力的变量，其次是可改变变量。

第一层人口统计学变量中，性别和年级都存在显著影响，女生比男生、四年级比一年级回避水平更高。

第二层人格变量中，外向性和情绪稳定性对回避水平具有显著的负向影响，而理解力/想象力具有显著的正向影响，即理解力/想象力水平越高的个体回避水平越高。

第三层具体事件变量中，在控制了人口和人格变量后，在引入第四层可改变变量前，相对于好朋友，冒犯者为父母时回避水平更低，为恋人、陌生人和其他人时回避水平更高，但引入可改变变量后，只剩下父母有显著影响；相对于口头冒犯，在引入第四层可改变变量前，背地、网络和其他冒犯都显著增加了回避水平，但引入可改变变量后显著性都消失了；在引入第四层可改变变量前，道歉但不诚恳以及道歉且诚恳都是显著的影响因素，但引入可改变变量后影响都不再显著；冒犯事件是否还在发生在引入第四层可改变变量后，对回避水平的影响都非常显著，且影响都是正向的；非故意程度和关系亲密度以及愤怒水平在引入第四层变量前后的影响都是非常显著的。

第四层可改变变量中，关系改变和愤怒改变是非常显著的影响。这个结果提示对宽恕特别是回避动机的干预和教育方案的设计可以将重点放在这些方面。

6.3.1.3 报复影响因素多层回归分析

以报复维度总分作为因变量，四层次变量安排与第 6.3.1.1 小节中一样，此处不再赘述。

6 大学生宽恕心理影响因素

表6-3 报复维度多层回归分析结果

阶层	层内变量	一层模型 β	一层模型 SE	一层模型 t	二层模型 β	二层模型 SE	二层模型 t	三层模型 β	三层模型 SE	三层模型 t	四层模型 β	四层模型 SE	四层模型 t
人口统计学变量	女生	0.023	0.249	0.932	0.048	0.234	2.036*	0.014	0.209	0.678	0.011	0.196	0.582
	二年级	0.060	0.303	2.250*	0.042	0.283	1.682	0.019	0.249	0.888	0.012	0.233	0.583
	三年级	0.039	0.339	1.449	0.028	0.318	1.105	0.033	0.280	1.488	0.015	0.263	0.721
	四年级	0.050	0.349	1.848	0.037	0.327	1.475	0.016	0.288	0.722	−0.007	0.271	−0.326
	非本科	−0.045	0.323	−1.771	−0.005	0.302	−0.225	−0.004	0.267	−0.167	0.000	0.250	−0.017
	师范专业	−0.067	0.325	−2.656**	−0.055	0.305	−2.318*	−0.052	0.268	2.487*	−0.046	0.252	−2.346*
人格特质变量	宽恕特质				−0.231	0.026	−9.697**	−0.170	0.023	−8.003**	−0.094	0.023	−4.461**
	特质愤怒				0.093	0.028	3.648**	0.070	0.025	3.103**	0.059	0.023	2.765**
	外向性				0.035	0.019	1.373	0.015	0.017	0.659	0.000	0.016	−0.016
	宜人性				−0.165	0.028	−6.084**	−0.148	0.025	−6.170**	−0.061	0.027	−2.350*
	尽责性				−0.074	0.021	−2.967**	−0.061	0.019	−2.782**	−0.047	0.018	−2.276*
	情绪稳定性				−0.008	0.022	−0.320	−0.006	0.019	−0.267	−0.009	0.018	−0.436
	理解力/想象力				0.100	0.025	3.858**	0.098	0.022	4.286**	0.066	0.021	3.018**
事件相关变量	父母							−0.063	0.350	−2.902**	−0.043	0.333	−2.079*
	恋人							0.010	0.290	0.422	−0.009	0.274	−0.425
	普通朋友							0.037	0.308	1.641	0.036	0.288	1.709
	兄弟姐妹							0.013	0.637	0.653	0.013	0.598	0.711
	陌生人							0.061	0.505	2.828**	0.039	0.474	1.912
	其他人							0.096	0.317	4.076**	0.062	0.298	2.805**
	行为冒犯							0.029	0.257	1.333	0.003	0.241	0.126
	背地冒犯							0.106	0.277	4.799**	0.064	0.262	3.097**
	网络冒犯							0.031	0.555	1.541	0.006	0.521	0.340
	其他冒犯							−0.002	0.297	−0.096	−0.029	0.280	−1.401
	道歉但不诚恳							0.007	0.325	0.373	0.013	0.305	0.681
	道歉且诚恳							−0.075	0.236	−3.601**	−0.025	0.227	−1.233
	冒犯还在发生							0.083	0.301	4.227**	0.042	0.285	2.250*
	冒犯严重程度							−0.006	0.045	−0.289	−0.029	0.043	−1.362
	非故意程度							−0.157	0.034	−7.441**	−0.109	0.033	−5.449**
	伤面子程度							0.126	0.036	5.739**	0.069	0.034	3.298**
	愤怒水平							0.077	0.041	3.383**	0.216	0.046	8.389**
	关系亲密度							−0.183	0.041	−8.264**	−0.248	0.046	−9.853**

续表 6-3

阶层	层内变量	一层模型			二层模型			三层模型			四层模型		
		β	SE	t	β	SE	t	β	SE	t	β	SE	t
可发生改变变量	关系改变										−0.200	0.038	−8.441**
	愤怒改变										0.241	0.037	10.233**
	人际宽恕态度										−0.105	0.021	−4.703**
	同情关心										−0.078	0.030	−3.607**
	观点采摘										0.037	0.030	1.821
	F 值		3.118**			23.215**			30.788**			37.590**	
	R^2		0.007			0.139			0.341			0.425	
	ΔF 值		3.118**			40.030**			31.121**			52.003**	
	ΔR^2		0.010			0.135			0.207			0.084	

注：* 在 0.05 水平上显著，** 在 0.01 水平上显著。

各模型的 VIF 值均小于临界值 10，说明不存在严重的共线性问题。从表 6-3 可以看出，四大类影响报复维度的变量中，具体事件发生时的主客观变量同样是最具有影响力的变量，其次是人格变量。

第一层人口统计学变量中只有专业是否师范存在显著影响，师范专业的报复水平显著低于非师范专业。

第二层人格变量中，宽恕特质、宜人性、尽责性对报复水平具有显著的负向影响，而愤怒特质、理解力/想象力具有显著的正向影响，即愤怒特质和理解力/想象力水平越高的个体报复水平越高。

第三层具体事件变量中，在控制了人口和人格变量后，在引入第四层可改变变量前，相对于好朋友，冒犯者为父母时报复水平更低，为陌生人和其他人时报复水平更高，但引入可改变变量后，只剩下父母和其他人有显著影响；相对于口头冒犯，在引入第四层可改变变量前后，背地冒犯都显著增加了报复水平；在引入第四层可改变变量前，相对于不道歉，道歉且诚恳是显著的影响因素，但引入可改变变量后影响都不再显著；冒犯事件是否还在发生在引入第四层可改变变量后，对报复水平的影响由非常显著变成显著，且影响都是正向的；非故意程度和关系亲密度在引入第四层变量前后的影响都是非常正向显著的，愤怒程度和伤面子程度在引入第四层变量前后的影响都是非常负向显著的。

第四层可改变变量中，除了观点采摘，其余变量都有显著影响，其中关系改变、同情关心和人际宽恕态度是非常显著的正向影响，愤怒改变是非常显著的负向影响。这个结果提示对宽恕特别是报复动机的干预和教育方案的设计可以将重点放在这些方面。

6.3.1.4 宽恕他人影响因素多层回归分析

以单项宽恕他人得分作为因变量，四层次变量安排与第 6.3.1.1 小节中一样，此处不再赘述。

表 6-4 宽恕他人多层回归分析结果

阶层	层内变量	一层模型			二层模型			三层模型			四层模型		
		β	SE	t	β	SE	t	β	SE	t	β	SE	t
人口统计学变量	女生	-0.089	0.162	-3.615**	-0.105	0.158	-4.399**	-0.053	0.137	-2.549*	-0.037	0.119	-2.072*
	二年级	-0.021	0.198	-0.781	-0.007	0.190	-0.277	0.014	0.163	0.636	0.017	0.141	0.899
	三年级	-0.006	0.222	-0.213	-0.001	0.215	-0.033	-0.002	0.183	-0.076	0.013	0.159	0.707
	四年级	-0.077	0.228	-2.873**	-0.072	0.220	-2.781**	-0.049	0.189	-2.190*	-0.025	0.163	-1.288
	非本科	0.031	0.211	1.247	0.002	0.204	0.063	0.009	0.175	0.442	0.011	0.151	0.639
	师范专业	-0.001	0.213	-0.027	-0.004	0.206	-0.154	-0.001	0.176	-0.040	-0.002	0.152	-0.138
人格特质变量	宽恕特质				0.230	0.018	9.439**	0.153	0.015	7.243**	0.061	0.014	3.133*
	特质愤怒				-0.033	0.019	-1.261	-0.008	0.016	-0.343	0.003	0.014	0.157
	外向性				-0.034	0.013	-1.309	-0.011	0.011	-0.502	0.002	0.009	0.093
	宜人性				0.113	0.019	4.038**	0.101	0.016	4.234**	0.034	0.016	1.411
	尽责性				0.007	0.014	0.266	-0.006	0.012	-0.276	-0.026	0.011	-1.383
	情绪稳定性				0.001	0.015	0.026	-0.020	0.013	-0.912	-0.029	0.011	-1.499
	理解力/想象力				-0.034	0.017	-1.286	-0.028	0.014	-1.212	-0.003	0.013	-0.163
事件相关变量	父母							0.068	0.230	3.172**	0.028	0.202	1.479
	恋人							0.003	0.190	0.140	0.034	0.165	1.724
	普通朋友							0.018	0.202	0.816	0.020	0.174	1.024
	兄弟姐妹							-0.011	0.418	-0.576	-0.017	0.362	-0.985
	陌生人							-0.063	0.329	-2.932**	-0.036	0.285	-1.968*
	其他人							-0.067	0.207	-2.855**	-0.017	0.179	-0.848
	行为冒犯							-0.044	0.168	-2.021	-0.007	0.145	-0.373
	背地冒犯							-0.103	0.182	-4.713**	-0.042	0.158	-2.195*
	网络冒犯							-0.028	0.362	-1.399	0.005	0.313	0.296
	其他冒犯							-0.048	0.194	-2.179*	-0.004	0.169	-0.208
	道歉但不诚恳							0.000	0.213	-0.016	-0.013	0.184	-0.773
	道歉且诚恳							0.117	0.154	5.663**	0.031	0.137	1.706
	冒犯还在发生							-0.114	0.197	-5.851**	-0.056	0.172	-3.269**
	冒犯严重程度							-0.052	0.029	-2.332*	0.000	0.026	-0.002
	非故意程度							0.176	0.022	8.411**	0.104	0.020	5.696**
	伤面子程度							-0.046	0.024	-2.119*	0.036	0.021	1.868
	愤怒水平							-0.144	0.027	-6.348**	-0.348	0.028	-14.698**
	关系亲密度							0.237	0.026	10.743**	0.359	0.028	15.562**

续表 6-4

阶层	层内变量	一层模型			二层模型			三层模型			四层模型		
		β	SE	t	β	SE	t	β	SE	t	β	SE	t
可发生改变变量	关系改变										0.323	0.023	14.824**
	愤怒改变										−0.368	0.022	−17.070**
	人际宽恕态度										0.071	0.012	3.459**
	同情关心										0.016	0.018	0.803
	观点采摘										0.005	0.018	0.243
	F 值	5.164**			14.563**			31.216**			53.412**		
	R^2	0.014			0.089			0.343			0.512		
	ΔF 值	5.154**			22.252**			39.189**			123.731**		
	ΔR^2	0.017			0.079			0.258			0.168		

注：* 在 0.05 水平上显著，* * 在 0.01 水平上显著。

各模型的 VIF 值均小于临界值 10，说明不存在严重的共线性问题。从表 6-4 可以看出，四大类影响宽恕他人的变量中，具体事件发生时的主客观变量同样是最具有影响力的变量，其次是可改变变量。

第一层人口统计学变量中，性别存在显著影响，女生比男生宽恕他人水平更低。

第二层人格变量中，宽恕特质具有显著的正向影响。

第三层具体事件变量中，在控制了人口和人格变量后，在引入第四层可改变变量前，相对于好朋友，冒犯者为父母时宽恕水平更高，为陌生人和其他人时宽恕水平更低，但引入可改变变量后，只剩下陌生人有显著影响；相对于口头冒犯，在引入第四层可改变变量前，背地和其他冒犯都显著降低了宽恕水平，但引入可改变变量后背地冒犯具有显著性；在引入第四层可改变变量前，道歉且诚恳是显著的影响因素，但引入可改变变量前后影响不再显著；冒犯事件是否还在发生在引入第四层可改变变量前后，对宽恕水平的影响都非常显著，且影响都是负向的；在引入第四层可改变变量前，伤害的严重程度、伤面子程度都是显著的影响因素，但引入可改变变量后影响都不再显著；非故意程度和关系亲密度以及愤怒水平在引入第四层变量前后的影响都是非常显著的。

第四层可改变变量中，关系改变、愤怒改变和人际宽恕态度是非常显著的影响。这个结果提示对宽恕的干预和教育方案的设计可以将重点放在这些方面。

6.3.1.5　假设检验结果

研究假设有一部分得到完全验证，包括：H1-1、H1-3，有一部分得到部分验证，包括：H1-2、H1-4。

表6-5 人际宽恕影响因素四层变量 ΔR^2 对比

因变量 \ 变量层	人口统计学变量	人格变量	具体冒犯事件相关变量	可在事件发生后改变的变量
人际侵犯动机	0.017	0.106	0.264	0.144
回避	0.023	0.068	0.241	0.167
报复	0.010	0.135	0.207	0.084
宽恕他人	0.017	0.079	0.258	0.168

H1-1：人口统计学变量对个体具体情境中的人际宽恕水平影响较小。该假设得到完全验证。从表6-5可以看出，无论因变量是人际宽恕的哪个指标，人口统计学变量的 ΔR^2 都相对很小。

H1-2：人格变量对个体具体情境中的人际宽恕水平影响较小。该假设得到部分验证。从表6-5可以看出，对于报复，人格变量的影响力相对比较大，比可改变变量要大；对于回避，人格变量的影响力相对比较小。

H1-3：具体冒犯事件相关变量是个体人际宽恕水平的重要影响因素，特别是主观变量。该假设得到完全验证。从表6-5可以看出，无论因变量是人际宽恕的哪个指标，具体冒犯事件相关变量的 ΔR^2 都是最有影响力的变量。其中事件发生前与对方关系的亲密度、感知到对方的非故意程度和自己的愤怒程度是影响力较大的变量。

H1-4：可在事件发生后改变的变量是个体人际宽恕水平的重要影响因素。该假设得到部分验证。从表6-5可以看出，对于报复，可改变变量的影响力小于人格变量和具体冒犯事件相关变量；对于人际侵犯动机、回避和宽恕他人，可改变变量的重要性处于第二位。

6.3.2 自我宽恕的个体层面影响因素

6.3.2.1 自我宽恕影响因素多层回归分析

以单项宽恕自己作为因变量，由于第三层变量中被冒犯者类型属于水平大于2的名义变量，统计回归时需制作虚拟变量，以"好朋友"作为参照组，制作"父母""恋人""普通朋友""兄弟姐妹""陌生人"和"其他人"（包括教师、亲戚和其他）六个虚拟变量。

第一层：性别、是否师范专业。

第二层：冒犯者人格特质变量（自我宽恕、外向性、宜人性、尽责性、情绪稳定性、理解力/想象力）。

第三层：冒犯他人事件相关变量。

客观变量：被冒犯者类型、冒犯时间。

主观变量：冒犯严重程度、非故意程度、事发时内疚水平、事前关系亲密度。

第四层：关系改变、内疚改变、同情关心、观点采摘。

表 6-6 宽恕自己多层回归分析结果

阶层	层内变量	一层模型 β	SE	t	二层模型 β	SE	t	三层模型 β	SE	t	四层模型 β	SE	t
人口统计学变量	女生	0.054	0.131	2.209*	0.052	0.130	2.114*	0.053	0.122	2.288*	0.044	0.110	2.118*
	师范专业	0.029	0.172	1.168	0.025	0.169	1.020	0.018	0.159	0.798	0.020	0.143	0.983
人格特质变量	自我宽恕				0.154	0.014	5.954**	0.144	0.013	5.962**	0.104	0.012	4.737**
	外向性				0.077	0.011	2.877**	0.082	0.010	3.265**	0.060	0.009	2.634**
	宜人性				−0.054	0.015	−1.901	−0.037	0.015	−1.358	−0.058	0.015	−2.113*
	尽责性				0.109	0.012	4.167**	0.095	0.011	3.886**	0.078	0.010	3.539**
	情绪稳定性				−0.011	0.012	−0.427	−0.018	0.011	−0.735	−0.027	0.010	−1.198
	理解力/想象力				−0.034	0.014	−1.228	−0.025	0.013	−0.959	−0.010	0.012	−0.423
事件相关变量	父母							−0.099	0.152	−3.780**	−0.072	0.142	−2.933**
	恋人							−0.035	0.179	−1.345	0.010	0.166	0.418
	普通朋友							0.031	0.207	1.259	0.026	0.188	1.147
	兄弟姐妹							−0.030	0.305	−1.317	−0.019	0.276	−0.901
	陌生人							−0.056	0.398	−2.421*	−0.041	0.359	−1.967*
	其他人							−0.127	0.237	−5.316**	−0.103	0.214	−4.744**
	冒犯时间							−0.067	0.000	−3.000**	−0.036	0.000	−1.774
	严重程度							−0.076	0.026	−3.221**	−0.003	0.024	−0.136
	非故意程度							0.089	0.021	3.860**	0.097	0.020	4.631**
	内疚水平							−0.287	0.022	−11.855**	−0.549	0.023	−21.442**
	关系亲密度							0.095	0.025	3.923**	0.189	0.026	7.588**
可发生改变变量	关系改变										0.160	0.023	6.761**
	内疚改变										−0.431	0.021	−18.609**
	同情关心										0.061	0.017	2.669**
	观点采摘										0.017	0.017	0.760
	F 值	4.251*			10.679**			19.738**			37.924**		
	R^2	0.004			0.041			0.166			0.321		
	ΔF 值	4.251*			12.766**			25.170**			102.808**		
	ΔR^2	0.005			0.041			0.129			0.156		

注：* 在 0.05 水平上显著，** 在 0.01 水平上显著。

各模型的 VIF 值均小于临界值 10，说明不存在严重的共线性问题。从表 6-6 可以看出,四大类影响宽恕自己的变量中,可改变变量是最具有影响力的变量,其次是具体事件发生时的主客观变量。

第一层人口统计学变量中,性别存在显著影响,女生比男生宽恕自己水平更高。

第二层人格变量中,自我宽恕、外向性、尽责性具有显著的正向影响,宜人性具有显著的负向影响。

第三层具体事件变量中,在控制了人口和人格变量后,在引入第四层可改变变量前后,相对于好朋友,被冒犯者为父母、陌生人和其他人时自我宽恕水平更低;在引入第四层变量前,冒犯他人时间和严重程度都有显著的负向影响,在引入第四层可改变变量后不再显著;在引入第四层可改变变量前后,非故意程度、内疚水平和关系亲密度都具有显著影响,越是故意的、越内疚,自我宽恕水平越低,关系越好,自我宽恕水平越高。

第四层可改变变量中,关系改变、内疚改变和同情关心是非常显著的影响,关系变得越好、同情关心水平越高,自我宽恕水平越高,变得越内疚,自我宽恕水平越低。这个结果提示对自我宽恕的干预和教育方案的设计可以将重点放在这些方面。

6.3.2.2 假设检验结果

研究假设得到完全验证。

H2-1:人口统计学变量对个体具体情境中的宽恕自我水平影响较小。该假设得到完全验证。从表6-6可以看出,人口统计学变量的 ΔR^2 最小。

H2-2:人格变量对个体具体情境中的宽恕自我水平影响较小。该假设得到完全验证。从表6-6可以看出,人格变量的 ΔR^2 相对较小。

H2-3:具体冒犯他人事件相关变量是个体宽恕自我水平的重要影响因素,特别是主观变量。该假设得到完全验证。从表6-6可以看出,具体冒犯他人事件相关变量的 ΔR^2 较大。其中内疚水平、关系亲密度和非故意水平是影响较大的。

H2-4:可在事件发生后改变的变量是个体宽恕自我水平的重要影响因素。该假设得到完全验证。从表6-6可以看出,可在事件发生后改变的变量的 ΔR^2 最大。其中内疚改变是影响最大。

6.3.3 寻求宽恕的个体层面影响因素

6.3.3.1 寻求宽恕影响因素多层回归分析

以在冒犯他人事件发生后"是否道歉"作为因变量,采用logistic阶层回归,由于第一层、第三层变量中年级、被冒犯者类型、冒犯他人事件类型属于水平大于2的名义变量,统计回归时需制作虚拟变量,被试年级变量,以"一年级"为参照组,制作"二年级""三年级"和"四年级"三个虚拟变量;被冒犯者类型以"好朋友"作为参照组,制作"父母""恋人""普通朋友""兄弟姐妹""陌生人"和"其他人"(包括教师、亲戚和其他)六个虚拟变量;冒犯他人事件类型以

"当面口头冒犯"为参照组,制作"行为冒犯"、"背地冒犯"、"网络冒犯"和"其他冒犯"四个虚拟变量。

具体变量如下:

第一层:年级。

第二层:冒犯者人格特质变量(道歉倾向、外向性、宜人性、尽责性、情绪稳定性、理解力/想象力)。

第三层:冒犯他人事件相关变量。

客观变量:被冒犯者为父母、被冒犯者为恋人、被冒犯者为普通朋友、被冒犯者为兄弟姐妹、被冒犯者为陌生人、被冒犯者为其他人、行为冒犯、背地冒犯、网络冒犯、其他冒犯、冒犯还在发生。

主观变量:非故意程度、内疚水平、事前关系亲密度。

第四层:关系改变、内疚改变、同情关心、观点采摘。

表 6-7 寻求宽恕多层 logistic 回归分析结果

阶层	层内变量	一层模型			二层模型			三层模型			四层模型		
		β	SE	Odds Ratio	β	SE	Odds Ratio	β	SE	Odds Ratio	β	SE	Odds Ratio
人口统计学变量	二年级	-0.242	0.119	4.116*	-0.211	0.122	3.011	-0.199	0.130	2.348	-0.213	0.131	2.645
	三年级	-0.193	0.130	2.205	-0.127	0.133	0.920	-0.106	0.140	0.569	-0.133	0.142	0.880
	四年级	-0.188	0.133	1.999	-0.115	0.136	0.716	-0.074	0.147	0.250	-0.074	0.149	0.248
人格特质变量	道歉倾向				0.034	0.006	34.343**	0.028	0.006	20.107**	0.030	0.006	21.621**
	外向性				0.027	0.008	11.107**	0.033	0.009	14.356**	0.031	0.009	11.859**
	宜人性				0.012	0.012	0.936	-0.014	0.013	1.055	0.006	0.015	0.139
	尽责性				-0.001	0.009	0.004	-0.001	0.010	0.011	-0.003	0.010	0.105
	情绪稳定性				-0.003	0.009	0.139	-0.003	0.010	0.072	-0.011	0.010	1.301
	理解力/想象力				-0.020	0.011	3.252	-0.019	0.012	2.593	-0.018	0.012	2.333
事件相关变量	父母							-0.792	0.138	32.793**	-0.888	0.145	37.769**
	恋人							-0.071	0.161	0.197	0.102	0.167	0.375
	普通朋友							-0.569	0.181	9.832**	-0.540	0.184	8.652**
	兄弟姐妹							-0.601	0.259	5.390*	-0.661	0.260	6.453*
	陌生人							-0.503	0.320	2.464	-0.478	0.324	2.185
	其他人							-0.749	0.207	13.091**	-0.718	0.210	11.696**
	行为冒犯							-0.123	0.129	0.901	-0.075	0.131	0.327
	背地冒犯							0.362	0.233	2.419	0.355	0.234	2.312

续表 6-7

阶层	层内变量	一层模型			二层模型			三层模型			四层模型		
		β	SE	Odds Ratio	β	SE	Odds Ratio	β	SE	Odds Ratio	β	SE	Odds Ratio
事件相关变量	网络冒犯							0.334	0.333	1.006	0.412	0.333	1.533
	其他冒犯							-0.288	0.150	3.695	-0.293	0.152	3.740
	冒犯还在发生							-0.042	0.062	0.460	-0.035	0.061	0.331
	非故意程度							0.167	0.019	80.525**	0.150	0.022	46.832**
	内疚水平							0.082	0.019	18.902**	0.075	0.019	15.605**
	关系亲密度							0.081	0.022	13.428**	0.139	0.026	29.240**
可发生改变变量	关系改变										0.102	0.023	20.279**
	内疚改变										-0.043	0.021	4.313*
	同情关心										-0.046	0.017	7.077**
	观点采摘										-0.006	0.017	0.124
	χ^2	5.002			67.272**			281.360**			315.314**		
	$\Delta\chi^2$	5.002			62.270**			219.088**			27.954**		
	df	3			9			23			27		

注：*在 0.05 水平上显著，**在 0.01 水平上显著。

各模型的 VIF 值均小于临界值 10，说明不存在严重的共线性问题。从表 6-7 可以看出，四大类影响寻求宽恕的变量中，具体事件发生时的主客观变量是最具有影响力的变量，其次是人格变量。

第一层人口统计学变量中，没有显著影响的变量。

第二层人格变量中，道歉倾向和外向性具有显著的正向影响。

第三层具体事件变量中，在控制了人口和人格变量后，在引入第四层可改变变量前后，相对于好朋友，被冒犯者为父母、普通朋友、兄弟姐妹和其他人时更可能寻求宽恕；在引入第四层可改变变量前后，非故意程度、内疚水平和关系亲密度都具有显著影响，越是故意的越不可能寻求宽恕，越内疚、关系越好越可能寻求宽恕。

第四层可改变变量中，关系改变、内疚改变和同情关心是非常显著的影响，关系变得越好、同情关心水平越高、变得越内疚越可能寻求宽恕。这个结果提示对寻求宽恕的干预和教育方案的设计可以将重点放在这些方面。

6.3.3.2 假设检验结果

研究假设有一部分得到完全验证，包括：H3-1、H3-2、H3-3，研究假设 H1-4 得到部分验证。

H3-1:人口统计学变量对个体具体情境中的寻求宽恕水平影响较小。该假设得到完全验证。从表 6-7 可以看出,人口统计学变量的影响不显著。

H3-2:人格变量对个体具体情境中的寻求宽恕水平影响较小。该假设得到完全验证。从表 6-7 可以看出,人格变量的影响显著,但相对 χ^2 的改变较小。

H3-3:具体冒犯他人事件相关变量是个体寻求宽恕水平的重要影响因素,特别是主观变量。该假设得到完全验证。从表 6-7 可以看出,具体冒犯他人事件相关变量的影响显著,而且相对 χ^2 的改变较大,其中非故意程度、冒犯对象为父母都是影响较大的变量。

H3-4:可在事件发生后改变的变量是个体寻求宽恕水平的重要影响因素。该假设得到部分验证。从表 6-7 可以看出,可在事件发生后改变的变量的影响显著,但相对 χ^2 的改变较小。

6.3.4 宽恕影响因素的群体层面差异

6.3.4.1 人际侵犯动机影响因素多层线性模型

在第 6.3.1 节中确认了人际侵犯动机个体层面的四大类影响因素:

人口统计学变量:女生(+)

人格特质变量:宽恕特质(—),外向性(—),情绪稳定性(—),理解力/想象力(+)

具体伤害情境变量:冒犯者类型为父母(—),普通朋友(+),陌生人(+),冒犯类型为背地伤害(+),伤害面子程度(+),非故意程度(—),事件还在继续发生(+),事件发生时的愤怒水平(+),事件发生前的关系亲密度(—)

可改变变量:关系改变(—),愤怒改变(+),人际宽恕态度(—),同情关心(—)

其中由于前三种类型的变量中,人口统计学变量以及伤害事件的客观事实变量不可改变,人格特质变量和事件发生时的主观感受也难以改变,因此本研究主要关注第四类变量的群体层面的影响因素。

第一层面(个体)变量包括:关系改变、愤怒改变、人际宽恕态度和同情关心。

第二层面包括:班级、宿舍。

以人际侵犯动机作为因变量,首先建立不包含第二层面变量的随机回归模型对第一层面(个体)的变量进行分析,然后根据第一层面变量分析的显著性检验结果,确定第一层面变量在第二层面上差异是否显著。如果差异显著,则说明存在群体水平的影响因素。

不包含第二层面的随机回归模型建构如下:

模型第一层的方程为:

人际侵犯动机 $=\beta_0+\beta_1$(关系变化)$+\beta_2$(愤怒变化)$+\beta_3$(人际宽恕态度)$+\beta_4$(同情关心)

模型第二层(班级、宿舍)的方程为:

$$\beta_0=\gamma_{00}+\mu_0$$
$$\beta_1=\gamma_{10}+\mu_1$$

$$\beta_2 = \gamma_{20} + \mu_2$$
$$\beta_3 = \gamma_{30} + \mu_3$$
$$\beta_4 = \gamma_{40} + \mu_4$$

表 6-8 人际侵犯动机作为因变量不包含二层变量的随机回归结果

	回归系数和显著性检验			方差成分和显著性检验	
	Coefficient	Standard Error	T-ratio	Variance Component	Chi-Square
第二层面为班级					
关系改变	−1.091	0.091	−12.062**	0.017	85.549
愤怒改变	0.807	0.099	8.160**	0.117	71.738
人际宽恕态度	−0.423	0.075	−5.667**	0.119	88.922
同情关心	−0.126	0.117	−1.074	0.378	115.945**
第二层面为宿舍					
关系改变	−1.042	0.123	−8.445**	0.026	35.458
愤怒改变	1.023	0.137	7.449**	0.134	16.948
人际宽恕态度	−0.388	0.095	−4.077**	0.065	29.410
同情关心	0.028	0.138	0.224	0.226	37.185

注：* 在 0.05 水平上显著，** 在 0.01 水平上显著。

由表 6-8 可知，当第二层面为班级时，虽然同情关心对人际侵犯动机的回归系数不显著（$\beta=-0.126, P>0.05$），但该系数在班级间的方差为 0.378 是非常显著的，因此同情关心作为人际侵犯动机的影响因素随着班级的不同而不同。

当第二层面为宿舍时，关系改变、愤怒改变和人际宽恕态度对人际侵犯动机的回归系数都是显著的，但其在宿舍间的方差都不显著，同情关心对人际侵犯动机的回归系数不显著，其在宿舍间的方差也不显著，因此不存在宿舍之间差异的影响。

6.3.4.2 回避维度影响因素多层线性模型

在第 6.3.1 节中确认了回避维度个体层面的四大类影响因素：

人口统计学变量：女生（＋）

人格特质变量：外向性（−）、情绪稳定性（−）、理解力/想象力（＋）

具体伤害情境变量：非故意程度（−）、事件还在继续发生（＋）、事件发生时的愤怒水平（＋）、事件发生前的关系亲密度（−）

可改变变量：关系改变（−），愤怒改变（＋）

第一层面（个体）变量包括：关系改变和愤怒改变。

第二层面包括：班级、宿舍。

不包含第二层面的随机回归模型建构如下：

模型第一层的方程为：
$$回避维度 = \beta_0 + \beta_1(关系变化) + \beta_2(愤怒变化)$$
模型第二层的方程为：
$$\beta_0 = \gamma_{00} + \mu_0$$
$$\beta_1 = \gamma_{10} + \mu_1$$
$$\beta_2 = \gamma_{20} + \mu_2$$

表6-9 回避维度作为因变量不包含二层变量的随机回归结果

	回归系数和显著性检验			方差成分和显著性检验	
	Coefficient	Standard Error	T-ratio	Variance Component	Chi-Square
第二层面为班级					
关系改变	−0.848	0.060	−14.039**	0.007	80.476
愤怒改变	0.471	0.066	7.108**	0.023	77.042
第二层面为宿舍					
关系改变	−0.818	0.093	−8.820**	0.007	140.125
愤怒改变	0.616	0.094	6.546**	0.015	136.197

注：* 在0.05水平上显著，** 在0.01水平上显著。

由表6-9可知，在班级和宿舍层面，关系改变和愤怒改变对回避维度的回归系数都是显著的，但其在班级和宿舍间的方差都不显著，因此班级之间和宿舍之间不存在显著差异。

6.3.4.3 报复维度影响因素多层线性模型

在第6.3.1节中确认了报复维度个体层面的四大类影响因素：

人口统计学变量：师范(−)

人格特质变量：宽恕特质(−)、愤怒特质(+)、宜人性(−)、尽责性(−)、理解力/想象力(+)

具体伤害情境变量：冒犯者类型为父母(−)、其他人(+)，冒犯类型为背地伤害(+)，伤害面子程度(+)，非故意程度(−)，事件还在继续发生(+)，事件发生时的愤怒水平(+)，事件发生前的关系亲密度(−)

可改变变量：关系改变(−)，愤怒改变(+)，人际宽恕态度(−)，同情关心(−)

其中由于前三种类型的变量中，人口统计学变量以及伤害事件的客观事实变量不可改变，人格特质变量和事件发生时的主观感受也难以改变，因此本研究主要关注第四类变量的群体层面的影响因素。

第一层面(个体)变量包括：关系改变、愤怒改变、人际宽恕态度和同情关心。

第二层面包括：班级、宿舍。

以报复维度作为因变量，首先建立不包含第二层面变量的随机回归模型对第一层面(个体)的变量进行分析，然后根据第一层面变量分析的显著性检验结果，确定第一层面变量在第二层面上差异是否显著。如果差异显著,则需要根据差异来选择适合的第二层面上的变量作为自变量建立模型,做进一步分析。如果差异不显著,则无须再建构第二层模型。

不包含第二层面的随机回归模型建构如下:

模型第一层的方程为:

报复维度$=\beta_0+\beta_1$(关系变化)$+\beta_2$(愤怒变化)$+\beta_3$(人际宽恕态度)$+\beta_4$(同情关心)

模型第二层(班级、宿舍)的方程为:

$$\beta_0=\gamma_{00}+\mu_0$$
$$\beta_1=\gamma_{10}+\mu_1$$
$$\beta_2=\gamma_{20}+\mu_2$$
$$\beta_3=\gamma_{30}+\mu_3$$
$$\beta_4=\gamma_{40}+\mu_4$$

表6-10 报复作为因变量不包含二层变量的随机回归结果

	回归系数和显著性检验			方差成分和显著性检验	
	Coefficient	Standard Error	T-ratio	Variance Component	Chi-Square
第二层面为班级					
关系改变	−0.236	0.041	−5.793**	0.003	84.634
愤怒改变	0.398	0.041	9.692**	0.018	68.535
人际宽恕态度	−0.222	0.032	−6.897**	0.023	85.860
同情关心	−0.123	0.049	−2.525*	0.059	103.818**
第二层面为宿舍					
关系改变	−0.202	0.057	−3.543**	0.019	18.560
愤怒改变	0.447	0.063	7.087**	0.052	10.306
人际宽恕态度	−0.232	0.043	−5.395**	0.024	27.072
同情关心	−0.032	0.063	−0.506	0.076	39.065**

注:*在0.05水平上显著,**在0.01水平上显著。

由表6-10可知,当第二层面为班级时,同情关心对报复的回归系数显著($\beta=-0.123$,$P<0.05$),且该系数在班级间的方差为0.059是非常显著的,因此同情关心作为报复维度的自变量随着班级的不同而不同。

当第二层面为宿舍时,同情关心虽然对报复的回归系数不显著($\beta=-0.32$,$P>0.05$),但该系数在宿舍间的方差为0.076是非常显著的,因此同情关心作为报复维度的自变量随着宿舍的不同而不同。

6.3.4.4 宽恕他人影响因素多层线性模型

在第6.3.1节中确认了宽恕他人个体层面的四大类影响因素:

人口统计学变量:女生(一)

人格特质变量:宽恕特质(+)

具体伤害情境变量:冒犯者类型为陌生人(一),冒犯类型为背地伤害(一),非故意程度(+),事件还在继续发生(一),事件发生时的愤怒水平(一),事件发生前的关系亲密度(+)

可改变变量:关系改变(+),愤怒改变(一),人际宽恕态度(+)

其中由于前三种类型的变量中,人口统计学变量以及伤害事件的客观事实变量不可改变,人格特质变量和事件发生时的主观感受也难以改变,因此本研究主要关注第四类变量的群体层面的影响因素。

第一层面(个体)变量包括:关系改变、愤怒改变和人际宽恕态度。

第二层面包括:班级、宿舍。

以宽恕他人作为因变量,首先建立不包含第二层面变量的随机回归模型对第一层面(个体)的变量进行分析,然后根据第一层面变量分析的显著性检验结果,确定第一层面变量在第二层面上差异是否显著。如果差异显著,则需要根据差异来选择适合的第二层面上的变量作为自变量建立模型,做进一步分析。如果差异不显著,则无须再建构第二层模型。

不包含第二层面的随机回归模型建构如下:

模型第一层的方程为:

宽恕他人 $= \beta_0 + \beta_1$(关系变化)$+ \beta_2$(愤怒变化)$+ \beta_3$(人际宽恕态度)

模型第二层(班级、宿舍)的方程为:

$$\beta_0 = \gamma_{00} + \mu_0$$
$$\beta_1 = \gamma_{10} + \mu_1$$
$$\beta_2 = \gamma_{20} + \mu_2$$
$$\beta_3 = \gamma_{30} + \mu_3$$

表6-11 宽恕他人作为因变量不包含二层变量的随机回归结果

	回归系数和显著性检验			方差成分和显著性检验	
	Coefficient	Standard Error	T-ratio	Variance Component	Chi-Square
第二层面为班级					
关系改变	0.232	0.023	9.966**	0.001	74.203
愤怒改变	−0.326	0.030	−10.710**	0.005	84.671
人际宽恕态度	0.097	0.015	6.302**	0.001	63.467
第二层面为宿舍					
关系改变	0.246	0.038**	6.430	0.008	59.600
愤怒改变	−0.357	0.040**	−8.888	0.019	55.771
人际宽恕态度	0.111	0.026**	4.303	0.003	76.138*

注:* 在0.05水平上显著,** 在0.01水平上显著。

由表 6-11 可知,当第二层面为班级时,关系改变、愤怒改变和人际宽恕态度对宽恕他人的回归系数都是显著的,但其在班级间的方差都不显著,因此不存在班级层面的显著差异。

当第二层面为宿舍时,人际宽恕态度对宽恕他人的回归系数显著($\beta=0.111$, $P<0.05$),且该系数在宿舍间的方差为 0.003 是显著的,因此人际宽恕态度作为宽恕他人的影响因素随着宿舍的不同而不同。

6.3.4.5 宽恕自己影响因素多层线性模型

在第 6.3.2 节中确认了宽恕自己个体层面的四大类影响因素:

人口统计学变量:女生(+)

人格特质变量:自我宽恕(+)、外向性(+)、宜人性(-)、尽责性(+)

具体伤害情境变量:被冒犯者类型为父母(-),被冒犯者类型为其他人(-),被冒犯者类型为陌生人(-),非故意程度(+),事件发生时的内疚水平(-),事件发生前的关系亲密度(+)

可改变变量:关系改变(+),内疚改变(-),同情关心(+)

其中由于前三种类型的变量中,人口统计学变量以及伤害事件的客观事实变量不可改变,人格特质变量和事件发生时的主观感受也难以改变,因此本研究主要关注第四类变量的群体层面的影响因素。

第一层面(个体)变量包括:关系改变、内疚改变和同情关心。

第二层面包括:班级、宿舍。

以宽恕自己作为因变量,首先建立不包含第二层面变量的随机回归模型对第一层面(个体)的变量进行分析,然后根据第一层面变量分析的显著性检验结果,确定第一层面变量在第二层面上差异是否显著。如果差异显著,则需要根据差异来选择适合的第二层面上的变量作为自变量建立模型,做进一步分析。如果差异不显著,则无须再建构第二层模型。

不包含第二层面的随机回归模型建构如下:

模型第一层的方程为:

$$\text{宽恕自己} = \beta_0 + \beta_1(\text{关系变化}) + \beta_2(\text{内疚变化}) + \beta_3(\text{同情关心})$$

模型第二层(班级、宿舍)的方程为:

$$\beta_0 = \gamma_{00} + \mu_0$$
$$\beta_1 = \gamma_{10} + \mu_1$$
$$\beta_2 = \gamma_{20} + \mu_2$$
$$\beta_3 = \gamma_{30} + \mu_3$$

表 6-12　宽恕自己作为因变量不包含二层变量的随机回归结果

	回归系数和显著性检验			方差成分和显著性检验	
	Coefficient	Standard Error	T-ratio	Variance Component	Chi-Square
第二层面为班级					
关系改变	0.083	0.027	3.066**	0.002	88.036
内疚改变	−0.189	0.024	−7.733**	0.001	63.426
同情关心	0.015	0.023	0.671	0.005	72.075
第二层面为宿舍					
关系改变	0.116	0.040	2.912**	0.025	62.054
内疚改变	−0.190	0.037	−5.100**	0.005	59.930
同情关心	0.044	0.039	1.126	0.052	95.671**

注：* 在 0.05 水平上显著，** 在 0.01 水平上显著。

由表 6-12 可知，当第二层面为班级时，关系改变和内疚改变对宽恕自己的回归系数都是显著的，但其在班级间的方差都不显著，同情关心对宽恕自己的回归系数以及在班级间的方差都不显著，因此不存在班级层面的显著差异。

当第二层面为宿舍时，同情关心虽然对宽恕自己的回归系数不显著（$\beta=0.044$，$P>0.05$），但该系数在宿舍间的方差为 0.052 是非常显著的，因此同情关心作为宽恕自己的影响因素随着宿舍的不同而不同。

6.3.4.6　寻求宽恕影响因素多层线性模型

在第 6.3.3 节中确认了寻求宽恕个体层面的三大类影响因素：

人格特质变量：道歉倾向（＋），外向性（＋）

具体伤害情境变量：被冒犯者类型为父母（＋）、普通朋友（＋）、兄弟姐妹（＋）、其他人（＋），非故意程度（＋），事件发生时的内疚水平（＋），事件发生前的关系亲密度（＋）

可改变变量：关系改变（＋），内疚改变（＋），同情关心（＋）

其中由于前两种类型的变量中，人口统计学变量以及伤害事件的客观事实变量不可改变，人格特质变量和事件发生时的主观感受也难以改变，因此本研究主要关注第三类变量的群体层面的影响因素。

第一层面（个体）变量包括：关系改变、内疚改变和同情关心。

第二层面（班级）变量包括：班级宽恕环境氛围。

第二层面（宿舍）变量包括：宿舍宽恕环境氛围。

以宽恕自己作为因变量，首先建立不包含第二层面变量的随机回归模型对第一层面（个体）的变量进行分析，然后根据第一层面变量分析的显著性检验结果，确定第一层面变量在第二层面上差异是否显著。如果差异显著，则需要根据差异来选择适合的第二层面上的变量作为自变量建立模型，做进一步分析。如果差异不显著，则无须再建构第二层模型。

由于寻求宽恕是二分变量,采用多层广义线性模型(generalized linear model with random effect)(张雷,等,2005),不包含第二层面的随机回归模型建构如下:

模型第一层的方程为:

$$Prob(寻求宽恕=1|\beta)=\varphi$$

$$\log[\varphi/(1-\varphi)]=\eta$$

$$\eta=\beta_0+\beta_1(关系变化)+\beta_2(内疚变化)+\beta_3(同情关心)$$

模型第二层(班级、宿舍)的方程为:

$$\beta_0+\gamma_{00}+\mu_0$$

$$\beta_1+\gamma_{10}+\mu_1$$

$$\beta_2+\gamma_{20}+\mu_2$$

$$\beta_3+\gamma_{30}+\mu_3$$

表6-13 寻求宽恕作为因变量不包含二层变量的随机回归结果

	回归系数和显著性检验			方差成分和显著性检验	
	Coefficient	Standard Error	T-ratio	Variance Component	Chi-Square
第二层面为班级					
关系改变	0.018	0.020	0.900	0.001	69.514
内疚改变	−0.124	0.021	−5.838**	<0.000	66.795
同情关心	−0.011	0.021	−0.504	0.006	80.977
第二层面为宿舍					
关系改变	0.027	0.031	0.900	0.002	59.281
内疚改变	−0.074	0.036	−2.078*	0.022	56.441
同情关心	<0.000	0.027	−0.010	0.001	52.331

注:* 在0.05水平上显著,** 在0.01水平上显著。

由表6-13可知,在班级和宿舍层面,内疚改变对寻求宽恕的回归系数是显著的,但其在班级和宿舍间所有变量的方差都不显著,因此班级和宿舍层面都不存在显著的差异。

6.3.4.7 假设检验结果

研究假设有一部分得到部分验证,包括:H4-1、H4-3、H4-4、H4-5,其余的研究假设没有得到验证,包括:H4-2、H4-6。

H4-1:对于不同班级和宿舍的学生,可改变变量对人际侵犯动机的影响存在显著差异。该假设只得到部分验证。结果显示,只有当第二层面为班级时,可改变变量中的"同情关心"作为人际侵犯动机的影响因素随着班级的不同而不同。当第二层面为宿舍时,可改变变量对人际侵犯动机的影响不存在宿舍之间差异。

H4-2:对于不同班级和宿舍的学生,可改变变量对回避维度的影响存在显著差异。该假设完全没有得到验证。

H4-3:对于不同班级和宿舍的学生,可改变变量对报复维度的影响存在显著差异。该假设只得到部分验证。当第二层面为班级时,可改变变量中的"同情关心"对报复的影响因素随着班级的不同而不同。当第二层面为宿舍时,可改变变量中的"同情关心"对报复的影响同样随着宿舍的不同而不同。

H4-4:对于不同班级和宿舍的学生,可改变变量对宽恕他人的影响存在显著差异。该假设只得到部分验证。当第二层面为班级时,可改变变量对人际侵犯动机的影响不存在班级之间差异。当第二层面为宿舍时,可改变变量中的人际宽恕态度对宽恕他人的影响随着宿舍的不同而不同。

H4-5:对于不同班级和宿舍的学生,可改变变量对宽恕自己的影响存在显著差异。由表6-13可知,当第二层面为班级时,可改变变量对宽恕自己的影响不存在班级之间差异。当第二层面为宿舍时,可改变变量中的"同情关心"对宽恕自己的影响随着宿舍的不同而不同。

H4-6:对于不同班级和宿舍的学生,可改变变量对寻求宽恕的影响存在显著差异。该假设完全没有得到验证。

6.4 结论和建议

本章通过多层回归分析和多层线性模型,考察了大学生宽恕心理个体和群体层面相关影响因素。相关研究结果见表6-14。

表6-14 宽恕心理多层影响因素分析结果

层级	变量	人际侵犯动机	回避	报复	宽恕他人	宽恕自己	道歉行为
人口统计学变量	女生	**	**		* -	*	
	四年级		**				
	师范			** -			
人格特质变量	人际宽恕倾向	** -		** -	**		
	自我宽恕倾向					**	
	道歉倾向						**
	愤怒特质			**			
	外向性	* -	** -			**	**
	尽责性			* -		**	
	宜人性			* -		* -	
	情绪稳定性	* -	** -				
	理解力/想象力	**	*	**			

续表 6-14

层级	变量	人际侵犯动机	回避	报复	宽恕他人	宽恕自己	道歉行为
事件相关变量	父母	**−		*−		**−	**
	普通朋友						**
	其他人			**		**−	**
	陌生人				*−	*−	
	背地伤害			**	*−		
	冒犯还在发生		**−		**−		
	感知对方非故意程度	**−	**−	**−	**		
	自己非故意程度					**	**
	愤怒水平	**	**	**	**−		
	伤面子程度			**			
	内疚水平					**−	**
	关系亲密度	**−	**−	**−	**	**	**
可改变变量	关系改变	**	**	**	**	**	**
	愤怒改变	**	**	**	**−		
	内疚改变					**−	**
	人际宽恕态度	**		**	**		
	同情关心	*−		**−		**	**
群体层面	宿舍	无	无	同情关心	人际宽恕态度	同情关心	无
	班级	同情关心	无	同情关心	无	无	无

注：* 在 0.05 水平上显著，** 在 0.01 水平上显著，+ 代表回归系数为正，− 代表回归系数为负。

6.4.1 人口统计学变量与宽恕

在纳入了其他几大类变量后，人口统计学变量中只剩下性别、四年级和师范专业对宽恕心理的某几个指标具有显著的影响。关于性别、年级和专业与宽恕的关系已于第 5 章有较详细的讨论，在此不再赘述。从应用的角度，最值得注意的是女生对人际宽恕相关变量有显著的预测性，因此在进行宽恕教育和干预的时候，对于女生的人际宽恕需要更多的注意。结合第 5 章的研究结果女生相对更看重与父母和好朋友的人际冲突，对女生的宽恕教育和干预可以在亲情和友情上做更多的引导、设计和侧重。

6.4.2 人格特质与宽恕

研究结果发现，与宽恕直接相关的人格倾向包括人际宽恕倾向、自我宽恕倾向和道歉倾向直接对应地影响情境性的宽恕水平（除回避外）。愤怒特质对报复有显著影响，这与以往的研究基本一致,Johns等人发现愤怒特质与不宽恕显著相关(Johns, Allen, & Gordon, 2015)。

本研究中大五人格中最具影响力的是外向性,其对人际侵犯动机、回避有显著的负向预测,而对宽恕自己和寻求宽恕有正向预测;尽责性对报复有负向预测,对宽恕自己有正向预测;情绪稳定性对人际侵犯动机、回避有负向预测;宜人性对报复有负向预测。这些研究结果与以往的研究结果基本一致,有研究发现特质性和状态性人际宽恕都与外向性呈正相关,与神经质性呈负相关(Brose, et al., 2005)。对青年大学生群体的研究发现人际宽恕的回避动机维度与宜人性和神经质性,报复动机维度与宜人性、神经质性和尽责性显著相关(Rey & Extremera, 2016),外向性也是自我宽恕的重要预测变量(Oral & Arslan, 2017)。

值得注意的是,本研究中宜人性对宽恕自己负向预测。早期有研究发现自我宽恕与宜人性呈负相关(Tangney, et al., 2005a),也有研究发现呈正相关(Strelan, 2007),之后有研究发现宜人性对自我宽恕没有显著的预测性(Oral & Arslan, 2017)。这几项研究采用的自我宽恕的量表是几种不同的特质性自我宽恕的量表,因此可能存在对自我宽恕特质上的构念差异。本研究建立的情境性的自我宽恕与大五人格变量之间的模型发现与宜人性之间的负向关系,则可以推论宜人性越高的大学生可能更加希望与人为善,当面对具体的自己冒犯他人的事件,情境性的自我宽恕水平就可能越低。

本研究中理解力/想象力对人际侵犯动机、回避和报复有显著的正向预测作用,这与以往的研究结果不一致,开放性对回避和报复没有显著预测作用(Rey & Extremera, 2016)。由于其他相关研究较少,难以做深入对比讨论。仅就本研究与Rey等人研究的差异,可能是Rey等人的研究中并未将事件相关的情境性变量纳入其中,而本研究排除了更多的情境性因素,因此本研究的结果或许可以推论为遇到相同的受冒犯情境的个体,理解力/想象力[经验开放性(Goldberg, 1992)]水平更高的个体,更不愿受到传统的、主流的人际原则(比如,退一步海阔天空,吃亏是福等)束缚,对于采用相对冒险的方式面对冒犯者更加有开放性。

6.4.3 具体冲突事件相关变量与宽恕

6.4.3.1 社会认知变量与宽恕

本研究发现只有共情的"同情关怀"维度对人际侵犯动机、报复具有负向预测作用,对宽恕自己和道歉行为有正向预测作用,而"观点采摘"维度对所有情境性宽恕变量都没有显著预测作用,在Johns等人的研究中也得到了相同的结果(Johns, et al., 2015)。但是,有一些研究则发现人际宽恕与观点采摘的关系但与同情关怀无关(Hodgson & Wertheim, 2007),也有的研究发现人际宽恕与两个维度都显著相关(Booker & Dunsmore, 2016; Konstam, Chernoff, & Deveney, 2001)。有研究者认为人际宽恕应该与"观点采摘"的关系更大,因为与之相关的认知上的积极归因产生的情感性共情提高了人际宽恕水平(Davis & Gold,

2011；Hampes，2016)。这种共情的具体维度和人际宽恕关系不一致的研究结果,一部分可能来自测量工具,比如有的研究采用的是特质性宽恕的测量工具,也可能存在其他的中介或调节变量。但总的来说,共情与人际宽恕的关系是得到确认的(Fehr, et al., 2010；Riek & Mania, 2012)。

在本研究中相比共情,对他人和自己故意水平的推断和感知普遍与宽恕相关。具体来说,感知到对方的非故意程度,对人际侵犯动机、报复、回避具有负向预测作用,对宽恕他人有正向预测作用；感知到自己的非故意程度对宽恕自己和道歉行为有正向预测作用。这与以往的研究一致,研究发现动机推理比共情对人际宽恕更有影响力(Donovan & Priester, 2017),因此如果推断冒犯者不是故意的则更容易宽恕。而对于道歉行为,研究发现自己觉察到责任越大、越感到内疚则越容易寻求宽恕(Riek, et al., 2014),而本研究发现越非故意越容易道歉,可能与故意程度有关的是后悔和羞愧,羞愧使人更难向受害者寻求宽恕(Tangney, et al., 2005b),因此冒犯者认定自己是非故意的伤害则后悔和羞愧更少更可能寻求宽恕。

在本研究中事件发生时的愤怒水平对人际侵犯动机、报复、回避具有负向预测作用,对宽恕他人有正向预测作用,事件发生时的内疚对宽恕自己有负向预测作用,对道歉行为有正向预测作用。这与以往的研究一致,元研究发现愤怒是影响宽恕的重要因素之一(Fehr, et al., 2010；Riek & Mania, 2012),内疚正向预测自我惩罚(Griffin, et al., 2016)也能正向预测寻求宽恕行为(Riek, et al., 2014)。

6.4.3.2 人际关系变量与宽恕

在本研究中关系亲密度对人际侵犯动机、报复、回避具有负向预测作用,对宽恕他人、宽恕自己和道歉行为有正向预测作用。这与以往研究结果一致,很多研究发现冒犯事件发生前,冒犯者与被冒犯者关系的高亲密度促进了宽恕的发生(McCullough, et al., 1998；McCullough, et al., 1997；Tsang, et al., 2006；王琴琴,2012)。在本研究中伤害面子的程度正向预测了报复水平。这与以往的研究结果一致,有的研究发现面子威胁可以通过正向预测愤怒、负向预测同情(compassion)进而预测人际宽恕,也可以直接负向预测人际宽恕(Zhang, et al., 2015)。

值得注意的是,本研究发现冒犯严重程度不能预测宽恕水平,而人际冲突对象的关系类型可以预测宽恕水平,具体来说：人际冲突对象为父母(本研究中由于设定虚拟变量的需要,以人际冲突对象为好朋友为参照)时,对人际侵犯动机、回避和宽恕自己有显著的负向预测作用,对道歉行为有显著的正向预测作用；人际冲突对象为其他人时,正向预测报复和道歉行为,负向预测宽恕自己；人际冲突对象为陌生人时,负向预测宽恕他人和宽恕自己,正向预测寻求宽恕；冒犯对象为普通朋友时,正向预测道歉行为。这与国外研究并不一致,冒犯的严重程度能够显著影响宽恕,伤害得越严重宽恕越困难(Riek & Mania, 2012),冒犯他人事件越严重个体越内疚、越尝试宽恕自己(Griffin, et al., 2016),冒犯者知觉到的冒犯严重程度以及感觉应该承担责任的程度会通过增加感知到的内疚影响寻求宽恕(Riek, et al., 2014)。这些差异或许来自文化差异,有研究发现中国的青少年在初中时期对于各种冒犯者的人际宽恕水平差异不显著,到了高中和大学阶段对家人的人际宽恕水平显著高于同伴(朱婷婷,陶琳瑾,傅宏,2013),这或许预示着中国的"家"和"孝道"文化到了高中和大学阶段开始影响青少年,文化中差序格局的影响开始显现到青少年的社会化过程中。

具体分析人际冲突对象为父母时,对人际侵犯动机、回避有显著的负向预测作用,对道歉行为有显著的正向预测作用,这体现对父母的明显的人际和解倾向。一些研究者认为中国社会崇尚以社会和谐为特征的集体主义文化,宽恕主要被感知为与个体外部的和人际有关的,并且宽恕与否受到关系修复、重建和和解的愿望驱动,因此宽恕更像是一种文化责任而不是一种个体的决策(Hook, et al., 2013;Hook, et al., 2009;Paz, et al., 2008)。本研究认为基于中国文化中的差序格局,大学生对待父母这种核心人际关系会采用更加倾向于关系和解的宽恕行为模式。与之相对的是,人际冲突对象为陌生人时,负向预测宽恕他人,对象为其他人时,正向预测报复,这两种关系的和解倾向明显较低。

不过也有矛盾的地方,冒犯对象为普通朋友和其他人时,也能正向预测道歉行为,同时其他人还能负向预测宽恕自己,这种矛盾和特殊性,可能存在群体层面的视角,将于稍后第6.4.5节进行分析。本研究还显示,当大学生冒犯了陌生人时负向预测宽恕自己,可能是因为陌生人无法再见,没有道歉和补偿的机会,因此引起了更高水平的内疚和低水平的自我宽恕。

道歉不能预测人际宽恕的任何指标变量,即使是被感知到诚恳的道歉。这些与以往的研究不一致,研究发现真诚的道歉可能会增加受害者宽恕冒犯者的可能性(Bachman & Guerrero, 2006;Bassett, et al., 2006;Pansera & La Guardia, 2012),元研究发现道歉是宽恕的重要影响因素(Fehr, et al., 2010)。在本研究中,诚恳道歉在加入第四层变量前,能显著负向预测人际侵犯动机、回避、报复,正向预测宽恕他人,但是加入第四层可改变变量后,诚恳道歉的影响变得不显著了。因此,不能说诚恳道歉不重要,而是由诚恳道歉引起的关系、情绪和态度的改变预测了宽恕。

6.4.4 可改变变量与宽恕

本研究中关系改变(变好)对人际侵犯动机、报复、回避有负向预测作用,对宽恕他人、宽恕自己和道歉行为有正向预测作用;愤怒改变(变高)对人际侵犯动机、报复、回避有正向预测作用,对宽恕他人有负向预测作用;内疚改变(变高)对宽恕自己有负向预测作用,对道歉行为有正向预测作用;人际宽恕态度对人际侵犯动机、报复、回避有负向预测作用,对宽恕他人有正向预测作用;共情中的同情关心维度对人际侵犯动机、报复具有负向预测作用,对宽恕自己和道歉行为有正向预测作用。关于关系、情绪和共情与宽恕的关系在之前的讨论中已经涉及,在此不再赘述。将人际宽恕态度也作为可改变变量的依据主要来源于宽恕教育和干预的相关研究。研究发现,人际宽恕干预促进了对人际宽恕的积极态度以及对冒犯者的积极态度(Gambaro, et al., 2008; Hui & Chau, 2009; Hui & Ho, 2004),进而促进了对冒犯者的宽恕,本研究也佐证了这种关系。

从 ΔR^2 看,可改变的变量对宽恕自己影响最大,其中内疚改变是影响最大的变量;可改变的变量对人际宽恕的影响也比较大,其中愤怒改变对报复和宽恕他人影响最大,关系改变对回避和人际侵犯动机影响最大;可改变的变量对寻求宽恕的影响比较小,关系改变是其中影响最大的。

6.4.5 群体层面差异与宽恕

本研究中,在宿舍层面,同情关心作为报复和宽恕自己的影响因素存在显著差异,人际宽恕态度作为宽恕他人的影响因素存在显著差异。在班级层面,同情关心作为人际侵犯动机和报复的影响因素存在显著差异。或者可以换句话说,在不同的班级或宿舍里,个体面对类似的人际冲突时即使有同样的共情水平或人际宽恕态度,产生的宽恕心理结果可能是不同的,存在班级或宿舍层面的影响。但由于本研究只是一个初步探索性研究,只能确认这种群体差异的存在,还无法进一步确认具体有哪些因素导致了群体差异。

那么如何解释为何存在宿舍和班级层面的群体差异呢?本书的第 3 章人际冲突现状研究发现,大学生人际冲突对象中的"其他人"类型频率最高的是同学和舍友(室友),可见宿舍室友和班级同学也是大学生重要的人际关系,但是有些大学生无法将其归入普通朋友、好朋友等类型而单列出来,这隐含着这种"其他人"是大学生共同生活学习但不一定被认定为朋友的人际关系。本研究发现这一类"其他人"能正向预测报复和道歉行为,同时负向预测宽恕自己,这种在关系和解倾向上的矛盾体现出群体的影响。一方面,在差序格局中"其他人"相对边缘,在受到他们冒犯后报复有助于自我保护、明确人际边界,因此报复动机可能更高;另一方面,宿舍、班级群体作为大学生身处的主要和重要群体,日常交往频繁,与群体成员保持一定的融洽关系很重要,因此在冒犯他人后道歉这种主动和解的行为更多;此外"其他人"还能负向预测冒犯他人后宽恕自己的水平,可能是由于宿舍和班级是大学生主要的人际交往场所,受集体主义文化影响的个体更多地在意他人的谴责和批评(Dat & Okimoto, 2018),因此在宿舍和班级群体中冒犯他人后可能受到更多的群体压力,自我宽恕水平比在一对一的人际关系(如好朋友、恋人、普通朋友)中冒犯他人后更低。

这种群体的影响也体现在群体之间的差异对个体心理的影响,本研究中个体同样的同情关心或人际宽恕态度水平在不同的群体可能产生了不同的宽恕心理状态。本研究发现,在班级层面,同情关心作为报复的影响因素存在显著差异,从表 6-14 可看出同情关心可负向预测报复,但如果存在班级层面的差异,可能在有些班级,提高成员的同情关心水平可以使报复水平降低,而在另一些班级,这种效果则可能并不明显,甚至有的班级会有反效果。

为什么会这样？可能是由班级层面各种变量造成的，比如可能有的班级更推崇宽以待人，有的班级辅导员更宽容，这样有相同同情关心水平的大学生在这样的班级里报复水平更低，当然这都是假设，其中的影响因素还需进一步探索。同样的逻辑也可以阐释本研究发现的在宿舍层面和班级层面的其他差异，在此不再赘述。这种群体层面变量对宽恕的影响在组织领域有一些研究佐证，有研究者发现群体的宽恕氛围影响员工的宽恕水平（张军伟，龙立荣，2014），但在教育领域还需要进一步的探索。

6.4.6 与宽恕教育和干预相关的讨论和建议

个体层面的宽恕教育和干预，从不可以通过干预和教育改变的变量中的人口统计学变量来说需要注意性别和年级，这方面的讨论已在第4章中呈现，在此不再赘述。从人格变量来说，主要关注宜人性水平高的个体在冒犯他人情境中宽恕自己水平较低的情况，帮助他们认识到自我宽恕与承担责任之间并不矛盾，从而提高自我接纳水平、完成积极认知修复(Worthington,2013)。从可改变变量对宽恕的预测作用来看，宽恕促进主要需要从关系和情绪两方面入手，对于自我宽恕，促进内疚的改变能产生最大的影响；对于人际宽恕，促进愤怒情绪合理宣泄能降低报复水平、提高宽恕他人水平，促进关系改变能降低回避和人际侵犯动机；对于寻求宽恕，促进关系改变也能起到一定的效果。

在群体层面，本研究发现宿舍和班级层面都可能存在影响个体内在宽恕水平的因素，虽然具体变量还未探明，但影响是确定的，因此在宿舍和班级层面采用团体教育和辅导模式进行宽恕导向的人际关系、冲突管理教育和讨论，使群体成员共同学习人际冲突和宽恕心理的相关知识，有利于产生用宽恕积极应对人际冲突的共识，由此降低群体中的个体宽恕的阻力。此外，促进关系的改变不仅需要从个体干预着手，更重要的是从群体层面着手，给人际冲突双方制造更多交往和合作的机会。

7 总结与展望

本研究采取整合的人际互动视角,将宽恕的研究范畴设定为伤害事件双方在动机、认知、情感和行为上逐渐由消极向积极转变的过程,包括人际宽恕、自我宽恕和寻求宽恕。基于对国内外人际宽恕、自我宽恕和寻求宽恕领域的全面综述,通过问卷调查考察大学生人际冲突和宽恕心理状况及其与心理健康的关系,建构个体层面的分层回归(第一层人口统计学变量,第二层人格变量,第三层冒犯事件发生时相关主客观变量,第四层冒犯事件发生后可发生改变的变量)和群体层面的多层线性模型,探索大学生宽恕心理个体和群体层面(班级和宿舍)相关影响因素。本研究相关具体研究假设检验和研究结果讨论详见之前各章的总结和讨论,下面简要概括重要研究结论。

7.1 结论

大学生人际冲突及宽恕心理现状研究

(1) 人际冲突在大学生日常生活中十分常见(97.10%能回忆起作为受害者经历的事件,97.88%能回忆起作为冒犯者的事件),并且经常会带来受到伤害的感受,也能觉知他人受到过自己的伤害,好朋友、恋人和父母是大学生最重要的人际冲突对象,口头伤害是最突出的人际冲突形式。

(2) 人际宽恕存在较多人口统计学差异,自我宽恕和寻求宽恕水平则相对比较稳定,在人际冲突和宽恕心理上,性别差异体现在冲突对象、类型、道歉感知和人际以及自我宽恕心理上。大学一年级和四年级的学生是在人际宽恕和寻求宽恕心理上具有较鲜明特点的年级。一年级宽恕他人水平显著高于二、三、四年级,回避水平显著低于四年级,道歉的比例更高,一年级人际宽恕态度显著高于二、三、四年级,道歉倾向显著高于三、四年级。

(3) 对具体人际冲突事件的情境性人际宽恕、自我宽恕以及寻求宽恕水平都与事件发生前、中和后相关的客观和主观变量密切相关。

(4) "孝"文化的潜在影响显著。无论大学生是作为受冒犯者还是冒犯者,父母都是重要的对象之一,特别是女生、独生子女和一年级的学生。大学生对父母的人际宽恕水平更高;但当自己冒犯了父母,自我宽恕水平显著低于冒犯了好朋友和普通朋友。

(5) 无论是情境性的还是特质性的宽恕,无论是人际宽恕、自我宽恕还是寻求宽恕都与心理健康的积极和消极指标相关。

(6) 人际宽恕的"知""行"在心理健康上呈互补性;宽恕特质上的"宽以待人、严于律己"与抑郁有关;自我宽恕和寻求宽恕"群己辩证"思维与心理健康密切相关。

(7) 研究结果提示需要关注大学女生与父母和好朋友的关系,以及人际宽恕心理,特别是在具体冒犯事件中的主观感受;对于大学男生则需要关注他们与异性和恋人的关系,以及他们作为冒犯者时发动持续性人际冲突的倾向和自我宽恕水平较低的特点。大学一年级是进行人际交往技巧、人际冲突处理和宽恕心理教育的关键期,做好预防性心理教育是可以事半功倍的;高年级,特别是四年级,是宽恕心理干预的重点时期。

大学生宽恕心理多层次影响因素研究

1. 个体层面

第一层为人口统计学变量,第二层为人格变量,第三层为冒犯事件发生时相关主客观变量,第四层为冒犯事件发生后可发生改变的变量。

(1) 人口统计学变量中性别、四年级和师范专业对宽恕心理的某几个指标具有显著的影响。

(2) 人格变量中宽恕直接相关的人格倾向(包括人际宽恕倾向、自我宽恕倾向和道歉倾向)直接对应地影响情境性的宽恕水平(除回避外)。

(3) 人格变量的大五人格中最具影响力的是外向性,其对人际侵犯动机、回避有显著的负向预测,而对宽恕自己和寻求宽恕有正向预测;尽责性对报复有负向预测,对宽恕自己有正向预测;情绪稳定性对人际侵犯动机、回避有负向预测;宜人性对报复有负向预测。宜人性对宽恕自己负向预测,理解力/想象力对人际侵犯动机、回避和报复有显著的正向预测作用。

(4) 冒犯事件发生时相关主客观变量中,对他人和自己故意水平的推断和感知普遍与宽恕相关。具体来说,感知到对方的非故意水平,对人际侵犯动机、报复、回避有负向预测作用,对宽恕他人有正向预测作用;感知到自己的非故意水平对宽恕自己和道歉行为有正向预测作用。

(5) 冒犯事件发生时相关主客观变量中,愤怒水平对人际侵犯动机、报复、回避有负向预测作用,对宽恕他人有正向预测作用,内疚对宽恕自己有负向预测作用,对道歉行为有正向预测作用。

(6) 冒犯事件发生时相关主客观变量中,关系亲密度对人际侵犯动机、报复、回避具有负向预测作用,对宽恕他人、宽恕自己和道歉行为有正向预测作用;冒犯严重程度不能预测宽恕水平;人际冲突对象为父母时,对人际侵犯动机、回避和宽恕自我有显著的负向预测作用,对道歉行为有显著的正向预测作用。

(7)冒犯事件发生后可发生改变的变量中,关系改变(变好)对人际侵犯动机、报复、回避有负向预测作用,对宽恕他人、宽恕自己和道歉行为有正向预测作用;愤怒改变(变高)对人际侵犯动机、报复、回避有正向预测作用,对宽恕他人有负向预测作用;内疚改变(变高)对宽恕自己有负向预测作用,对道歉行为有正向预测作用;人际宽恕态度对人际侵犯动机、报复有负向预测作用,对宽恕他人有正向预测作用;共情中的同情关心维度对人际侵犯动机、报复有负向预测作用,对宽恕自己和道歉行为有正向预测作用。

2. 群体层面

(1)在宿舍层面,同情关心作为报复和宽恕自己的影响因素存在显著差异,人际宽恕态度作为宽恕他人的影响因素存在显著差异。

(2)在班级层面,同情关心作为人际侵犯动机和报复的影响因素存在显著差异。或者可以换句话说,在不同的班级或宿舍里,个体面对类似的人际冲突时即使有同样的共情水平或人际宽恕态度,产生的宽恕心理结果可能也是不同的,存在班级或宿舍层面的影响。

(3)但由于本研究只是一个初步探索性研究,只能确认这种群体差异的存在,还无法进一步确认具体有哪些因素导致了群体差异。

7.2 研究创新与不足

7.2.1 研究创新

(1)本研究创新提出了整合视角的宽恕,即同时从被冒犯者和冒犯者视角将宽恕定义为伤害事件双方在动机、认知、情感和行为上逐渐由消极向积极转变的过程,包括人际宽恕、自我宽恕和寻求宽恕。这种整合式的定义更加有助于在重视人际关系的中国文化中理解宽恕,并将宽恕作为重要的理论和实践资源应用在个体面对社会冲突情景和人际伤害的解决方案中。

(2)本研究创新性地探索了基于中国文化特色的思维方式和人际关系处理方式建构的宽恕心理特点与心理健康之间的关系,发现人际宽恕的"知""行"在心理健康上的互补性;宽恕特质上的"宽以待人、严于律己"与抑郁有关;自我宽恕和寻求宽恕"群己辩证"思维在心理健康上的重要性。

(3)本研究采用分层回归确认了个体层面影响大学生宽恕心理的多层次关键影响因素,即具体冒犯事件相关变量和事后可改变变量,其中重要的变量是冒犯事件发生时的愤怒和内疚情绪、关系亲密度及事后情绪和关系的改变;采用多层线性模型确认了宿舍、班级这两个群体层面都可能存在影响大学生内在宽恕水平的因素。

(4)本研究创新地采用了中文自然语言文本分析的方法处理并依据词频可视化研究中

产生的文本信息,改善了以往类似研究对文本信息人工处理效率较低的状况。

7.2.2 研究不足

(1) 本研究虽然采用多层线性模型确认了宿舍、班级这两个群体层面都可能存在影响大学生内在宽恕水平的因素,但是并未探明具体有哪些影响因素及影响方式。

(2) 本研究主要采用自我报告法研究宽恕,有研究者提出在自我报告中一些被试可能会进行控制和印象管理(Hoyt & McCullough, 2005),一些被试可能缺乏准确的自省能力(Schmukle & Egloff, 2005)。虽然本研究对情境性人际宽恕的测量采用了 Hoyt 等人提出的通过增加测量的数据源来改进宽恕的测量方式(Hoyt & McCullough, 2005),但是对情境性自我宽恕和寻求宽恕主要采用了单项目测量的方法。

(3) 虽然本研究考察了有中国文化特色的思维方式和人际关系处理方式有关宽恕心理特点与心理健康之间的关系,但是未采用"和谐性""集体主义倾向"等普遍使用的中国文化心理变量的测量工具,对中国文化背景对个体宽恕心理的影响研究存在局限性。

7.3 研究展望

本研究发现宿舍、班级这两个群体层面都可能存在影响大学生内在宽恕水平的因素,已有研究发现组织情境中群体的宽恕氛围会影响员工的宽恕水平(张军伟,龙立荣,2014),那么在教育情境中班级、宿舍的宽恕氛围、情绪氛围是否也存在类似的影响?此外,辅导员、班主任的人格特质、宽恕水平是否会对大学生的宽恕水平产生影响,这都有待未来的研究探索。

本研究采用分层回归考察了人口统计学变量、人格变量、具体冒犯事件相关变量和事后可改变变量,其中后两者对情境性宽恕心理影响较大,但人格变量采用的主要是大五人格以及宽恕倾向性变量,在未来的研究中可以考虑加入更有中国文化特色的人格变量,比如"和谐性""人情""面子"(Cheung, Cheung, & Zhang, 2004)等,考察是否有中国特色的人格变量对情境性宽恕心理的预测力更大。

参考文献

C. R. 斯奈德,沙恩·洛佩斯,2013. 积极心理学:探索人类优势的科学与实践[M]. 北京:人民邮电出版社.

Luthans F,Youssef-Morgan C M,Avolio B J,2018. 心理资本:激发内在竞争优势[M]. 2 版. 王垒,童佳瑾,高永东,等译. 北京:中国轻工业出版社.

艾伦·拉扎尔,2017. 道歉的力量[M]. 北京:北京联合出版公司.

岑国桢,1998. 从公正到关爱、宽恕:道德心理研究三主题略述[J]. 心理科学,21(2):3-5.

岑国桢,2002. 10—16 岁儿童内在公正观的研究[J]. 心理科学,25(1):14-17.

陈祉妍,朱宁宁,刘海燕,2006. Wade 宽恕量表与人际侵犯动机量表中文版的试用[J]. 中国心理卫生杂志,20(9):617-620.

付伟,张绍波,李欣,等,2016. 宽恕与心理健康关系的 meta 分析[J]. 中国心理卫生杂志,30(5):395-400.

傅宏,2006. 基于中国大学生样本的宽恕及其相关人格因素分析[J]. 教育研究与实验(1):58-63.

傅宏,2002. 宽恕:当代心理学研究的新主题[J]. 南京师大学报(社会科学版)(6):80-87.

傅宏,2004. 宽恕理论在心理学治疗领域中的整合发展趋势[J]. 教育研究与实验(3):54-59.

傅宏,2003. 宽恕心理学:理论蕴涵与发展前瞻[J]. 南京师大学报(社会科学版)(6):92-97.

傅宏,2009. 中国人宽恕性情的文化诠释[J]. 南京社会科学(8):57-62.

郭本禹,倪伟,2000. 宽恕:品德心理研究的新主题[J]. 教育研究与实验(2):38-43.

胡雯,甘小荣,郭栋梁,2018. 医学生自我宽恕与心理健康的相关研究[J]. 校园心理(2):115-117.

卡尔(Carr A),2018. 积极心理学:有关幸福和人类优势的科学[M]. 2 版. 丁丹,等译. 北京:中国轻工业出版社.

蓝石,2014. 基于变量类型做好统计分析:SPSS 实例示范[M]. 重庆：重庆大学出版社.

李涛,2013. 数据挖掘的应用与实践:大数据时代的案例分析[M]. 厦门：厦门大学出版社.

李湘晖,2011. 大学生宽恕现状及其与心理健康的关系研究[J]. 现代预防医学,38(14):2763-2766.

龙翔,2016. 团体辅导对大一新生宽恕的影响[D]. 长沙:湖南师范大学.

陆丽青,2006. 大学生宽恕的影响因素及其同心理健康的关系[D]. 金华:浙江师范大学.

马旭颖,2013. 大学生自我宽恕的结构与特点[D]. 沈阳:沈阳师范大学.

苗元江,余嘉元,2003. 积极心理学:理念与行动[J]. 南京师大学报(社会科学版)(2):81-87.

苗元江. 2009. 心理学视野中的幸福:幸福感理论与测评研究[M]. 天津：天津人民出版社.

尼尔森,2011. 积极组织行为学[M]. 王明辉,译. 北京：中国轻工业出版社.

彭丽华,2004. 伤害情境下青少年宽恕的发展研究[D]. 保定:河北大学.

任俊,2006. 积极心理学思想的理论研究[D]. 南京:南京师范大学.

汤舒俊,喻峰,2009.《状态自我宽恕量表》在大学生群体中的修订[J]. 长江大学学报(社会科学版),32(6):68-70.

陶琳瑾,2011. 高特质愤怒青少年的宽恕干预研究[D]. 南京:南京师范大学.

王佳波,2013. 大学生宽恕倾向与置换性攻击的关系研究[D]. 昆明:云南师范大学.

王琴琴,2012. 大学生宽恕的特点及影响因素[D]. 西安:陕西师范大学.

王琼,2014. 大学生自我宽恕倾向对人际适应性的影响[D]. 南京:南京师范大学.

魏源,2007. 浙江某高校大学生共情特点分析[J]. 中国学校卫生,28(2):135-137.

许珊珊,王黎明,梁执群,2014. REACH 宽恕干预模型对提高中职生宽恕水平的实效研究[J]. 中国校医,28(3):163-164.

余璇,田喜洲,2018. 积极组织行为学:探索个体优势的学科与实践[M]. 北京：经济科学出版社.

袁殷红,2013. 高职大学生宽恕水平的现状调查[J]. 中国健康心理学杂志,21(9):1422-1423.

张登浩,罗琴,2011. 宽恕性与"大七"人格维度[J]. 中国临床心理学杂志,19(1):100-102.

张军伟,龙立荣,2014. 员工宽恕的前因与后果:多层次模型[J]. 心理学报,46(8):1161-1175.

参 考 文 献

张军伟，龙立荣，2016. 服务型领导对员工人际公民行为的影响：宽恕氛围与中庸思维的作用[J]. 管理工程学报，30(1)：43-51.

张雷，雷雳，郭伯良，2005. 多层线性模型应用[M]. 北京：教育科学出版社.

赵瑞雪，朱婷婷，郑爱明，2018. 大学生寻求宽恕倾向与道歉倾向中文版问卷的研制[J]. 南京医科大学学报（社会科学版），18(1)：30-34.

朱婷婷，2012. 青少年早期宽恕：特质观干预与宽恕干预比较[D]. 南京：南京师范大学.

朱婷婷，陶琳瑾，傅宏，2013. 不同人际关系中青少年的宽恕心理特点[J]. 心理科学，36(1)：109-115.

宗培，白晋荣，2009. 宽恕干预研究述评：宽恕在心理治疗中的作用[J]. 心理科学进展，17(5)：1010-1015.

Abid M, Shafiq S, Naz I, et al, 2015. Relationship between personality factors and level of forgiveness among college students[J]. International Journal of Humanities Social Science Information, 7：149-154.

Adams G S, Zou X, Inesi M E, et al, 2015. Forgiveness is not always divine：When expressing forgiveness makes others avoid You[J]. Organizational Behavior and Human Decision Processes, 126：130-141.

Akhtar S, Barlow J, 2018. Forgiveness therapy for the promotion of mental well-being: A systematic review and meta-analysis[J]. Trauma, Violence, & Abuse, 19(1)：107-122.

Al-Mabuk R H, Enright R D, Cardis P A, 1995. Forgiveness education with parentally love-deprived late adolescents[J]. Journal of Moral Education, 24(4)：427-444.

Ascioglu Onal A, Yalcin I, 2017. Forgiveness of others and Self? Forgiveness：The predictive role of cognitive distortions, empathy and rumination[J]. Eurasian Journal of Educational Research, 17(68)：99-122.

Ashkanasy N M, Dorris A D, 2017. Emotions in the workplace[J]. Annual Review of Organizational Psychology and Organizational Behavior, 4(1)：67-90.

Azar F, Mullet E, 2001. Interpersonal forgiveness among lebanese：A six-community study[J]. International Journal of Group Tensions, 30(2)：161-181.

Azar F, Mullet E, 2002. Willingness to forgive：A study of Muslim and Christian Lebanese[J]. Peace and Conflict：Journal of Peace Psychology, 8(1)：17-30.

Bachman G F, Guerrero L K, 2006. Forgiveness, apology, and communicative responses to hurtful events[J]. Communication Reports, 19(1)：45-56.

Barcaccia B, Pallini S, Baiocco R, et al, 2018. Forgiveness and friendship protect adolescent victims of bullying from emotional maladjustment[J]. Psicothema, 30(4):427-433.

Bassett R L, Bassett K M, Lloyd M W, et al, 2006. Seeking forgiveness: Considering the role of moral emotions[J]. Journal of Psychology and Theology, 34(2):111-124.

Batson C D, Ahmad N, Tsang J-A, 2002. Four motives for community involvement[J]. Journal of Social Issues, 58(3):429-445.

Baumeister R F, Stillwell A M, Heatherton T F, 1994. Guilt: An interpersonal approach[J]. Psychological Bulletin, 115(2):243-267.

Berry J W, Worthington E L Jr, 2001. Forgivingness, relationship quality, stress while imagining relationship events, and physical and mental health[J]. Journal of Counseling Psychology, 48(4):447-455.

Berry J W, Worthington E L Jr, O'Connor L E, et al, 2005. Forgivingness, vengeful rumination, and affective traits[J]. Journal of Personality, 73(1):183-226.

Berry J W, Worthington E L Jr, Parrott L III, et al, 2001. Dispositional forgivingness: Development and construct validity of the transgression narrative test of forgivingness (TNTF)[J]. Personality and Social Psychology Bulletin, 27(10):1277-1290.

Blatz C W, Schumann K, Ross M, 2009. Government apologies for historical injustices[J]. Political Psychology, 30(2):219-241.

Bolier L, Haverman M, Westerhof G J, et al, 2013. Positive psychology interventions: A meta-analysis of randomized controlled studies[J]. BMC Public Health, 13(1):1-20.

Booker J A, Dunsmore J C, 2016. Profiles of wisdom among emerging adults: Associations with empathy, gratitude, and forgiveness[J]. The Journal of Positive Psychology, 11(3):315-325.

Bright D S, Exline J J, 2012. Forgiveness at four levels: Intrapersonal, relational, organizational, and collective-group[M]//Spreitzer G M, Cameron K S. The Oxford Handbook of Positive Organizational Scholarship. New York: Oxford University Press.

Brose L A, Rye M S, Lutz-Zois C, et al, 2005. Forgiveness and personality traits[J]. Personality and Individual Differences, 39(1):35-46.

Brown R P, 2003. Measuring individual differences in the tendency to forgive: Construct validity and links with depression[J]. Personality & Social Psychology Bulletin, 29(6):759-771.

Carlisle R D, Tsang J-A, Ahmad N Y, et al, 2012. Do actions speak louder than words? Differential effects of apology and restitution on behavioral and self-report measures of forgiveness[J]. The Journal of Positive Psychology, 7(4):294-305.

Carpenter T P, Carlisle R D, Tsang J-A, 2014. Tipping the scales: Conciliatory behavior and the morality of self-forgiveness[J]. The Journal of Positive Psychology, 9(5):389-401.

Carpenter T P, Tignor S M, Tsang J-A, et al, 2016. Dispositional self-forgiveness, guilt—and shame-proneness, and the roles of motivational tendencies[J]. Personality and Individual Differences, 98:53-61.

Chakhssi F, Kraiss J T, Sommers-Spijkerman M, et al, 2018. The effect of positive psychology interventions on well-being and distress in clinical samples with psychiatric or somatic disorders: A systematic review and meta-analysis[J]. BMC Psychiatry, 18(1):1-17.

Cheung F M, Cheung S F, Zhang J X, 2004. What is "Chinese" personality? Subgroup differences in the Chinese personality assessment inventory (CPAI-2)[J]. Acta Psychologica Sinica, 36(4):491-499.

Chiaramello S, Mesnil M, Teresa M S M, et al, 2008. Dispositional forgiveness among adolescents[J]. European Journal of Developmental Psychology, 5(3):326-337.

Chiaramello S, Sastre M T M, Mullet E, 2008. Seeking forgiveness: Factor structure, and relationships with personality and forgivingness[J]. Personality and Individual Differences, 45(5):383-388.

Choe E, Davis D E, McElroy S E, et al, 2016. Relational spirituality and forgiveness of offenses committed by religious leaders[J]. International Journal for the Psychology of Religion, 26(1):46-60.

Cornish M A, Wade N G, 2015. A therapeutic model of self-forgiveness with intervention strategies for counselors[J]. Journal of Counseling and Development, 93(1):96-104.

Costa S P, Neves P, 2017. Forgiving is good for health and performance: How forgiveness helps individuals cope with the psychological contract breach[J]. Journal of Vocational Behavior, 100:124-136.

Da Silva S P, Witvliet C V O, Riek B M, 2017. Self-forgiveness and forgiveness-seeking in response to rumination: Cardiac and emotional responses of transgressors[J]. The Journal of Positive Psychology, 12(4):362-372.

Dat M C, Okimoto T G, 2018. Exploring new directions in self-forgiveness research: Integrating self and other perspectives on moral repair[J]. Social Justice Research, 31(2):206-217.

Davis D E, Ho M Y, Griffin B J, et al, 2015. Forgiving the self and physical and mental health correlates: A meta-analytic review[J]. Journal of Counseling Psychology, 62(2):329–335.

Davis J R, Gold G J, 2011. An examination of emotional empathy, attributions of stability, and the link between perceived remorse and forgiveness[J]. Personality and Individual Differences, 50(3):392–397.

Donovan L A N, Priester J R, 2017. Exploring the psychological processes underlying interpersonal forgiveness: The superiority of motivated reasoning over empathy[J]. Journal of Experimental Social Psychology, 71:16–30.

Dornelas E A, Ferrand J, Stepnowski R, et al, 2010. A pilot study of affect-focused psychotherapy for antepartum depression[J]. Journal of Psychotherapy Integration, 20(4):364–382.

Dunlop P D, Lee K, Ashton M C, et al, 2015. Please accept my sincere and humble apologies: The HEXACO model of personality and the proclivity to apologize[J]. Personality and Individual Differences, 79:140–145.

Eaton J, Struthers C W, 2006. The reduction of psychological aggression across varied interpersonal contexts through repentance and forgiveness[J]. Aggressive Behavior, 32(3):195–206.

Elemo A S, Satici S A, Saricali M, 2018. Anger rumination and subjective happiness: Forgiveness and vengeance as mediators[J]. International Journal of Happiness and Development, 4(2):147.

Enright R, Erzar T, Gambaro M, et al, 2016. Proposing forgiveness therapy for those in prison: An intervention strategy for reducing anger and promoting psychological health[EB/OL].

Enright R D, 1996. Counseling within the forgiveness triad: On forgiving, receiving forgiveness, and self-forgiveness[J]. Counseling and Values, 40(2):107–126.

Enright R D, 2002. Forgiveness is a choice: A step-by-step process for resolving anger and restoring hope[M]. Washington, DC: American Psychological Association.

Enright R D, 1991. The moral development of forgiveness[M]// Kurtines W, Gerwitz J. Handbook of Moral Behavior and Development. Hillsdale, N J: Lawrence Erlbaum Associates, Inc.

Enright R D, Coyle C T, 1998. Researching the process model of forgiveness within psychological interventions[M]//Worthington E L. Dimensions of Forgiveness: Psychological Research and Theological Perspectives. Philadelphia: Templeton Foundation

Press.

Enright R D, Rhody M, Litts B, et al, 2014. Piloting forgiveness education in a divided community: Comparing electronic pen-pal and journaling activities across two groups of youth[J]. Journal of Moral Education, 43(1):1-17.

Enright R D, Santos M J D, Al-Mabuk R, 1989. The adolescent as forgiver[J]. Journal of Adolescence, 12(1):95-110.

Ermer A E, Proulx C M, 2016. Unforgiveness, depression, and health in later life: The protective factor of forgivingness[J]. Aging & Mental Health, 20(10):1021-1034.

Exline J J, Deshea L, Holeman V T, 2007. Is apology worth the risk? predictors, outcomes, and ways to avoid regret[J]. Journal of Social and Clinical Psychology, 26(4):479-504.

Fehr R, Gelfand M J, 2012. The forgiving organization: A multilevel model of forgiveness at work[J]. Academy of Management Review, 37(4):664-688.

Fehr R, Gelfand M J, Nag M, 2010. The road to forgiveness: A meta-analytic synthesis of its situational and dispositional correlates[J]. Psychological Bulletin, 136(5):894-914.

Fincham F D, Jackson H, Beach S R H, 2005. Transgression severity and forgiveness: Different moderators for objective and subjective severity[J]. Journal of Social and Clinical Psychology, 24(6):860-875.

Fisher M L, Exline J J, 2010. Moving toward self-forgiveness: Removing barriers related to shame, guilt, and regret[J]. Social and Personality Psychology Compass, 4(8):548-558.

Fordyce M W, 1983. A program to increase happiness: Further studies[J]. Journal of Counseling Psychology, 30(4):483-498.

Fordyce M W, 1977. Development of a program to increase personal happiness[J]. Journal of Counseling Psychology, 24(6):511-521.

Frederickson J D, 2010. "I'm sorry, please don't hurt me": Effectiveness of apologies on aggression control[J]. The Journal of Social Psychology, 150(6):579-581.

Fredrickson B L, Losada M F, 2005. Positive affect and the complex dynamics of human flourishing[J]. The American Psychologist, 60(7):678-686.

Freedman S, 2018. Forgiveness as an educational goal with at-risk adolescents[J]. Journal of Moral Education, 47(4):415-431.

Freedman S R, Enright R D, 1996. Forgiveness as an intervention goal with incest survivors[J]. Journal of Consulting and Clinical Psychology, 64(5):983-992.

Fu H, Watkins D, Hui E K P, 2004. Personality correlates of the disposition towards interpersonal forgiveness: A Chinese perspective[J]. International Journal of Psychology, 39(4):305-316.

Gable S L, Reis H T, Impett E A, et al, 2004. What do You do when things go right? the intrapersonal and interpersonal benefits of sharing positive events[J]. Journal of Personality and Social Psychology, 87(2):228-245.

Gambaro M E, Enright R D, Baskin T W, et al, 2008. Can school-based forgiveness counseling improve conduct and academic achievement in academically at-risk adolescents[J]. Journal of Research in Education, 18:16-27.

Gassin E A, Enright R D, Knutson J A, 2005. Bringing peace to the central city: Forgiveness education in Milwaukee[J]. Theory Into Practice, 44(4):319-328.

Goldberg L R, 1992. The development of markers for the Big-Five factor structure[J]. Psychological Assessment, 4(1):26-42.

Gordon K C, Hughes F M, Tomcik N D, et al, 2009. Widening spheres of impact: The role of forgiveness in marital and family functioning[J]. Journal of Family Psychology, 23(1):1-13.

Gottman J M, Driver J, Tabares A, 2002. Building the sound marital house: An empirically derived couple therapy[M]//Jacobsen N S, Gurman A S. Clinical Handbook of Couple Therapy. 3rd ed. New York: Guilford Press.

Graham N V, Enright R D, Klatt J S, 2012. An educational forgiveness intervention for young adult children of divorce[J]. Journal of Divorce & Remarriage, 53(8):618-638.

Green M, DeCourville N, Sadava S, 2012. Positive affect, negative affect, stress, and social support as mediators of the forgiveness-health relationship[J]. The Journal of Social Psychology, 152(3):288-307.

Griffin B J, Moloney J M, Green J D, et al, 2016. Perpetrators' reactions to perceived interpersonal wrongdoing: The associations of guilt and shame with forgiving, punishing, and excusing oneself[J]. Self and Identity, 15(6):650-661.

Griffin B J, Worthington E L Jr, Lavelock C R, et al, 2015. Efficacy of a self-forgiveness workbook: A randomized controlled trial with interpersonal offenders[J]. Journal of Counseling Psychology, 62(2):124-136.

Guchait P, Lanzaabbott J, Madera J M, et al, 2016. Should organizations be forgiving or unforgiving? A two-study replication of how forgiveness climate in hospitality organizations drives employee attitudes and behaviors[J]. Cornell Hospitality Quarterly, 57(4):379-395.

Gunnestad A, Mørreaunet S, Onyango S, 2015. An international perspective on value learning in the kindergarten: Exemplified by the value forgiveness[J]. Early Child Development and Care, 185(11/12):1894-1911.

Hall J H, Fincham F D, 2005. Self-forgiveness: The stepchild of forgiveness research[J]. Journal of Social and Clinical Psychology, 24(5):621-637.

Hall J H, Fincham F D, 2008. The temporal course of self-forgiveness[J]. Journal of Social and Clinical Psychology, 27(2):174-202.

Hampes W, 2016. The relationship between humor styles and forgiveness[J]. Europe's Journal of Psychology, 12(3):338-347.

Harper Q, Worthington E L Jr, Griffin B J, et al, 2014. Efficacy of a workbook to promote forgiveness: A randomized controlled trial with university students[J]. Journal of Clinical Psychology, 70(12):1158-1169.

Harvey J H, Omarzu J, 1997. Minding the close relationship[J]. Personality and Social Psychology Review, 1(3):224-240.

Hill K M, Blanch-Hartigan D, 2018. Physician gender and apologies in clinical interactions[J]. Patient Education and Counseling, 101(5):836-842.

Hodgson L K, Wertheim E H, 2007. Does good emotion management aid forgiving? Multiple dimensions of empathy, emotion management and forgiveness of self and others[J]. Journal of Social and Personal Relationships, 24(6):931-949.

Hook J N, Worthington E L Jr, Davis D E, et al, 2013. A China-New Zealand comparison of forgiveness[J]. Asian Journal of Social Psychology, 16(4):286-291.

Hook J N, Worthington E L Jr, Utsey S O, 2009. Collectivism, forgiveness, and social harmony[J]. The Counseling Psychologist, 37(6):821-847.

Howell A J, Dopko R L, Turowski J B, et al, 2011. The disposition to apologize[J]. Personality and Individual Differences, 51(4):509-514.

Hoyt W T, McCullough M E, 2005. Issues in the multimodal measurement of forgiveness[M]//Worthington E L Jr. Handbook of forgiveness. New York: Routledge.

Huang S T T, 1990. Cross-cultural and real-life validations of the theory of forgiveness in Taiwan, the Republic of China[EB/OL].

Hui E K P, Chau T S, 2009. The impact of a forgiveness intervention with Hong Kong Chinese children hurt in interpersonal relationships[J]. British Journal of Guidance & Counselling, 37(2):141-156.

Hui E K P, Ho D K Y, 2004. Forgiveness in the context of developmental guidance: Implementation and evaluation[J]. British Journal of Guidance & Counselling, 32(4):477-492.

Jennifer M S, 2017. A psychological inquiry into the meaning and concept of forgiveness[M]. New York: Routledge.

Jeter W K, Brannon L A, 2017. The effect of mindfulness and implementation planning on the process of granting and seeking forgiveness among young adults[J]. Mindfulness, 8(5):1304-1318.

Ji M X, Tao L J, Zhu T T, 2016. Piloting forgiveness education: A comparison of the impact of two brief forgiveness education programmes among Chinese college students[J]. The Asia-Pacific Education Researcher, 25(3):483-492.

Johns K N, Allen E S, Gordon K C, 2015. The relationship between mindfulness and forgiveness of infidelity[J]. Mindfulness, 6(6):1462-1471.

Kanekar S, Merchant S M, 1982. Aggression, retaliation, and religious affiliation [J]. The Journal of Social Psychology, 117(2):295-296.

Karremans J C, Regalia C, Paleari F G, et al, 2011. Maintaining harmony across the globe: The cross-cultural association between closeness and interpersonal forgiveness[J]. Social Psychological and Personality Science, 2(5):443-451.

Kelley D L, Waldron V R, 2005. An investigation of forgiveness-seeking communication and relational outcomes[J]. Communication Quarterly, 53(3):339-358.

Kiefer R P, Worthington E L Jr, Myers B J, et al, 2010. Training parents in forgiving and reconciling[J]. American Journal of Family Therapy, 38(1):32-49.

Kim E S, 2005. Effects of forgiveness education for college students with insecure attachment to their mothers: A self-administered educational approach[D]. Madison, US: The University of Wisconsin.

Kim M J, Choi J N, Lee K, 2016. Trait affect and individual creativity: Moderating roles of affective climate and reflexivity[J]. Social Behavior and Personality: an International Journal, 44(9):1477-1498.

Kirchhoff J, Wagner U, Strack M, 2012. Apologies: Words of magic? The role of verbal components, anger reduction, and offence severity[J]. Peace and Conflict: Journal of Peace Psychology, 18(2):109-130.

Klatt J, Enright R, 2009. Investigating the place of forgiveness within the Positive Youth Development paradigm[J]. Journal of Moral Education, 38(1):35-52.

Knutson J, Enright R, Garbers B, 2008. Validating the developmental pathway of forgiveness[J]. Journal of Counseling & Development, 86(2):193-199.

Konstam V, Chernoff M, Deveney S, 2001. Toward forgiveness: The role of shame, guilt anger, and empathy[J]. Counseling and Values, 46(1):26-39.

Krause N, 2016. Compassion, Acts of contrition, and forgiveness in middle and late life[J]. Pastoral Psychology, 65(1):127-141.

Krause N, Hayward R D, 2013. Self-forgiveness and mortality in late life[J]. Social Indicators Research, 111(1):361-373.

Lawler-Row K A, 2010. Forgiveness as a mediator of the religiosity: Health relationship[J]. Psychology of Religion and Spirituality, 2(1):1-16.

Lawler-Row K A, Karremans J C, Scott C, et al, 2008. Forgiveness, physiological reactivity and health: The role of anger[J]. International Journal of Psychophysiology, 68(1):51-58.

Lin W F, Mack D, Enright R D, et al, 2004. Effects of forgiveness therapy on anger, mood, and vulnerability to substance use among inpatient substance-dependent clients[J]. Journal of Consulting and Clinical Psychology, 72(6):1114-1121.

Lin W N, 1998. Forgiveness as an intervention for late adolescents with insecure attachment in Taiwan[D]. Madison, US: The University of Wisconsin.

Lin W N, Enright R, Klatt J, 2011. Forgiveness as character education for children and adolescents[J]. Journal of Moral Education, 40(2):237-253.

Lin Y, Worthington E L Jr, Griffin B J, et al, 2014. Efficacy of REACH forgiveness across cultures[J]. Journal of Clinical Psychology, 70(9):781-793.

Liu J T, Gong P Y, Gao X X, et al, 2017. The association between well-being and the COMT gene: Dispositional gratitude and forgiveness as mediators[J]. Journal of Affective Disorders, 214:115-121.

Locke E A, Latham G P, 2002. Building a practically useful theory of goal setting and task motivation.: A 35-year odyssey[J]. The American Psychologist, 57(9):705-717.

Lundahl B W, Taylor M J, Stevenson R, et al, 2008. Process-based forgiveness interventions: A meta-analytic review[J]. Research on Social Work Practice, 18(5):465-478.

Lyubomirsky S, Lepper H S, 1999. A measure of subjective happiness: Preliminary reliability and construct validation[J]. Social Indicators Research, 46(2):137-155.

Macaskill A, 2012. Differentiating dispositional self-forgiveness from other-forgiveness: Associations with mental health and life satisfaction[J]. Journal of Social and Clinical Psychology, 31(1):28-50.

Maltby J, MacAskill A, Day L, 2001. Failure to forgive self and others: A replication and extension of the relationship between forgiveness, personality, social desirability and general health[J]. Personality and Individual Differences, 30(5):881-885.

Mauger P A, Perry J E, Freeman T, 1992. The measurement of forgiveness: Preliminary research[J]. Journal of Psychology and Christianity, 11(2):170-180.

McConnell J M, Dixon D N, Finch W H, 2012. An alternative model of self-forgiveness[J]. New School Psychology Bulletin, 9(2):35-51.

McCullough M E, 2001. Forgiveness: who does it and how do they do it?[J]. Current Directions in Psychological Science, 10(6):194-197.

McCullough M E, Bellah C G, Kilpatrick S D, et al, 2001. Vengefulness: relationships with forgiveness, rumination, well-being, and the big five[J]. Personality and Social Psychology Bulletin, 27(5):601-610.

McCullough M E, Rachal K C, Sandage S J, et al, 1998. Interpersonal forgiving in close relationships: II. Theoretical elaboration and measurement[J]. Journal of Personality and Social Psychology, 75(6):1586-1603.

McCullough M E, Worthington E L Jr, 1995. Promoting forgiveness: A comparison of two brief psychoeducational group interventions with a waiting-list control[J]. Counseling and Values, 40(1):55-68.

McCullough M E, Worthington E L Jr, Rachal K C, 1997. Interpersonal forgiving in close relationships[J]. Journal of Personality and Social Psychology, 73(2):321-336.

Merolla A J, Zhang S Y, Sun S J, 2013. Forgiveness in the United States and China: Antecedents, consequences, and communication style comparisons[J]. Communication Research, 40(5):595-622.

Messay B, Dixon L J, Rye M S, 2012. The relationship between Quest religious orientation, forgiveness, and mental health[J]. Mental Health, Religion & Culture, 15(3):315-333.

Miller A J, Worthington E L Jr, McDaniel M A, 2008. Gender and forgiveness: A meta-analytic review and research agenda[J]. Journal of Social and Clinical Psychology, 27(8):843-876.

Mok A, de Cremer D, 2015. Strengthened to forgive workplace transgressions: Priming new money increases interpersonal forgiveness[J]. Journal of Applied Social Psychology, 45(8):437-450.

Sastre M T M, Vinsonneau G, Chabrol H, et al, 2005. Forgivingness and the paranoid personality style[J]. Personality and Individual Differences, 38(4):765-772.

Mullet E, Barros J, Frongia L, et al, 2003. Religious involvement and the forgiving personality[J]. Journal of Personality, 71(1):1-19.

Mullet E, Houdbine A, Laumonier S, et al, 1998. "Forgivingness": Factor structure in a sample of young, middle-aged, and elderly adults[J]. European Psychologist, 3(4): 289-297.

Mullet E, Neto F, Riviere S, 2005. Personality and its effects on resentment, revenge, forgiveness, and self-forgiveness [M]//Worthington E L Jr. Handbook of Forgiveness. New York: Taylor & Francis Group.

Mutter K, 2012. Apologies: the art of saying "I am sorry"[J]. Journal of Psychology and Christianity, 31(4): 345-353.

Nan H R, Ni M Y, Lee P H, et al, 2014. Psychometric evaluation of the Chinese version of the subjective happiness scale: Evidence from the Hong Kong FAMILY cohort [J]. International Journal of Behavioral Medicine, 21(4): 646-652.

Nation J A, Wertheim E H, Worthington E L Jr, 2018. Evaluation of an online self-help version of the REACH forgiveness program: Outcomes and predictors of persistence in a community sample[J]. Journal of Clinical Psychology, 74(6): 819-838.

Netto F, Chiaramello S, Mullet E, et al, 2013. Seeking forgiveness: Factor structure in samples from Latin America, Africa, Asia, and Southern Europe[J]. Universitas Psychologica, 12(3): 663-669.

Ohbuchi K I, Kameda M, Agarie N, 1989. Apology as aggression control: Its role in mediating appraisal of and response to harm [J]. Journal of Personality and Social Psychology, 56(2): 219-227.

Ohtsubo Y, Matsunaga M, Tanaka H, et al, 2018. Costly apologies communicate conciliatory intention: An fMRI study on forgiveness in response to costly apologies[J]. Evolution and Human Behavior, 39(2): 249-256.

Okimoto T G, Wenzel M, Hedrick K, 2013. Refusing to apologize can have psychological benefits (and we issue no mea culpa for this research finding)[J]. European Journal of Social Psychology, 43(1): 22-31.

Oral T, Arslan C, 2017. The investigation of university students' forgiveness levels in terms of self-compassion, rumination and personality traits[J]. Universal Journal of Educational Research, 5(9): 1447-1456.

Otake K, Shimai S, Tanaka-Matsumi J, et al, 2006. Happy people become happier through kindness: A counting kindnesses intervention[J]. Journal of Happiness Studies, 7 (3): 361-375.

Pansera C, La G J, 2012. The role of sincere amends and perceived partner responsiveness in forgiveness[J]. Personal Relationships, 19(4): 696-711.

Park J H, Enright R D, Essex M J, et al, 2013. Forgiveness intervention for female

South Korean adolescent aggressive victims[J]. Journal of Applied Developmental Psychology, 34(6): 268-276.

Paz R, Neto F, Mullet E, 2008. Forgiveness: A China-western Europe comparison [J]. The Journal of Psychology, 142(2): 147-158.

Paz R, Neto F, Mullet E, 2007. Forgivingness: similarities and differences between buddhists and christians living in China[J]. International Journal for the Psychology of Religion, 17(4): 289-301.

Peterson C, Park N, 2009. Classifying and measuring strengths of character[M]// Lopez S J, Snyder C R. Oxford Handbook of Positive Psychology. 2nd ed. New York: Oxford University Press.

Peterson C, Seligman M, 2004. Character strengths and virtues: A handbook and classification[M]. New York: Oxford University Press.

Rahman A, Iftikhar R, Kim J J, et al, 2018. Pilot study: Evaluating the effectiveness of forgiveness therapy with abused early adolescent females in Pakistan[J]. Spirituality in Clinical Practice, 5(2): 75-87.

Rangganadhan A R, Todorov N, 2010. Personality and self-forgiveness: The roles of shame, guilt, empathy and conciliatory behavior[J]. Journal of Social and Clinical Psychology, 29(1): 1-22.

Reed G L, Enright R D, 2006. The effects of forgiveness therapy on depression, anxiety, and posttraumatic stress for women after spousal emotional abuse[J]. Journal of Consulting and Clinical Psychology, 74(5): 920-929.

Rey L, Extremera N, 2016. Agreeableness and interpersonal forgiveness in young adults: The moderating role of gender[J]. Terapia Psicológica, 34(2): 103-110.

Riek B M, 2010. Transgressions, guilt, and forgiveness: A model of seeking forgiveness[J]. Journal of Psychology and Theology, 38(4): 246-254.

Riek B M, DeWit C C, 2018. Differences and similarities in forgiveness seeking across childhood and adolescence[J]. Personality & Social Psychology Bulletin, 44(8): 1119-1132.

Riek B M, Mania E W, 2012. The antecedents and consequences of interpersonal forgiveness: A meta-analytic review[J]. Personal Relationships, 19(2): 304-325.

Riek B M., Luna L M R., Schnabelrauch C A, 2014. Transgressors' guilt and shame: A longitudinal examination of forgiveness seeking[J]. Journal of Social and Personal Relationships, 31(6): 751-772.

Ross S R, Kendall A C, Matters K G, et al, 2004. A personological examination of self-and other-forgiveness in the five factor model[J]. Journal of Personality Assessment,

82(2):207-214.

Ruckstaetter J, Sells J, Newmeyer M D, et al, 2017. Parental apologies, empathy, shame, guilt, and attachment: A path analysis[J]. Journal of Counseling & Development, 95(4):389-400.

Rye M S, Dawn M L, Chad D F, et al, 2001. Evaluation of the psychometric properties of two forgiveness scales[J]. Current Psychology, 20(3):260-277.

Sandage S J, Worthington E L Jr, 2010. Comparison of two group interventions to promote forgiveness: Empathy as a mediator of change[J]. Journal of Mental Health Counseling, 32(1):35-57.

Sandage S J, Long B, Moen R, et al, 2015. Forgiveness in the treatment of borderline personality disorder: A quasi-experimental study[J]. Journal of Clinical Psychology, 71(7):625-640.

Sandage S J, Worthington E L Jr, Hight T L, et al, 2000. Seeking forgiveness: Theoretical context and an initial empirical study[J]. Journal of Psychology and Theology, 28(1):21-35.

Scherer M, Worthington E L Jr, Hook J N, et al, 2011. Forgiveness and the bottle: Promoting self-forgiveness in individuals who abuse alcohol[J]. Journal of Addictive Diseases, 30(4):382-395.

Scher S J, Darley J M, 1997. How effective are the things people say to apologize? Effects of the realization of the apology speech act[J]. Journal of Psycholinguistic Research, 26(1):127-140.

Schmukle S C, Egloff B, 2005. A latent state-trait analysis of implicit and explicit personality measures[J]. European Journal of Psychological Assessment, 21(2):100-107.

Schumann K, 2018. The psychology of offering an apology: Understanding the barriers to apologizing and how to overcome them[J]. Current Directions in Psychological Science, 27(2):74-78.

Seligman M E P, Ernst R M, Gillham J, et al, 2009. Positive education: Positive psychology and classroom interventions[J]. Oxford Review of Education, 35(3):293-311.

Sergeant S, Mongrain M, 2015. Distressed users report a better response to online positive psychology interventions than nondistressed users[J]. Psychologie Canadienne, 56(3):322-331.

Sheldon K M, King L, 2001. Why positive psychology is necessary[J]. American Psychologist, 56(3):216-217.

Singh S, 2018. Positive schooling and resilience[J]. Indian Journal of Positive

Psychology, 9(2):311-316.

Sin N L, Lyubomirsky S, 2009. Enhancing well-being and alleviating depressive symptoms with positive psychology interventions: A practice-friendly meta-analysis[J]. Journal of Clinical Psychology, 65(5):467-487.

Skaar N R, Freedman S, Carlon A, et al, 2016. Integrating models of collaborative consultation and systems change to implement forgiveness-focused bullying interventions [J]. Journal of Educational and Psychological Consultation, 26(1):63-86.

Strelan P, 2007. Who forgives others, themselves, and situations? The roles of narcissism, guilt, self-esteem, and agreeableness [J]. Personality and Individual Differences, 42(2):259-269.

Stroud L, Wong B M, Hollenberg E, et al, 2013. Teaching medical error disclosure to physicians-in-training[J]. Academic Medicine, 88(6):884-892.

Subkoviak M J, Enright R D, Wu C R, et al, 1995. Measuring interpersonal forgiveness in late adolescence and middle adulthood[J]. Journal of Adolescence, 18(6):641-655.

Swickert R, Robertson S, Baird D, 2016. Age moderates the mediational role of empathy in the association between gender and forgiveness[J]. Current Psychology, 35(3):354-360.

Szablowinski Z, 2012. Apology with and without a request for forgiveness[J]. The Heythrop Journal, 53(5):731-741.

Tabak B A, McCullough M E, 2011. Perceived transgressor agreeableness decreases cortisol response and increases forgiveness following recent interpersonal transgressions [J]. Biological Psychology, 87(3):386-392.

Tabak B A, McCullough M E, Luna L R, et al, 2012. Conciliatory gestures facilitate forgiveness and feelings of friendship by making transgressors appear more agreeable[J]. Journal of Personality, 80(2):503-536.

Tangney J P, Boone A L, Dearing R L, 2005a. Forgiving the self: Conceptual issues and empirical findings[M]//Worthington E L Jr. Handbook of Forgiveness. New York: Taylor & Francis Group.

Tangney J P, Mashek D, Stuewig J, 2005b. Shame, guilt, and embarrassment: Will the real emotion please stand up? [J]. Psychological Inquiry, 16(1):44-48.

Tavuchis N, 1991. Mea Culpa: A sociology of apology and reconciliation[M]. Stanford, CA: Stanford University Press.

Taysi E, Vural D, 2016. Forgiveness education for fourth grade students in Turkey

[J]. Child Indicators Research, 9(4):1095-1115.

Thompson L Y, Snyder C R, Hoffman L, et al, 2005. Dispositional forgiveness of self, others, and situations[J]. Journal of Personality, 73(2):313-359.

Toussaint L, Barry M, Angus D, et al, 2017. Self-forgiveness is associated with reduced psychological distress in cancer patients and unmatched caregivers: Hope and self-blame as mediating mechanisms[J]. Journal of Psychosocial Oncology, 35(5):544-560.

Toussaint L, Shields G S, Dorn G, et al, 2016. Effects of lifetime stress exposure on mental and physical health in young adulthood: How stress degrades and forgiveness protects health[J]. Journal of Health Psychology, 21(6):1004-1014.

Toussaint L, Worthington E L Jr, Williams D R, 2015. Forgiveness and health[M]. Dordrecht: Springer Netherlands.

Toussaint L L, David R W, Marc A M, et al, 2001. Forgiveness and health: Age differences in a U.S. probability sample[J]. Journal of Adult Development, 8(4):249-257.

Toussaint L L, Webb J R, 2005. Theoretical and empirical connections between forgiveness, mental health, and well-being[M]//Worthington E L Jr. Handbook of Forgiveness. New York: Taylor & Francis Group.

Toussaint L L, Williams D R, Musick M A, et al, 2008. Why forgiveness may protect against depression: Hopelessness as an explanatory mechanism[J]. Personality and Mental Health, 2(2):89-103.

Tsang J-A, McCullough M E, Fincham F D, 2006. The longitudinal association between forgiveness and relationship closeness and commitment[J]. Journal of Social and Clinical Psychology, 25(4):448-472.

van Rensburg E J, Raubenheimer J, 2015. Does forgiveness mediate the impact of school bullying on adolescent mental health? [J]. Journal of Child & Adolescent Mental Health, 27(1):25-39.

Wade N G, 2002. Understanding REACH: A component analysis of a group intervention to promote forgiveness[D]. Virginia: Virginia Commonwealth University.

Wade N G, Hoyt W T, Kidwell J E M, et al, 2014. Efficacy of psychotherapeutic interventions to promote forgiveness: A meta-analysis[J]. Journal of Consulting and Clinical Psychology, 82(1):154-170.

Wade N G, Worthington E L Jr, 2005. In search of a common core: A content analysis of interventions to promote forgiveness[J]. Psychotherapy: Theory, Research, Practice, Training, 42(2):160-177.

Wade N G, Worthington E L Jr, 2003. Overcoming interpersonal offenses: Is forgiveness the only way to deal with unforgiveness? [J]. Journal of Counseling & Development, 81(3):343-353.

Walker D F, Gorsuch R L, 2002. Forgiveness within the Big Five personality model [J]. Personality and Individual Differences, 32(7):1127-1137.

Waltman M A, Russell D C, Coyle C T, et al, 2009. The effects of a forgiveness intervention on patients with coronary artery disease[J]. Psychology & Health, 24(1):11-27.

Watson M J, Lydecker J A, Jobe R L, et al, 2012. Self-forgiveness in anorexia nervosa and bulimia nervosa[J]. Eating Disorders, 20(1):31-41.

Webb J R, Hirsch J K, Visser P L, et al, 2013. Forgiveness and health: Assessing the mediating effect of health behavior, social support, and interpersonal functioning[J]. The Journal of Psychology, 147(5):391-414.

Webb J R, Toussaint L, Conway-Williams E, 2012. Forgiveness and health: Psycho-spiritual integration and the promotion of better healthcare[J]. Journal of Health Care Chaplaincy, 18(1/2):57-73.

Wenzel M, Okimoto T G, 2014. On the relationship between justice and forgiveness: Are all forms of justice made equal? [J]. British Journal of Social Psychology, 53(3):463-483.

White M A, 2016. Why won't it stick? positive psychology and positive education [J]. Psychology of Well-Being, 6:2.

Williamson I, Gonzales M H, 2007. The subjective experience of forgiveness: Positive construals of the forgiveness experience [J]. Journal of Social and Clinical Psychology, 26(4):407-446.

Williamson I, Gonzales M H, Fernandez S, et al, 2014. Forgiveness aversion: Developing a motivational state measure of perceived forgiveness risks[J]. Motivation and Emotion, 38(3):378-400.

Wilson T, Milosevic A, Carroll M, et al, 2008. Physical health status in relation to self-forgiveness and other-forgiveness in healthy college students[J]. Journal of Health Psychology, 13(6):798-803.

Witvliet C V O, DeYoung N J, Hofelich A J, et al, 2011a. Compassionate reappraisal and emotion suppression as alternatives to offense-focused rumination: Implications for forgiveness and psychophysiological well-being[J]. The Journal of Positive Psychology, 6(4):286-299.

Witvliet C V O, Hinman N G, Exline J J, et al, 2011b. Responding to our own transgressions: An experimental writing study of repentance, offense rumination, self-justification, and distraction[J]. Journal of Psychology and Christianity, 30(3):223.

Witvliet C V O, Knoll R W, Hinman N G, et al, 2010. Compassion-focused reappraisal, benefit-focused reappraisal, and rumination after an interpersonal offense: Emotion-regulation implications for subjective emotion, linguistic responses, and physiology[J]. The Journal of Positive Psychology, 5(3):226-242.

Witvliet C V O, Ludwig T E, Bauer D J, 2002. Please forgive me: Transgressors' emotions and physiology during imagery of seeking forgiveness and victim responses[J]. Journal of Psychology and Christianity, 21:219-233.

Witvliet C V O, Ludwig T E, Laan K L V, 2001. Granting forgiveness or harboring grudges: Implications for emotion, physiology, and health[J]. Psychological Science, 12(2):117-123.

Wohl M J A, DeShea L, Wahkinney R L, 2008. Looking within: Measuring state self-forgiveness and its relationship to psychological well-being[J]. Revue Canadienne Des Sciences Du Comportement, 40(1):1-10.

Wohl M J A, Matheson K, Branscombe N R, et al, 2013. Victim and perpetrator groups' responses to the Canadian government's apology for the head tax on Chinese immigrants and the moderating influence of collective guilt[J]. Political Psychology, 34(5):713-729.

Woodyatt L, Wenzel M, 2013. Self-forgiveness and restoration of an offender following an interpersonal transgression[J]. Journal of Social and Clinical Psychology, 32(2):225-259.

Woodyatt L, Wenzel M, Ferber M, 2017. Two pathways to self-forgiveness: A hedonic path via self-compassion and a eudaimonic path via the reaffirmation of violated values[J]. British Journal of Social Psychology, 56(3):515-536.

Worthington E L Jr, 2006. Forgiveness and reconciliation: Theory and application [M]. New York: Routledge/Taylor & Francis Group.

Worthington E L Jr, 2013. Moving forward: Six steps to forgiving yourself and breaking free from the past[M]. Colorado Springs:Waterbrook Press.

Worthington E L Jr, Davis D E, Hook J N, et al, 2011. Promoting forgiveness as a religious or spiritual intervention[M]//Spiritually Oriented Interventions for Counseling and Psychotherapy. Washington, DC: American Psychological Association.

Worthington E L Jr, Gartner A L, Jennings D J, et al, 2013. Forgiveness: Teaching forgiveness in positive psychology[M]//Activities for Teaching Positive Psychology: A Guide for Instructors. Washington, DC: American Psychological Association:105-108.

Worthington E L Jr, Griffin B J, 2015. Moving forward: Six steps to forgiving yourself and breaking from your past[J]. Publishers Weekly, 260(23):74.

Worthington E L Jr, Hunter J, Sharp C, et al, 2010a. A psychoeducational intervention to promote forgiveness in christians in the Philippines[J]. Journal of Mental Health Counseling, 32(1):75-93.

Worthington E L Jr, Jennings D J II, Diblasio F A, 2010b. Interventions to promote forgiveness in couple and family context: Conceptualization, review, and analysis[J]. Journal of Psychology and Theology, 38(4):231-245.

Worthington E L Jr, Lin Y, Ho M Y, 2012. Adapting an evidence-based intervention to REACH forgiveness for different religions and spiritualities[J]. Asian Journal of Psychiatry, 5(2):183-185.

Worthington E L Jr, Mazzeo S E, Canter D E, 2005. Forgiveness-promoting approach: Helping clients REACH forgiveness through using a longer model that teaches reconciliation[M]//Sperry L, Shafranske E P. Spiritually Oriented Psychotherapy. Washington, DC: American Psychological Association, 235-257.

Worthington E L Jr, Scherer M, 2004. Forgiveness is an emotion-focused coping strategy that can reduce health risks and promote health resilience: Theory, review, and hypotheses[J]. Psychology & Health, 19(3):385-405.

Worthington E L Jr, Witvliet C V O, Pietrini P, et al, 2007. Forgiveness, health, and well-being: A review of evidence for emotional versus decisional forgiveness, dispositional forgivingness, and reduced unforgiveness[J]. Journal of Behavioral Medicine, 30(4):291-302.

Yalcin I, Malkoc A, 2015. The relationship between meaning in life and subjective well-being: Forgiveness and hope as mediators[J]. Journal of Happiness Studies, 16(4):915-929.

Yao S G, Chen J B, Yu X B, et al, 2017. Mediator roles of interpersonal forgiveness and self-forgiveness between self-esteem and subjective well-being[J]. Current Psychology, 36(3):585-592.

Yárnoz-Yaben S, Garmendia A, Comino P, 2016. Looking at the bright side: Forgiveness and subjective well-being in divorced Spanish parents[J]. Journal of Happiness Studies, 17(5):1905-1919.

Zechmeister J S, Garcia S F, Romero C, et al, 2004. Don't apologize unless you mean it: A laboratory investigation of forgiveness and retaliation[J]. Journal of Social and Clinical Psychology, 23(4):532-564.

Zechmeister J S, Romero C, 2002. Victim and offender accounts of interpersonal conflict: Autobiographical narratives of forgiveness and unforgiveness[J]. Journal of Personality and Social Psychology, 82(4):675-686.

Zhang J, Long L, Yi M, 2017a. The subordinates will follow the example set by their superiors: A trickle-down model of workplace forgiveness[J]. Journal of Industrial Engineering and Engineering Management, 31(1):24-31.

Zhang Q, Ting-Toomey S, Oetzel J G, et al, 2015. The emotional side of forgiveness: A cross-cultural investigation of the role of anger and compassion and face threat in interpersonal forgiveness and reconciliation[J]. Journal of International and Intercultural Communication, 8(4):311-329.

Zhang Y, Zhang J, Liu S, 2017b. Influence of leader forgiveness on employee voice behavior[J]. Science Research Management, 38(11):66-74.

Zhou X, Levin Y, Stein J Y, et al, 2017. Couple forgiveness and its moderating role in the intergenerational transmission of veterans' posttraumatic stress symptoms[J]. Journal of Marital and Family Therapy, 43(3):410-421.

附录　本研究所用量表（项目举例）

基本情况

请在符合你实际情况的序号前打"√"，或在横线上填写答案。

1. 性别：①男　②女　　　2. 年龄：_____
3. 你在家中的排行：①独生子女　②老大　③老小　④其他
4. 所在院校类型：①中专　②大专　③本科　④高职　⑤其他
5. 专业类型：①文科　②理科　③工科　④农科　⑤公安　⑥师范　⑦医科　⑧其他
6. 年级：①一年级　②二年级　③三年级　④四年级
7. 所在专业：_____
8. 所在班级：_____
9. 所在寝室：_____号楼_____
10. 一般情况下，你感到有多幸福。0代表"非常不幸福"，而10代表"非常幸福"：
0　1　2　3　4　5　6　7　8　9　10
11. 总体上，你对所学专业的满意程度。0代表"非常不满意"，而10代表"非常满意"：
0　1　2　3　4　5　6　7　8　9　10
12. 整体上，你对生活的感觉。0代表"非常不满意"，而10代表"非常满意"：
0　1　2　3　4　5　6　7　8　9　10
13. 总的来说，你学习的辛苦程度。0代表"非常轻松"，而10代表"非常辛苦"：
0　1　2　3　4　5　6　7　8　9　10

《大学生伤害事件问卷》

第一部分

我们有时会被周围人所伤害，他们可能是家人、朋友或其他人，他们有时候会让我们感觉很难过。请你回忆一个曾经伤害过你的人，并回答相关问题。

请花几分钟时间让这个人以及那件让你感觉受伤害的事重新浮现在你眼前，并试着去回想事情发生的简单经过，然后回答下列问题，在你选择的选项所对应的数字上打"√"，或

附录 本研究所用量表（项目举例）

在空格、括号处填上相应内容。

1. 当那件事发生时,你感到受伤害了吗?	没有伤害 ················· 极大伤害 0　1　2　3　4　5　6　7　8　9　10
2. 谁伤害了你?	① 父母亲　② 恋人　③ 兄弟姐妹　④ 好朋友　⑤ 老师 ⑥ 普通朋友　⑦ 陌生人　⑧ 亲戚　⑨ 其他人（请在下面说明身份） _____
3. 他/她的年龄	_____岁
4. 他/她的性别	① 男　　　　② 女
5. 那件事是多久前发生的?（在括号中填上相应的数字）	（　）天前 （　）周前 （　）个月前 （　）年前
6. 这件事情还在发生吗?	① 是 ② 不是
7. 这件事情发生之前,你与他/她的关系如何?	非常不好 ················· 非常好 0　1　2　3　4　5　6　7　8　9　10
8. 请简单描述一下那个人是怎样伤害你的。	
9. 你当时的愤怒程度	没有愤怒 ················· 非常愤怒 0　1　2　3　4　5　6　7　8　9　10
10. 如果让你将他/她对你的伤害分类,属于右边的哪一类?	① 当着你的面,口头上伤害你 ② 当着你的面,行为上伤害你 ③ 背地里伤害你 ④ 网络攻击（比如,在网上骂你、侮辱你等） ⑤ 其他（请在下面说明情况） _____
11. 这件事情是不是伤了你个人的面子?	完全没有 ················· 非常严重 0　1　2　3　4　5　6　7　8　9　10
12. 你觉得他/她是不是故意伤害你的?	完全是故意的 ················· 完全是意外 0　1　2　3　4　5　6　7　8　9　10

13. 他/她因为这件事向你道歉了吗?	① 道歉了,但是不诚恳 ② 道歉了,并且诚恳 ③ 没道歉
14. 事情发生之后是否有第三方出面调解?	① 是 ② 否(请跳至第16题)
15. 第三方调解人有哪些?	① 同学　② 朋友　③ 家人　④ 老师 ⑤ 其他人(请在后面说明)＿＿＿＿＿＿
16. 你现在想到这件事的愤怒程度	没有愤怒 …………………………………… 非常愤怒 0　1　2　3　4　5　6　7　8　9　10
17. 你对此事(人)的原谅程度	完全不原谅 ………………………………… 完全原谅 0　1　2　3　4　5　6　7　8　9　10
18. 这件事情发生之后,你与对方的关系如何?	非常不好 …………………………………… 非常好 0　1　2　3　4　5　6　7　8　9　10

第二部分

在日常生活中,我们有时会伤害到别人,他们可能是家人、朋友或其他人,这可能会让他们感觉很难过。请你回忆一个你曾经伤害过的人,并回答相关问题。

请花几分钟时间让这个人以及那件事重新浮现在你眼前,并试着去回想事情发生的简单经过,然后回答下列问题,在你选择的选项所对应的数字上打"√",或在空格、括号处填上相应内容。

1. 当那件事发生时,你感到他/她受到伤害了吗?	没有伤害 …………………………………… 极大伤害 0　1　2　3　4　5　6　7　8　9　10
2. 他/她是谁?	① 父母　② 恋人　③ 兄弟姐妹　④ 好朋友　⑤ 老师 ⑥ 普通朋友　⑦ 陌生人　⑧ 亲戚　⑨ 其他人(请在下面说明身份) ＿＿＿＿＿＿＿＿＿＿＿＿＿＿＿＿＿＿＿＿＿＿

3. 他/她的年龄	_____ 岁
4. 他/她的性别	① 男　　　② 女
5. 那件事是多久前发生的？（请在括号内填上相应的数字）	（　）天前　（　）周前 （　）个月前　（　）年前
6. 这件事情还在发生吗？	① 是 ② 不是
7. 这件事情发生之前，你与他/她的关系如何？	非常不好 ························· 非常好 0　1　2　3　4　5　6　7　8　9　10
8. 请简单描述一下你是怎样伤害他/她的。	
9. 你当时的内疚程度	没有内疚 ························· 非常内疚 0　1　2　3　4　5　6　7　8　9　10
10. 如果让你将这件事分类，属于右边的哪一类？	① 当着他/她的面，口头上伤害他/她 ② 当着他/她的面，行为上伤害他/她 ③ 背地里伤害他/她 ④ 网络攻击他/她（比如，在网上骂他/她、侮辱他/她等） ⑤ 其他（请在下面说明情况） _____
11. 你是不是故意伤害他/她的？	完全是故意的 ··················· 完全是意外 0　1　2　3　4　5　6　7　8　9　10
12. 你向他/她道歉了吗？	① 道歉了　　② 没道歉
13. 他/她原谅你了吗？	① 是　　② 否　　③ 不确定
14. 你现在想到这件事的内疚程度	没有内疚 ························· 非常内疚 0　1　2　3　4　5　6　7　8　9　10
15. 你现在想到这件事时，对自己的原谅程度	完全不原谅 ······················ 完全原谅 0　1　2　3　4　5　6　7　8　9　10
16. 这件事情发生之后，你与他/她的关系如何？	非常不好 ························· 非常好 0　1　2　3　4　5　6　7　8　9　10

《Heartland 宽恕问卷》

在我们的生活中,很多消极事件会因为我们自己的行为或者在我们控制之外的情况而发生。有时这些事件发生后,我们也许对自己、客观状况产生消极情绪。回忆一下你通常如何应对这些消极事件,然后完成下面七点量表,数值越大代表越符合自己的情况,如"1"代表"完全不同意","7"代表"完全同意"。没有对错之分,请根据自己的真实情况填写,在每一题代表同意程度的数字上画"○"。

		完全不同意 …………… 完全同意
1	当我陷入困境时,刚开始感到糟糕,但随着时间推移,我能舒缓下来	1　2　3　4　5　6　7
12	最终,我释放了对于不可控的消极境况的消极情绪	1　2　3　4　5　6　7

《人际侵犯动机量表》（TRIM-12）

对这个伤害你的人,你有什么想法和感受,或打算怎样做?在最符合你情况的数字上打"√"。

	非常不同意	不同意	中立	同意	非常同意
2. 我希望他(她)受到应得的惩罚	0	1	2	3	4
8. 我希望他(她)碰上倒霉的事	0	1	2	3	4

《宽恕态度量表》（AFS）

请认真阅读下面的每个条目,根据自己的情况,在每一题代表相符程度的数字上打"√"。请根据第一印象作答,不必仔细推敲,答案没有好坏、对错之分。

	非常不同意	不同意	有点不同意	中立	有点同意	同意	非常同意
1. 我相信宽恕是一种美德	1	2	3	4	5	6	7
6. 对于所遭受的伤害,人们应该努力地学会放手	1	2	3	4	5	6	7

附录　本研究所用量表(项目举例)

《宽恕倾向量表》（TTF）

请认真阅读下面的每个条目,根据自己的情况,在每一题代表相符程度的数字上打"√"。请根据第一印象作答,不必仔细推敲,答案没有好坏、对错之分。

	非常不同意	不同意	有点不同意	中立	有点同意	同意	非常同意
1. 当有人伤害了我的感情,我会很快让事情过去	1	2	3	4	5	6	7
4. 当人们伤害我时,我的方法是宽恕和忘记	1	2	3	4	5	6	7

《道歉倾向问卷》

下列句子描述的是人们在道歉过程中的一些倾向,选出能描述你通常的感受或反应的选项,"1"为完全不符合,"7"为完全符合。请在符合的数值上画"○"。

		完全不同意 ………… 完全同意
1	我倾向于淡化我对别人做过的错事,而不会道歉	1　2　3　4　5　6　7
8	我持续的愤怒阻碍了我道歉	1　2　3　4　5　6　7

《积极/消极情感量表》（PA-NA）

请根据你最近一周内的实际情况对每项条目进行评定,在一个最符合自己情况的选项上画"○"。

	没有	偶尔	有时	经常
1. 感到快乐	1	2	3	4
14. 觉得事事顺心	1	2	3	4

《愤怒特质问卷》

下面是描述人们感觉和行为的一些语句,请仔细阅读指导语,然后根据自己的第一感觉作出选择,答案没有对错之分,请放心作答。

下列句子描述的是人们在生活中的一些情绪感受及反应,选出能描述你通常的感受或反应的选项,在最符合的数字上画"○"。

我通常感到自己:	几乎从不	有时	经常	几乎总是
1. 很容易生气	1	2	3	4
10. 我表现很好,得到的评价却很低时,我会很生气	1	2	3	4

《人际反应指针问卷》(IRI-C)

请认真阅读下面的每个条目,根据自己的情况,在每一题代表相符程度的数字上打"√"。

	极其不符合		…………		极其符合
1. 对那些比我不幸的人,我经常有心软和关怀的感觉	0	1	2	3	4
10. 当我对一个人生气时,我通常会试着去想一下他的立场	0	1	2	3	4
11. 在批评别人前,我会试着想象:假如我处在他的情况,我的感受如何	0	1	2	3	4

《大五人格量表》

下面是一些自我评价的表述,请结合自身的情况,根据这些看法和评价与你相符合的程度在相应的方框中画"○"。

	非常不符合	不太符合	不确定	比较符合	非常符合
1. 我善于在聚会中活跃气氛	1	2	3	4	5
50. 我的主意很多	1	2	3	4	5

《症状自评量表》(焦虑、抑郁)

以下表格中列出了有些人可能有的病痛或问题,请仔细阅读每一条,然后根据你最近一个星期下列问题影响你或使你感到苦恼的程度,在最适合的方格里画"○"。

	从无	轻度	中度	偏重	严重
1. 神经过敏,心中不踏实	1	2	3	4	5
22. 心跳得很厉害	1	2	3	4	5
23. 感到坐立不安、心神不宁	1	2	3	4	5